rowohlt

Gerald Traufetter

Intuition
DIE WEISHEIT DER GEFÜHLE

Rowohlt

1. Auflage September 2007
Copyright © 2007 by Rowohlt Verlag GmbH,
Reinbek bei Hamburg
Lektorat Ludwig Moos
Satz Swift und Neue Helvetica PostScript, InDesign,
bei Pinkuin Satz und Datentechnik, Berlin
Druck und Bindung Clausen & Bosse, Leck
Printed in Germany
ISBN 978 3 498 06522 5

Für meine Mutter und meinen Vater,
für Fidan und Stella

«Es ist immer wieder aufregend, morgens aufzuwachen und sich zu wundern, was die Intuition, wie Geschenke aus dem Meer, in mir hervorgebracht hat. Ich arbeite mit ihr, ich vertraue auf sie. Sie ist mein Partner.»

JONAS SALK, US-IMMUNOLOGE

INHALT

PROLOG

Macht es überhaupt Sinn, über die Intuition nachzudenken? In dem Moment, wo ich über mein intuitives Handeln räsoniere, ist es schließlich keines mehr. Verstand und Intuition sind ein Paradox, sie scheinen sich auszuschließen. Wer aus dem Bauch heraus handelt, kann nicht auch seinen Kopf benutzen – könnte man meinen.

In diesem Buch behaupte ich das Gegenteil: Verstand und Intuition können Hand in Hand gehen. Erfolgreiche Entscheider und kreative Köpfe bedienen sich in Wahrheit eines raffinierten Systems im Gehirn, angetrieben durch Wissen und Erfahrung. Diese innere Weisheit fließt in Entscheidungs- und Schaffensprozesse ein. Dirigiert wird es von den Gefühlen.

Lange Zeit ließ sich die moderne Naturwissenschaft abschrecken von der Unbewusstheit, unter der sich diese Vorgänge in unserem Denkorgan vollziehen. Die Orte, an denen im Gehirn die Gefühle beheimatet sind, galten als Sperrgebiet für den aufgeklärten Geist. Das hat sich grundlegend geändert. Eine junge Forschergeneration schickt sich an, die Weichenstellungen zu entschlüsseln, die sich in der Schaltzentrale unter der Schädeldecke vollziehen. Lassen Sie sich auf eine Entdeckungsreise in die neurowissenschaftlichen Labore dieser Welt mitnehmen. Erleben Sie, wie Mediziner und Psychologen zu den Quellen vorstoßen, aus denen sich die verborgene Macht der Intuition speist: seien es die erstaunlichen Fähigkeiten unseres Gedächtnisses, der scharfe Blick des Wahrnehmungsapparats oder das Talent, Gesichter zu lesen.

Zunächst taucht das Buch ein in die schillernde Welt der Intuition. Es schildert frappierende Erlebnisse, welche historischen und zeitgenössischen Menschen wie Archimedes, Helmut Kohl oder Neil Armstrong widerfahren sind. Es wird von Menschen handeln, die viel entscheiden. Und von jenen, die wie gelähmt in ihrer Unentschlossenheit verharren, was bei der Überfülle an Wahlmöglichkeiten ein Übel unserer Zeit zu sein scheint. Warum entschließt sich der eine Mensch blitzschnell, der andere nur träge? Warum entscheidet der eine aus dem Bauch heraus, während der andere dem Bauchgefühl misstraut. Antworten auf diese Frage folgen in dem Teil, in dem es um die Anatomie der intuitiven Entscheidung geht: Wie kommt das Wissen in den Kopf, wie zapft es die Intuition an – und wie lernt das Gehirn aus Irrtümern?

Ich habe einen Patienten getroffen mit mysteriösen Hirnschäden. Nach einem Unfall schien er zunächst geheilt, doch sein Leben geriet aus den Fugen. Seine Entscheidungskraft war verschwunden wie ein aus Versehen gelöschtes Computerprogramm. Der Wissenschaft waren und sind solche Patienten faszinierende Studienobjekte, wenn es um die Mechanik einer Entscheidung geht. Ihr Schicksal zeigt, in welchem Maße das unbewusste Reich unserer Gefühle unser Handeln beeinflusst, beziehungsweise in ihrem Falle: wie es nicht mehr beeinflusst wird. Sie sind Zeugen für einen großen Bewusstseinswandel, der sich gerade vollzieht.

Mit modernen, bildgebenden Verfahren und raffinierten Experimenten beobachten Wissenschaftler den Menschen beim Entscheiden. Ein möglichst umfassendes Bild zeichnet sich ab: «Entscheidungen werden nicht mehr länger als einzelne, isolierte Ereignisse gesehen. Sie sind eingebettet in den Strom individueller Erfahrungen», schreiben Susanne Haberstroh und Tilmann Betsch.[1] Dazu zählt, wie der Mensch bewusst und unbewusst lernt, wie er das Wissen für eine Entscheidung heranzieht. Aber auch, wie er aus Entscheidungen, richtigen und falschen, lernt. «Entscheidungen haben eine Vergangenheit und eine Zukunft», sagen die beiden Intuitionsforscher. Im Laufe seines Lebens entwickelt der Mensch

Routinen, wie er in welcher Situation entscheidet. Alles das vollzieht sich auf einer intuitiven, wie auch einer Verstandesebene. Demnach gibt es keine rationalen oder intuitiven Entscheidungen. Alle rationalen Entscheidungen sind auch intuitive Entscheidungen, weil sie auf unbewussten Denkprozessen fußen.

Im dritten Teil des Buches nehme ich den Leser gewissermaßen vom Labor mit ins pralle Leben. Das Wirken der Intuition in den verschiedenen Bereichen des Lebens verrät viel darüber, wie der Geist tickt. Zunächst geht es da um die Intuition im zwischenmenschlichen Bereich, danach beim Einkaufen und im Arbeitsleben. Anschließend beschreibe ich die Macht der Eingebung und die Geistesblitze: Woher kommen sie, und was passiert dabei im Gehirn? Der Arzt in der Notaufnahme, der Feuerwehrmann im brennenden Treppenhaus, der Torhüter auf dem Fußballplatz, der Broker auf dem Börsenparkett – alle diese Menschen nutzen auf eine je etwas andere Weise die Macht der Intuition.

Anhand dieser Beispiele will ich auch die verschiedenen Erklärungsansätze der modernen Entscheidungsforschung vorstellen. Sperrige Namen haben die Wissenschaftler ihnen gegeben, und die deutsche Übersetzung macht sie nicht gerade leichter lesbar: etwa die Theorie des «unbewussten Denkens», wie sie Ap Dijksterhuis entwickelt hat, oder andere Ansätze wie die einfachen Entscheidungs-Heuristiken, ersonnen vom Berliner Psychologen Gerd Gigerenzer, die «Natürlichen Entscheidungsprozesse» des US-Intuitionsforschers Gary Klein oder Robin Hogarths «Tacit System», jenes stille System der Intuition. Dort werden auch immer wieder die Fußangeln erörtert, die uns die Intuition auslegen kann und die es zu vermeiden gilt.

Im vierten Teil schließlich will ich die neuartige Synthese von Rationalität und Intuition beschreiben, wie sie die Wissenschaft gerade entwickelt. Es ist die Symbiose von zwei Strategien, die lange Zeit völlig zu Unrecht als zwei separate Dinge betrachtet wurden. Mein Ziel ist es, von einem neutralen Standpunkt aus die widerstreitenden Theorien der Wissenschaft einzuordnen. Es soll weder eine Lobpreisung der Intuition noch eine Verdammung des bewussten Verstandes dabei herauskommen. Ich werde argumentieren, dass Intuition lernbar ist für die vielen verschiedenen Situationen des Lebens – vom alltäglichen Geschehen bis zum Notfall.

Ein Punkt bedarf der Richtigstellung, weil er stets für Verwirrung sorgt, wenn es um die Intuition geht: Der Bauch kann nicht denken. Zumindest nicht in einem neurologischen Sinne. Das ist eine Erfindung der populären Medien. Wenn ich vom Bauch spreche, dann in einem übertragenen Sinne, wie sie im alltäglichen Sprachgebrauch üblich ist. Diese Metapher hat allerdings auch einen ernsten physiologischen Hintergrund. Im Magen, mehr noch im Darm laufen viele Nervenzellen zusammen. Sie denken nicht, sie sind so etwas wie «Erfüllungsgehilfen», wie es der Frankfurter Hirnforscher Wolf Singer ausdrückt. «Sie führen nur aus, was das Gehirn ihnen sagt. Der Magen drückt nicht von allein, das Herz rast nicht von selbst. Das Gehirn gibt das Kommando. Und Sie können überlegen: Warum drückt der Magen? Warum rast das Herz?» Ein merkwürdiger Rückkoppelungseffekt setzt ein: Magen und Darm reagieren auf eine unbewusste Wahrnehmung des Gehirns. Das wiederum nimmt dieses Gefühl wahr und bringt die Intuition ins Bewusstsein.[2] Worum es in diesem Buch nicht geht, das ist jener Gebrauch des Wortes Intuition, der gleichbedeutend mit Wahrsagerei und Esoterik ist. So, wie er sich in einigen Ratgeberbüchern findet. Intuition bedeutet zwar, Vorhersagen über die Zukunft zu bilden. Aber stets auf Grundlage vorhandener Erfahrungen mit vergleichbaren Situationen.

In diesem Sinn hat Intuition viel mit Wissen und nichts mit Metaphysik zu tun. Deshalb muss ich auch dem ehrwürdigen Honoré de Balzac widersprechen, der die Intuition charakterisiert als «eine der Fähigkeiten des inneren Menschen, dessen Attribut die Besonderheit ist. Sie wirkt durch eine unwahrnehmbare Empfindung, von der derjenige, der ihr gehorcht, nichts weiß.» Eigentlich stört mich weniger die Definition als das Beispiel, das er für die

Intuition anführt: «Napoleon entfernte sich instinktiv von seinem Platz, ehe eine Kugel dort einschlug.» Der siebte Sinn hat nichts mit Metaphysik zu tun, sondern mit der Weisheit unserer Gefühle. Dann kann er Leben retten, Sie werden sehen.

I. Intuition –
Eine Kraft wird neu entdeckt

«Die menschliche Zivilisation macht in dem Maße Fortschritte, in dem sie nicht darüber nachdenken muss, wie sie Probleme löst.»

ALFRED NORTH WHITEHEAD, MATHEMATIKER

Pure Vernunft wird niemals siegen

Charles Darwin entdeckte, wie in der Natur Entscheidungen fallen. Ob aus den Fischen die Vierbeiner, aus den Dinosauriern die Vögel oder aus den Affen die Menschen geworden waren, das entscheidet sich beim Fortpflanzen. So setzt sich stets jenes Exemplar seiner Art mit den besten Eigenschaften durch, behauptete der Biologe. Am farbenfrohen Rad der Pfauen beobachtete er das Wirken der Evolution. «Die Männchen haben eine stärkere Leidenschaft als das Weibchen», beschrieb Darwin das Prinzip der Selektion und ließ einfließen, was auch zwischen paarungswilligen Menschen gelegentlich zu beobachten ist: «Das Weibchen ist scheu.»

Persönlich vertraute sich Darwin in diesen Fragen allerdings nicht der Natur an, sondern seinem exzellenten, analytischen Verstand. Im Jahre 1838 verfasste er deshalb eine Liste mit Vorteilen und Nachteilen, die eine Ehe mit sich bringe.[3] Was dafür sprach: «Kinder – so Gott es will» böten ein «zweites Leben» für ihn. Sie würden sich für seine Person interessieren. Sie wären «ein Objekt», mit dem man spielen und das man lieben könne.

«Besser jedenfalls als ein Hund.»

Es gäbe da auch jemanden, der sich um den Haushalt kümmerte. Das Heim wäre erfüllt vom Reiz der Musik und weiblichem Geplauder. Der Gelehrte geriet ins Schwärmen.

«Mal dir nur eine weiche, schöne Frau auf dem Sofa mit einem guten Kaminfeuer aus.»

Darwin sah sich schon als einsamen Junggesellen altern. Seine Endlichkeit vor Augen, erschauderte er regelrecht: «Mein Gott, es ist unerträglich, sich vorzustellen, sein ganzes Leben wie eine kastrierte Biene zu verbringen, zu arbeiten und zu arbeiten und das am Ende für nichts.»

Doch die Gegenargumente wogen schwer. Der Verlust an Zeit etwa, die er nicht mit seinen Unterlagen würde verbringen können. Mit dramatischen Folgen. «Fettsucht und Trägheit», wie er notiert. Schlimmer noch: «Angst und Verantwortung.» Und dann fehlt das Geld für Bücher, wenn «zu viel Kinder einen zwingen, sein eigenes Brot zu verdienen». Auch «auf die Konversation mit klugen Leuten im Club» müsse man wohl verzichten.

Es droht die Provinz: «Vielleicht will meine Frau auch nicht in London wohnen. Dann lautet das Urteil Verbannung und Degradierung zu trägen, faulen Dummköpfen.»

Warum Darwin am Ende der Liste schrieb: «Heiraten! Heiraten! Heiraten!», das lässt sich aus seiner Aufstellung in dieser Deutlichkeit nicht herauslesen. Und dennoch setzte er unter seine Zeilen: «q. e. d.». Das tun gewöhnlich Mathematiker. Die lateinische Abkürzung «quod erat demonstrandum» steht für: «Was zu zeigen war».

Auch heute noch gehören solche Pro&Contra-Listen zu den gutgemeinten Ratschlägen, die Freunde in den schweren Stunden des Lebens geben. Ap Dijksterhuis jedoch hält gar nichts von diesem Ritual. «Die Leute, die immer wieder behaupten, nur mit dem Verstand zu entscheiden, begehen einen großen Selbstbetrug», sagt der Sozialpsychologe aus den Niederlanden. Noch immer erzählt man jungen Leuten: Denke nach! Entscheide dich bewusst! Vor allem, wenn es sich um eine schwierige Entscheidung handelt wie eine Heirat. «Je komplizierter die Wahl ist, desto unbewusster sollte man sich entscheiden», sagt der Enddreißiger. Pro&Contra-Listen müssen scheitern, denn sie widersprechen allem, was die Forschung bislang darüber herausgefunden hat, wie der Mensch sich entscheidet. Eine Liste mit dem Für und Wider einer Entscheidung entspricht eher dem Wunschdenken des modernen Menschen. Strenge Logik und reine Vernunft sollen herrschen, wenn sich die klügste, erhabenste Spezies dieses Planeten entscheidet. Einfach die Argumente auf der einen und der anderen Seite zusammenzählen und vergleichen. Die höhere Zahl gewinnt. Doch nach einer solch simplen Arithmetik verläuft das Leben nicht, und die Prozesse im Denkorgan schon erst recht nicht. Das legt bereits jenes kuriose Schriftstück aus dem Nachlass Darwins nahe. So wie die Dame auf dem Schachbrett schlägt darin ein Argument alle anderen: Es ist die Angst vor dem Tod, ohne zuvor große Spuren auf der Erde hinterlassen zu haben. Wie sollte es auch anders sein bei einem Evolutionsforscher?

Gerne erzählt Dijksterhuis diese Anekdote aus dem Leben Darwins zum Amüsement seiner Zuhörer. Er ist ein bekannter Entscheidungsforscher und hält so gar nichts vom Sakrileg der Vernunft, wie es heute gültig ist. «Der bewusste Verstand verzerrt nur, was das Gehirn bereits korrekt beobachtet und überdacht hat, ohne dass wir dessen wirklich gewahr geworden sind.» Dem Primat der Vernunft stellt Dijksterhuis die Idee vom «unbewussten Denken» entgegen. «Wenn Sie wollen, können Sie das auch Intuition nennen».

Einsichten bei Ikea

Das erste Experiment, das Dijksterhuis als Beleg für seine These anführt, war ein Selbstversuch. Vor einigen Jahren, als junger Nachwuchsforscher am Institut für Sozialpsychologie der Universität Amsterdam, wollte er für sich und seine Freundin eine Wohnung kaufen. «Der Markt war völlig aus den Fugen geraten», stöhnt er: «Die Neureichen aus der New Economy prügelten sich um die wenigen Wohnungen.»

Aus den Zeiten, als Holland eine Handels- und Seefahrernation war, hat sich ein Brauch erhalten, der sich für den Versuchsaufbau als günstig erwies. Wer zuerst die Hand hebt und die Wohnung kaufen will, der bekommt sie. «In Windeseile schließen beide Seiten einen rechtsverbindlichen Vertrag», erklärt Dijksterhuis.

Gleich ein Dutzend Kandidaten, die der Makler zuvor auf ihre Bonität überprüft hatte, stürmten in eine Wohnung ganz in der Nähe des Amsterdamer Zoos. 240 000 Euro, das war die Summe, die damals auf dem Spiel stand. Hastig streifte der Jungakademiker durch die Zimmer. Das Bad hatte er noch gar nicht gesehen, da sagte er: «Ich nehme die Wohnung!» Gerade einmal eine oder zwei Minuten waren da vergangen, und Dijksterhuis konnte hören, wie das Blut seines gestressten Körpers durch die Ohren pulsierte. Sie standen auf dem Balkon, der Makler und er. Vom Zoo her trompeteten die Elefanten. Die anderen Interessenten streunten noch unentschlossen umher. Der Makler sagte ja. «Die schnellste Entscheidung meines Lebens war gefallen», erinnert sich Dijksterhuis an jenen Sommermorgen, und mit Stolz fährt er fort: «Ich habe meinen Entschluss niemals bereut.»

Mittlerweile hat der Professor eine recht gute Vorstellung davon, was in diesen 90 Sekunden in ihm vorgegangen war, und er ahnt auch, warum er damals richtig gehandelt hat. «Ich dachte zunächst, das ist so ein Bauchgefühl.» Doch später wurde ihm klar, dass sein unbewusster Verstand in diesem kurzen Moment eine ganze Fülle von Informationen verarbeitet hatte. Die Küche etwa war geräumig und modern eingerichtet. Und Dijksterhuis ist, das verrät schon seine kräftige Statur, ein leidenschaftlicher Koch. Der Zuschnitt der Räume hat gepasst für zwei Personen. Die Zimmer waren hell, der Allgemeinzustand gut. «Die Intuition arbeitet vorzüglich schnell», sagt Dijksterhuis.

Beeindruckt von diesem Erlebnis, konzentrierte sich der Wissenschaftler fortan darauf, die mentalen Prozesse wissenschaftlich zu erforschen. Er hat Fußballfans und Autokäufer befragt. Er stand am Samstagnachmittag bei Ikea auf dem Parkdeck und schlug sich bei Bijenkorf, dem teuersten Kaufhaus Amsterdams, durch die Abteilung für Haushaltswaren – alles im Dienste der Wissenschaft.

Die Ergebnisse seiner Feldforschung belegen die Präzision, mit der die Intuition in der Lage ist, das wichtigste Kaufargument herauszupicken und richtig zu entscheiden. Immer wieder bestätigen sich seine Befunde. Da sollen sich Probanden nach einem Versuch als Dankeschön ein Poster aussuchen. Ein Teil der Versuchsteilnehmer soll gut überlegen, die anderen sollen schnell entscheiden. Nach drei Wochen rufen seine Studenten bei den Leuten an und fragen, bei wem das Poster noch an der Wand hängt. «Auch hier sind es jene, die ihrer Intuition folgen», sagt Dijksterhuis. Seine Untersuchungen, mit welchen Strategien der Mensch auswählt, werden in den renommiertesten Fachblättern gedruckt. Denn immer wieder gewann er neue Indizien, die seine radikale Abkehr vom Prinzip der reinen Vernunft unterstützen.

Die Totgeburt des Homo oeconomicus

Ap Dijksterhuis sitzt in seinem geräumigen Eckzimmer, hoch im 10. Stock der Universität von Nijmegen. Dort hat man ihn zum Professor berufen. An der Wand hängen afrikanische und asiatische Holzmasken, daneben Urkunden wissenschaftlicher Preise, die er gewonnen hat. Dijksterhuis ist ein Unikum, ein Querdenker, der es in seiner jungen Karriere schon weit gebracht hat. Und das, obwohl er auf Konferenzen schon mal mit rotgefärbten Haaren auftritt. Seine Stimme klingt dabei gar nicht aufrührerisch, eher bedächtig, beinahe einschläfernd. Wie man es von einem klassischen Gelehrten erwartet. Ideologische Aufgeregtheit ist nicht sein Ding, eher niederländischer Pragmatismus. So wagt er sich hinab in das Tiefgeschoss des menschlichen Geistes. Eine Terra incognita für Generationen von Psychologen und Hirnforschern vor ihm. Zu diffus, zu wenig greifbar, zu esoterisch erschien ihnen diese verborgene Welt des Unterbewussten. «Wie soll man erforschen, worauf selbst der eigene Geist keinen Zugriff hat?», so formuliert Dijksterhuis die Bedenken seiner Zunft, die er so gar nicht teilt.

Der Dualismus vom Verstand auf der einen Seite und dem Unbewussten und den Gefühlen auf der anderen beschäftigte als Idee schon 500 vor Christus die griechischen Philosophen. Renaissance und Aufklärung hoben die Ratio fast auf die Höhe des Göttlichen. Im Unbewussten hingegen lauerten die Gefühle wie Dämonen, die es zu bekämpfen galt. Erst Sigmund Freud setzte sich als Wissenschaftler mit dem Kellergewölbe des Geistes auseinander, sah es aber vor allem als Ort verdrängter sexueller Erinnerungen und Obsessionen. Damit war das Unbewusste, genauso wie das Wort Intuition, in der Zunft der kommenden Psychologen-Generationen kontaminiert, gleichsam unberührbar.[4]

Stattdessen schufen Psychologen und Ökonomen den Homo oeconomicus, eine scheinbar völlig kühl kalkulierende Entscheidungsmaschine, die stets jene Wahl für sich trifft, die ihr den maximalen Nutzen verspricht. Die Rationalität, so ihre falsche Prämisse, sei grenzenlos. Der Verstand könne alle verfügbaren Informationen einordnen, gewichten und zu einem eindeutigen Ergebnis finden. Das einzige Problem sei nur, an alle relevanten Informationen heranzukommen.

Mit der Wirklichkeit hat das nur wenig zu tun. Auf wie viele Bücher hätte Darwin wohl verzichten können, ohne den Spaß an den stillen Stunden der Lektüre zu verlieren? Es wäre dem bedauerlichen Gelehrten wohl ergangen wie Buridans Esel. In diesem beliebten philosophischen Gedankenspiel, das fälschlicherweise dem Pariser Philosophen Buridan zugeschrieben wird, steht das Tier vor zwei Heuhaufen, beide gleich groß, beide gleich weit entfernt – und verhungert, weil es sich zwischen den zwei gleichwertigen Alternativen nicht entscheiden kann.

Unbeirrt von der Realität konstruierten die Forscher ein Experiment nach dem anderen, um ihre These vom rationalen Wesen weiter zu belegen. Besonders taten sich dabei die Ökonomen hervor. Für sie war es am einfachsten: Grundlage der Entscheidungen ist in der Wirtschaft schließlich Geld, und das besteht aus nichts anderem als Zahlen, aus objektivierbaren Größen also.[5]

Intuition, das wurde als Sache der Mystiker abgetan, und die schickte sich nicht für aufgeklärte Menschen. Schließlich erklären die großen Religionen, sie seien Ausdruck einer Offenbarung. Verkünder wie Christus, Mohammed oder Buddha bekamen Eingebungen, den göttlichen Funken, scheinbar aus dem Nichts. Ihre Worte entziehen sich der wissenschaftlichen Empirie, dem Verstand und jeglicher Sinneswahrnehmung. Sie sind mystische Intuition. In manchen Gesellschaften lebt dieser Geist auch in der Moderne weiter. Etwa in China, wo der Konfuzianismus die Intuition als Quelle von Kreativität und Entscheidungsfreude ausdrücklich preist. Eine Witterung haben, so würde man es dort ausdrücken, wenn man eine intuitive Eingebung hat. In China gilt es auch heute noch unter Managern und Konzernchefs als völlig legitim, seine Entschlüsse so zu begründen – und nicht wie im Westen mit dem Strategiepapier einer Unternehmensberatung.

Bei uns bekamen die Fassaden an den Tempeln reiner Vernunft erst seit wenigen Jahrzehnten erste Risse. Der Ökonom Herbert Simon revolutionierte seine Wissenschaft im Jahre 1956 mit dem Begriff der «begrenzten Rationalität»[6]. Was er damit unter anderem sagen wollte, war, dass es unmöglich ist, eine Entscheidung zu treffen und dafür wirklich alle Informationen zusammengetragen zu haben. Es gibt zu viele Fakten und zu viele Kombinationen von Fakten, so dämmerte dem Nobelpreisträger. Je komplexer die Aufgabe, desto schneller addieren sich die Komplikationen auf.

Die begrenzte Rationalität scheitert allerdings bei allen Entscheidungen, die ins Ungewisse hinein gefällt werden müssen. Und das geschieht leider immer häufiger. Zur Auswahl stehen dann zwei Risiken. Soll man das ungeborene Kind abtreiben, weil es mit einer Wahrscheinlichkeit von 1 zu 80 geistig behindert sein wird? Soll man die Gefahr eines atomaren GAUs eingehen, um die katastrophalen Folgen einer möglichen Klimaerwärmung abzuwenden? Und selbst auf die schöne alte Frage «Willst du mich heiraten?» muss der oder die Verehrte in eine vollkommen ungewisse Zukunft hineinentscheiden.

Der Autopilot im Menschen

Es ist erstaunlich, dass wir uns in solchen Dilemmata mit einem mutigen Entschluss entscheiden können – zumal der Verstand uns dabei gar nicht weiterhelfen kann. Alltäglich erleben wir etwas höchst Bemerkenswertes: Wir tun etwas, ohne genau zu wissen warum. Schon der gesunde Menschenverstand legt nahe, dass es da mehr geben muss als die für uns wahrnehmbare kleine Spitze bewussten Räsonierens.

Selbst wenn ich in einer Schreibpause erschöpft in meinem Bürosessel sitze, prasseln in jeder Sekunde meines Müßiggangs rund zehn Millionen Sinneseindrücke auf mich ein. Das ergibt sich aus der Anzahl von sensorischen Nervenzellen, mit denen ich meine Umgebung wahrnehme. Dazu gehört der Druck des Sessels auf meinen Rücken und mein Gesäß, das Ticken der Uhr an der Wand genauso wie der Nachgeschmack des Salamibrötchens vom Frühstück. Viele dieser Reize erfordern rasche Entscheidungen von mir. Soll ich aufstehen und einen grünen Tee kochen – gegen die Müdigkeit und den schlechten Geschmack im Mund? Oder soll ich lieber sitzen bleiben und durchlesen, was ich zuvor geschrieben habe? Ich könnte das Fenster schließen oder aufstehen und meine Rückenmuskulatur sich langsam wieder straffen lassen.

Der bewusste Teil meines Denkorgans bewältigt gerade mal vierzig dieser Eindrücke – und niemand sollte da selbstgerecht meinen: Der Typ tut mir aber leid, ich schaffe sicherlich mehr. Diese Zahl stammt aus vielen Versuchen, die mit dem Arbeitsspeicher im Gehirn am Menschen wie am Tier gemacht wurden.[7] Schon aus arbeitsökonomischen Gründen müssen viele anstehende Entscheidungen an den Autopiloten abgetreten werden. Manche Forscher glauben sogar an eine evolutionäre Logik für diese Arbeitsteilung. «In dem Maße, wie Menschen lernen, Informationen automatisch zu verarbeiten, befreien sie ihre Aufmerksamkeit, sich anderer Aufgaben anzunehmen und effektiver zu sein», sagt der Entscheidungsforscher Robin Hogarth.[8]

Das Paradox der Wahl

Wie soll ich mich nun entscheiden? Mit dem Kopf oder mit dem Bauch? Am Abend muss ich noch auf einen Empfang im Kunstmuseum. Soll ich die dunkelbraunen Schuhe anziehen oder doch die schwarzen wie immer? Der Akku vom Handy ist dauernd leer, ein neues Gerät muss her. Eines mit UMTS, oder doch lieber das mit der hochauflösenden Kamera? Zugegebenermaßen, das sind Entscheidungen, die mein Leben nicht auf den Kopf stellen werden. Aber wie wäre es hiermit: Soll unsere Tochter schon mit vier in die Vorschule? Wollen wir noch ein Kind? Und Sie? Warum haben Sie eigentlich dieses Buch gekauft und nicht die vielen hundert anderen, die sich nebenan gestapelt haben?

«Wir sind die Summe unserer Entscheidungen», hat Albert Camus einmal behauptet. Entscheidungen schleifen an unserer Biographie, zusammen mit dem, was andere Menschen, der Arbeitgeber oder der Staat über einen bestimmen. Und natürlich der Zufall. Das moderne Leben, das in Freiheit und Demokratie, erfordert vom Menschen, seine Geschicke selber in die Hand zu nehmen. Die Entscheidung nimmt einem nicht mehr der Staat ab, die Partei oder der Pfarrer. Mit dem Ende der großen Ideologien, dem Bedeutungsverlust der Religion haben wir weniger vorgegebene Marschrouten, sondern mehr Wege, die wir selber suchen müssen.

In seinem Buch «The Paradox of Choice» behauptet der Sozialpsychologe Barry Schwartz, noch nie seien dem Menschen so viele Entscheidungen abverlangt worden wie heute. Er nennt das auch «die Tyrannei der Auswahl». Für den eigenen Lebensentwurf steigt die Zahl der Alternativen schneller als die Auswahl an Marmeladen im Supermarkt. Welche Religion darf es denn sein? Katholisch, evangelisch – das entschieden früher die Eltern. Heute darf man wählen zwischen Buddhismus oder Taoismus, Tantra oder Kabbala. Rund fünf Milliarden Euro sollen die Deutschen mittlerweile auf dem bunten Psychomarkt der Designerreligionen ausgeben. Wie möchte man leben? Als Single? In Partnerschaft, aber auf Distanz? In eheähnlicher Gemeinschaft? Mit den Kindern aus der ersten Ehe der neuen Partnerin, aber ohne die eigenen Kinder? Der Name zum Trend heißt Patchwork-Familien. Und die Auswahl wächst mit dem wissenschaftlichen Fortschritt: Bald darf man sich auch entscheiden, ob man die Kinder vor der Karriere haben möchte oder aber im Vorruhestand. Die moderne Reproduktionsmedizin macht es möglich. Die Wahlmöglichkeiten machen vor dem eigenen Körper nicht halt. Rund 700 000 Mal haben sich Deutsche im Jahre 2005 dazu entschieden, ihr äußeres Wesen plastisch zu verändern.[9] Ein Drittel mehr als noch 2000. Jedes neue Angebot zwingt zu einer Wahl. Selbst wenn man nein sagt. Das ist das Paradox der modernen Entscheidungsgesellschaft.

Schwartz sagt: «Der Wandel im Status der eigenen persönlichen Identität ist eine gute wie eine schlechte Nachricht für uns. Gut, weil sie uns befreit, und schlecht, weil wir uns die Verantwortung aufbürdet, auszuwählen.»[10] Multioptionsgesellschaft nennt das der Soziologe Peter Gross: «Die Möglichkeit ist des modernen Menschen liebste Wirklichkeit.»[11] In Anlehnung an Theodor W. Adorno macht der Autor Georg Diez eine «neue Eigentlichkeit» aus.[12] Sie sei das seltsame Wesen der Nullerjahre, in denen die Sätze der Menschen gerne mit «Ich könnte» beginnen. Oder aber mit «Eigentlich», und zwischendrin heißt es «so etwa» und «vielleicht».

Unter Druck entscheiden

Aller Unschlüssigkeit zum Trotz: So viel Entscheidung war noch nie. Der technische Fortschritt, die komplexe, computerisierte Wirtschaftswelt fordern unerbittlich, an jedem Tag und in jeder Sekunde von neuem schnelle Entschlüsse von denen, die an den Schalthebeln dieser Maschinerie sitzen.

Mitunter grausame Entscheidungen. Am 1. Juli 2002 um 23 Uhr 33 und 42 Sekunden ertönte im Cockpit des Fluges 2937 der

Bashkirian Airlines das Anti-Kollisions-Warnsystem. Der Pilot solle steigen, wies ihn der Computer an. Einen Augenblick später meldete sich ein Lotse von der Flugüberwachung in Zürich und wies ihn an: Sinken. Unvermittelt fand sich der Pilot in einer Entscheidungssituation wieder, die von vollkommener Unsicherheit bestimmt war. Er konnte nicht überprüfen, welche Lösung die richtige war. Dazu hatte er die Zeit nicht. «Was in der Waagschale lag, war eigentlich eine simple Entscheidung: Hoch oder herunter, 1 oder 0. Dem Fluglotsen glauben oder der Maschine», so schrieb George Johnson später in der «New York Times».[13] Der Pilot vertraute dem Menschen. Bei der anschließenden Kollision mit einem DHL-Frachtflugzeug starben 71 Menschen, darunter viele Schulkinder.

Per Mausklick kann ein einziger Investmentbanker Milliardensummen durch die digitale Finanzwelt schicken. EBS, hinter diesen drei Buchstaben verbirgt sich eine elektronische Handelsplattform, die aus einem Zusammenschluss führender Geldinstitute entstanden ist. 2000 Broker aus 40 Nationen handeln jeden Tag mit Währungen und Edelmetallen im Wert von 125 Milliarden Dollar über diese Plattform. An einem guten Tag hat ein Händler fünf Milliarden Dollar bewegt, ehe er nach Hause geht. Mehr als die Hälfte der jeweils 50 000 täglichen Transaktionen gehen in weniger als einer Sekunde über die Bühne. Typischerweise dauert es nur 485 Millisekunden, bis sich einer der Trader zu einem Deal entschlossen hat.[14] Der Verstand hat in diesem Wimpernschlag gar keine Gelegenheit, nennenswert aktiv zu werden. Mitunter aber bringt seine in Sekundenbruchteilen getroffene Entscheidung das ganze Wirtschaftssystem an den Rand des Zusammenbruchs.

Long Term Capital Management galt in den 1990er Jahren als einer der erfolgreichsten Hedgefonds überhaupt. Mit dem analytischen Verstand von zwei Nobelpreisträgern und raffinierten mathematischen Modellen ausgestattet, erwirtschaftete der Fonds für seine Anleger riesige Renditen. Im August des Jahres 1998 aber trat eine seltene Kombination zweier Ereignisse auf den Finanzmärkten auf, die nicht in den Analysemodellen enthalten waren. Innerhalb kurzer Zeit kollabierte der Fonds, und die amerikanische Zentralbank wähnte das gesamte US-Finanzsystem vor dem Zusammenbruch. Um den GAU des Kapitalmarkts noch abzuwenden, zwang sie amerikanische und europäische Banken, einen Rettungsplan in Höhe von 3,5 Milliarden US-Dollar aufzustellen.[15]

Der niederländische Nobelpreisträger Paul Crutzen, Erforscher des Ozonlochs, rief vor einigen Jahren das sogenannte «Anthropozän» aus, ein eigenes erdgeschichtliches Zeitalter, in dem der Mensch zu einem großen Teil die Lebensprozesse auf dem Planeten beeinflusst, wenn nicht gar steuert. Das zerstörte Ozonloch ist so ein Beispiel, das Sterben der Korallenriffe und der Regenwälder ein anderes. Wir leben mitten in diesem Anthropozän, so Crutzen.[16] Die Besonderheit dieser Epoche: Die Entscheidungen eines jeden Einzelnen haben Folgen für den ganzen Planeten. Soll ich kurz mit dem Auto zum Weinhändler fahren oder das Fahrrad nehmen? Und im Sommer: besser mit dem Flugzeug nach Florida oder mit der Bahn ins Allgäu? Milliarden individueller Entscheidungen dieser Art addieren sich zu einem Problem globalen Maßstabs. Die Folge dieser Entschlüsse: Sie heizen das Klima des Planeten auf und bedrohen die Lebensgrundlage von Menschen und Tieren.

Wie gehen wir mit unserer Verantwortung um? Wie Entscheidungsprozesse gesteuert werden, damit beschäftigen sich Politologen und Juristen. Staats- und Verwaltungsformen sind nichts anderes als der Versuch, Entscheidungen zu institutionalisieren, zu optimieren, zu legitimieren. Wirtschaftsexperten können ein System ersinnen, in dem Gelder und Waren gefahrlos um den Erdball fließen. Einen Rahmen setzen, in dem gerecht gehandelt wird und mehr Menschen Wohlstand und Sicherheit erlangen. Die Neurowissenschaften haben dazu einen faszinierenden Beitrag zu leisten: Sie erforschen die psychologischen, molekularbiologischen, neurologischen Grundlagen des Entscheidens. Wann ist der Verstand am Zuge, welchen Anteil hat das Unbewusste? Wie gut funktioniert die Intuition? Wann kann man ihr trauen, wann scheitert sie?

Meister der Intuition

Der amerikanische Präsident John F. Kennedy sagte in den 1960er Jahren über die Wege des Gehirns noch: «Die Entscheidungen werden stets dunkle und verworrene Wege gehen und selbst für jene ein Geheimnis bleiben, die direkt daran beteiligt sind.» Kennedy war in der Kuba-Krise 1962 wohl näher an der Entscheidung über einen Atomkrieg als jeder Staatschef vor und nach ihm. Vielleicht ist das der Grund für seinen düsteren Aphorismus. Im Licht der aktuellen Erkenntnisse über den menschlichen Geist ist seine Einschätzung nicht mehr ganz zutreffend. Der Mut der Forscher, in diese dunklen Gänge des Gehirns zu steigen, ist enorm. «Dramatischen Auftrieb» erlebe derzeit die Erforschung der neuronalen Vorgänge, die sich bei intuitiven Entscheidungen vollziehen, konstatiert Jonathan Cohen von der Princeton University, von dem später noch die Rede sein wird. Die Forschungsfragen könnten nicht spannender sein.

Welche geisterhafte Hand ist da im Spiel, wenn George Soros sich zu einer seiner gefürchteten Finanzspekulationen hinreißen lässt? Von seinen Entschlüssen hängt es immerhin ab, ob Unternehmen, ja sogar ganze Währungen und Volkswirtschaften abstürzen. Sein Ruf ist berüchtigt, sein Urteil gefürchtet. Was aber treibt diesen Mann? Seinem Sohn hielt Soros schon von jungen Jahren an hochtrabende Monologe, warum er sich zu dieser oder jener Transaktion auf dem internationalen Kapitalmarkt entschloss. Doch der durchschaute die wahren Beweggründe seines mächtigen Vaters: «Der verändert seine Position im Markt stets, wenn er starke Schmerzen im Rücken bekommt.»

Ein Stechen als innere Stimme, mal aus dem Magen, mal aus dem Rücken? Die Intuition verschafft sich auf bizarre Weise Gehör und treibt die Menschen zu merkwürdigen Handlungen: Arthur Guinness gründete im Jahre 1759 in einer verlassenen Brauerei in Dublin sein Unternehmen. Den Pachtvertrag über 45 Pfund im Monat schloss er fast für alle Ewigkeit ab – für 9000 Jahre.[17] Warum war sein Gespür so sicher?

Ähnlich muss es auch im Innern von Steve Jobs ausgesehen haben, als sich der legendäre Gründer des Computerunternehmens Apple entschloss, den iPod, jenen «Walkman für das 21. Jahrhundert», auf den Markt zu bringen. Das war im Jahr 2001. Die New Economy war zusammengebrochen, die Türme des World Trade Centers eingestürzt, da stellte Jobs im Oktober dieses Schicksalsjahres sein kleines weißes Gerät vor. Keine guten Voraussetzungen für eine Umwälzung des digitalen Musikmarktes. Doch genau diese Revolution ist passiert, und warum, das lässt sich aus einer Rede des Apple-Chefs vor den Absolventen der Stanford University schließen: «Habt den Mut, Eurer Intuition zu folgen. Bleibt hungrig, bleibt verrückt!»

Immer wieder dreht sich auch das Rad der Weltgeschichte schneller oder gar in eine andere Richtung, weil einer ihrer Lenker eine intuitive Eingebung hat. George Marshall, der legendäre General und spätere Außenminister der USA, hielt am 5. Juni 1947 auf den Stufen der Harvard University eine Rede, mit der er die US-Strategie für den Wiederaufbau des Nachkriegs-Europas radikal umdrehte. Er hatte erkannt, dass Deutschland wirtschaftlich wieder erstarken müsse, wolle man der Sowjetunion trotzen. Seine Gedanken waren auch für seine Mitarbeiter völlig überraschend. Schließlich galt bis zu diesem Zeitpunkt noch, möglichst viel an Wiedergutmachung aus dem Land des besiegten Feindes herauszuholen. Das deutsche Wirtschaftswunder, das vom Marshall-Plan angestoßen wurde – war es das Resultat der genialen Intuition des erfahrenen Strategen?

Präsident Michail Gorbatschow überraschte seinen Beraterstab und die kommunistische Elite seines Landes, als er in den Verhandlungen mit dem US-Präsidenten über Abrüstungsfragen plötzlich die harte, unnachgiebige Haltung der Sowjetunion verließ. Oder Helmut Kohl? Am 19. Dezember 1989 hatte er das Schlüsselerlebnis auf dem Weg zur Deutschen Einheit: «Als ich mit meinen Begleitern auf der holprigen Betonpiste des Flughafens Dresden-Klotzsche landete, wurde mir schlagartig bewusst: Dieses Regime ist am Ende. Die Einheit kommt!» Eigentlich wollte er ja mit dem Ministerpräsidenten Modrow über Lastenausgleich und Reisedevisenfonds verhandeln. Alles Details in einem schon bald völlig absurden Versuch, die Geschäfte eines ausblutenden Staates weiterzuführen. Am Flugfeld aber standen schon Hunderte Menschen. Die Straßen in die Stadt säumten Zehntausende. «Da drehte ich mich zu Kanzleramtsminister Rudolf Seiters um und sagte: ‹Die Sache ist gelaufen›.»[18]

Es gibt aber noch eine andere Rolle, die die Intuition im menschlichen Geist spielt. Sie ebnet ihm den Weg zu neuen Gedanken und Erfindungen, zu Musik und Kunst. «Mit Logik kann man Beweise führen, aber keine neuen Erkenntnisse gewinnen. Dazu gehört Intuition», sagte der französische Mathematiker Henri Poincaré, der einen seiner bedeutsamsten Einfälle hatte, als er zu einer geologischen Exkursion in den Bus stieg.

Thomas Edison, dem die Welt neben dem Kleinbildfilm, dem Phonographen und der Glühbirnenfassung auch große Zentralkraftwerke verdankt, glaubte an die Intuition – und das mit Erfolg. Während seiner Schaffensjahre meldete er alle zwei Wochen ein Patent an. Stets trug der starrsinnige Erfinder ein dickes Notizbuch mit sich. Wenn er sich mit Freunden unterhielt oder beim Dinner saß, zögerte er nicht, einen Einfall sofort hineinzukritzeln. Mit 84 Jahren starb Edison. 3400 Bücher hatte er bis dahin vollgeschrieben.[19]

Mit gutem Gewissen durften sich stets die Künstler auf die Intuition berufen. Pablo Picassos «Stierkopf» gilt als einer der bedeutendsten Werke der surrealistischen Stilrichtung des «Objet trouvé». «Eines Tages fand ich unter jeder Menge alten Krams einen Fahrradsattel und kurze Zeit später einen Lenker», erzählt der Maler von der bemerkenswerten Entstehung des Objektes. «Blitzschnell sind in meiner Vorstellung beide Gegenstände zusammengewachsen.» Für den italienischen Philosophen Benedetto Croce stand in den 1920er Jahren deshalb fest: «Kunst ist perfekt definiert, wenn man sie ganz einfach als Intuition bezeichnet.» Was aber ist das neuronale Korrelat der Kreativität?

Für die Kunst des Krieges gilt, allerspätestens seit Napoleon mit seinem Heer durch Europa gezogen ist, dass die Intuition mitmarschiert. Bonaparte, der Franzose, ersetzte die starren Gefechtslinien durch beweglich agierende Divisionen. Die Eingreiftruppen konnte er schnell dorthin verlegen, wo sie am dringendsten benötigt wurden. Im Gegensatz dazu war seine eigene Körperhaltung statisch. In sich versunken hing er auf seinem Pferd oder räkelte sich auf seinem Stuhl. In der Schlacht von Austerlitz beknieten ihn seine Generäle, Verstärkung bereitzustellen. Das sei nicht mehr nötig, urteilte Napoleon und sollte recht behalten. So gewann Bonaparte mit seinem strategischen Instinkt mehr Schlachten als jeder andere General der Weltgeschichte. Warum, das analysierte bereits der deutsche Militärhistoriker Carl Clausewitz. Schon Anfang des 19. Jahrhunderts hatte er Napoleons Feldzüge in seinem legendären Werk «Vom Kriege» beschrieben. Dort steht nicht nur der berühmte Satz: «Der Krieg ist die Fortsetzung des Friedens mit anderen Mitteln.» In der gleichen, berüchtigten Nüchternheit sagt Clausewitz auch: «Der Krieg ist das Gebiet des Zufalls.»

Was so banal wirkt, versuchen moderne Militärstrategen beharrlich auszublenden: dass Krieg ein kaum vorhersehbares Geschehen ist, in dem jede noch so wohlüberlegte Strategie durch das Verhalten des Gegners, der eigenen Leute oder aber durch das Wetter völlig über den Haufen geworfen werden kann. Die meisten westlichen Armeen verfügen über eine dezidierte Anleitung für das Verhalten im Konfliktfall. Die schwedische Anweisung etwa listet 22 Schritte auf, unterteilt in sechs Hauptteile. Intuition kommt darin an keiner Stelle vor. Die größte Militärmacht der Welt, die USA, versucht in ihrem neuesten Handbuch immerhin, die Unwägbarkeiten des Kriegsgeschehens nicht nur mit «analytischem» Verstand zu bändigen. «Field-Manual 5-0, Army Planning and Orders Production» heißt das Traktat, herausgekommen im Januar 2005. Erstmals enthält es auch den Begriff des «intuitiven Entscheidens». Indes: Die Autoren aus der Militärakademie von West Point im Bundesstaat New York trennen Intuition scharf von analytischen Entscheidungen.

Diese Differenzierung gilt weithin als überkommen. Der alte Clausewitz war im 19. Jahrhundert schon näher an dem, was die Forschung mittlerweile weiß: dass es nicht reicht, dem Kommandanten möglichst viele Informationen zu geben, damit er sich richtig entscheidet. Das Talent eines Strategen besteht darin, den «Coup d'œil» zu haben. Das heißt so viel wie «Übersicht auf einen Blick». Was Clausewitz damit allerdings im engeren Sinne meint, ist Intuition, in seinen Worten «nichts als das schnelle Treffen einer Wahrheit, die einem gewöhnlichen Blick des Geistes gar nicht sichtbar ist oder es erst nach langem Betrachten und Überlegen wird»[20]. Das «geistige Auge», das den Überblick selbst im Chaos behält, könne aber nur durch Entschlossenheit dafür sorgen, die «Fesseln des Zweifels» zu durchschlagen, also zu handeln. Es gebe zweifelsohne Leute, die «den schönsten Blick des Geistes für die schwierigsten Aufgaben besitzen», die dann aber doch «in schwierigen Fällen nicht zum Entschluss kommen». Sie besäßen Einsicht und Mut, doch diese beiden Eigenschaften «bieten sich nicht die Hand und bringen darum nicht die Entschlossenheit als ein Drittes hervor». An anderer Stelle benennt Clausewitz konkreter, was er mit «dem schönen Blick des Geistes» meint. Strategische Intuition basiert für ihn nämlich auf Erfahrung. Sie ist der geistige Inhalt des «Coup d'œil», und er nennt dafür auch ein großes Vorbild: «Napoleon selber hat uns mitgeteilt, dass er seine Strategien von denen der ›großen Befehlshaber‹ geborgt hat, die er studiert hatte.» Von Napoleon selber ist überliefert, dass er dazu eine illustre Runde von Alexander, Hannibal und Caesar bis zu Friedrich dem Großen zählte.[21]

Der Dreiklang des Entscheidens

Geistesgegenwart, Wissen und Entschlossenheit – die drei Ingredienzen der Intuition. Fast scheint es, als würde General Clausewitz vorwegnehmen, was fast 200 Jahre später die modernen Neurowissenschaften an Erkenntnissen über die intuitiven Kräfte des

Menschen zusammentragen werden. Jener Dreiklang, wie er sich vom Bewusstsein abgekoppelt im Geiste vollzieht, beginnt mit einer Wachheit, einer Art von Bereitschaftspotenzial, das im Gehirn herrschen muss. Dadurch springt der unbewusste Denkapparat an, der sich reichlich im Gedächtnis bedient. Erfahrungen, insbesondere auch jene, die durch Fehler erlernt wurden, schießen in die Entscheidungszentrale.

Gary Klein, Intuitionsforscher aus den USA, vergleicht diesen Prozess mit dem Immunsystem: «Das Immunsystem entscheidet kontinuierlich, immer dann, wenn seine weißen Blutzellen mit einer neuen Entität in Kontakt kommen. Ist sie ungefährlich oder eine Gefahr? Soll sie passieren dürfen, oder soll eine Immunreaktion ausgelöst werden? Diese Mini-Entscheidungen basieren auf dem Vergleich von Mustern, nicht auf Analyse. Kleinkinder haben diesen Schatz an Krankheitserfahrungen noch nicht. Aber je mehr Erkältungen sie bekommen, desto besser wird die Reaktion ihres Immunsystems sein.»[22]

Was Clausewitz mit Entschlossenheit beschrieben hat, würde heutzutage wohl etwas allgemeiner Emotion genannt. Der Ratschlag «Behalte einen kühlen Kopf!» geht völlig in die Irre, denn keine einzige Entscheidung, die im Kopf vorbereitet wird, würde ohne eine Gefühlsregung zustande kommen.

II. Die Anatomie der Intuition

«Die Wahrnehmung ist eine Tüte voller Tricks: schnelle und schmutzige Mechanismen, die entstanden sind, nicht weil sie konsistent sind, sondern weil sie funktionieren.»

VILAYANUR RAMACHANDRAN, KALIFORNISCHER NEUROLOGE

Wenn die Urteilskraft verunglückt

Wie tickt wohl jemand, der sich nicht richtig entscheiden kann? Nicht, weil er einer dieser unentschlossenen Zeitgenossen ist, der im Restaurant nicht weiß, was er bestellen soll – und dann das Gericht nimmt, das der andere soeben beim Kellner geordert hat. Nein, hier geht es um jemanden, der gewissermaßen entscheidungskrank ist. Vor meiner Ankunft in Leipzig hatte man mir am Telefon gesagt, ich solle aufpassen, wenn ich mit dem Patienten rede. Er könne leicht abschweifen. Er komme nie auf den Punkt. Geduld dürfe ich bei ihm nicht erwarten.

Als mir Maik dann aber in der Tagesklinik für kognitive Neurologie an der Universitätsklinik in Leipzig gegenübersitzt, fällt mir zunächst einmal auf, dass mir nichts auffällt. Maik, wie ich ihn nennen werde, weil er seinen richtigen Namen lieber nicht verraten möchte, ist 28 Jahre alt. Er hat dunkelbraune, leicht gelockte Haare. Seine Augen liegen tief. Und dennoch, er schaut treuherzig drein. Sogar ein wenig spitzbübisch. Vielleicht ist er ein wenig unsicher, denke ich, aber das kann auch daran liegen, dass es ihm unangenehm ist, einem Fremden seine Lebensgeschichte zu erzählen. Er beginnt sie mit dem Tag, als er nach seinem schweren Autounfall endlich das Rehabilitationszentrum in Bad Lausick verlassen durfte.

Damals schüttelte der Arzt ihm fröhlich die Hand. «Sie sind

wieder vollkommen gesund», sagte der Neurologe mit einem zufriedenen Lächeln und fügte hinzu: «Glück haben Sie gehabt, großes Glück!» Häufig sind in der Klinik diese Momente des Abschieds voller Tragik. Der Patient wird mit seinem Leben entlassen, aber häufig mit nicht viel mehr. Er sitzt im Rollstuhl, kennt seine Eltern und sich selbst nicht. Der Mediziner weiß: Wer ihm noch «Vielen Dank» sagen kann und «Tschüs!», zählt hier zu denen, die es glimpflich getroffen hat.

Maik hätte auch einer jener jungen ostdeutschen Männer sein können, die mit ihrem Verkehrsverhalten deutliche Spuren in der statistischen Lebenserwartung hinterlassen. Das Auto, aus dem sie ihn herausgeschnitten hatten, war bizarr um einen Baum gewickelt. Auf dem Beifahrersitz hatte noch das von Bier triefende T-Shirt gelegen – der Auslöser für seine fatale Entscheidung, die er an diesem schönen Frühsommerabend des Jahres 1997 getroffen hatte. In der Gaststube seines Fußballclubs hatte er mit ein paar Kumpeln zusammengestanden und getrunken. Er wollte gar nicht mehr mit dem Auto fahren an diesem Abend. Deshalb hatte er ihre Einladung angenommen. Doch dann schüttete einer von ihnen aus Versehen Bier über Maiks T-Shirt. Deshalb musste er nochmal nach Hause fahren und ein sauberes Hemd holen. Schließlich hatte er einer Freundin versprochen, später mit ihr in die Disco zu gehen.

«Werde ich denn studieren können», war Maiks letzte Frage an den Doktor. Der nickte. Die kognitiven Tests, die man mit ihm in den letzten Wochen gemacht hatte, zeigten zur Überraschung der Psychologen keine Auffälligkeiten. Unterhalb der Augen war von Maiks Gesicht zwar kaum mehr etwas heil geblieben. Den Kiefer hatte das Lenkrad vollkommen zertrümmert. Im Gehirn, das beim Unfall massiv beschleunigt und gegen die innere Stirn geprallt war, zeigten sich vor allem zwei Blutungen. Eine im Frontalhirn und die andere in der Amygdala. Und dennoch stellt sich heraus, dass Maik normal intelligent, in manchen Aufgaben sogar überdurchschnittlich ist. Das zeigen die vielen Tests, die sie mit ihm gemacht haben. «Grundfähigkeiten unauffällig» heißt das im Entlassungsbericht:

«Kognitive Verarbeitung durchschnittlich» und an anderer Stelle: «Selektive Daueraufmerksamkeit überdurchschnittlich». So lautet der Befund aus der Klinik in Bad Lausick. «Nichts spricht gegen die Uni», sagte der Doktor also und wünschte alles Gute.

Aber es ist nicht alles gut geworden.

Nach seiner Entlassung entgleitet Maik die Kontrolle über sein Leben. Nach seinem Studium als Medientechniker in Leipzig hat er ein Praktikum nach dem anderen absolviert. Keiner wollte ihn anschließend übernehmen.

«Ich kann nicht sagen, dass ich dumm bin», verteidigt sich Maik.

Als er das sagt, fällt mir endlich auf, was mich unterschwellig wohl schon seit einigen Minuten beschäftigt. Es ist dieses seltsame Missverhältnis zwischen dem dramatischen Inhalt dessen, was er sagt, und seinem Verhalten dabei: völlig prosaisch, nüchtern und emotionslos. Er erzählt von seinem Scheitern, und es scheint ihm gar nichts auszumachen. Er hört sich an wie ein Nachrichtensprecher, der die Meldung zu seinem verkorksten Leben vorliest. Bin ich möglicherweise betroffener über das, was Maik berichtet, als er selber es ist?

«Mich hat das alles nicht beunruhigt», höre ich ihn sagen. Er habe sich als Webdesigner selbständig gemacht. Ohne Erfolg. Das war in der Boomphase der New Economy. «Ich sah, wie meine Kommilitonen an mir vorbeizogen. Sie waren erfolgreich, hatten eine Freundin, gründeten Familien», erzählt Maik. «Ich dachte eben, die sind besser als ich.» Er zuckt mit den Schultern und schaut ein wenig ratlos unter seinen buschigen Augenbrauen hervor. Seit vier Jahren ist er nun arbeitslos, und wie im Laufrad schließt sich eine Fortbildung an die andere an. Maiks Mutter war es, der die seltsamen Veränderungen ihres Sohnes seit dem Unfall aufgefallen waren. Sie waren subtil, aber nicht subtil genug, dass sie einer Mutter unbemerkt bleiben könnten. Maik erschien ihr sonderbar teilnahmslos. Er kann über Gefühle reden, aber nur sachlich. Kümmern tun sie ihn nicht wirklich. Bestimmte Erlebnisse lassen sie immer wieder über das Verhalten ihres Sohnes grübeln. Ihr Mann, der ein kleines Bauunternehmen besitzt, ist wütend, weil Maik einen Presslufthammer im Regen hat liegenlassen. Statt sich zu entschuldigen, macht Maik einen Witz: Der Vater könne das Gerät ja trocken föhnen, und er kommt sich dabei sehr witzig vor. So unsensibel, so provozierend war ihr Sohn doch früher nicht, und sie fühlt, dass er auch nicht absichtlich seinen Vater in Rage bringen will. Maiks Mutter ist verzweifelt. Ihr Sohn sitzt jetzt nur noch daheim, wenn er nicht gerade zum Surfen an den See in einer alten Braunkohlengrube fährt. Sie ist froh, dass er sich die viele Zeit ein wenig vertreibt. Dann bittet sie ihren Sohn, ihr eine eigene Webseite zu gestalten. Mit frischem Eifer setzt er sich an die Arbeit, schaut sich eine Internetseite nach der anderen an. «Um sich inspirieren zu lassen», wie er sagt. Inzwischen sind Monate vergangen, und die Webpräsentation seiner Mutter ist immer noch nicht online.

Bei solchen Worten horcht Yves von Cramon auf. Er ist ein erfahrener Neurologe, ein Spezialist. Der Direktor am Max-Planck-Institut für Kognitions- und Neurowissenschaften in Leipzig hat viele psychisch veränderte Menschen gesehen. Die einen sind auf den ersten Blick sonderbar, die anderen erst, nachdem er sie eingehend untersucht hat. Da gab es den Gymnasiallehrer, der vollkommen normal erschien. Bis er ihm eine Aufgabe stellte: «Planen Sie Ihr Wochenende!» Das ist ein Test für vorausschauende Planung, eine hohe kognitive Leistung und gar nicht so selbstverständlich, wie sich bei dem Akademiker aus München herausstellte. Er stand auf, sagte: «Ich will meine Tante in Erlangen besuchen», und ging ohne Geld und Gepäck einfach zum Bahnhof. Oder der pensionierte Firmenchef, der nach einem Schlaganfall im Rollstuhl sitzen musste. Stundenlang erörterte Cramon mit ihm das Warum und Weshalb seiner Behinderung. «Sie haben recht, ich kann nicht mehr laufen», sagte der alte Mann ihm, stand im nächsten Moment auf und fiel der Länge nach hin. Und das tat er nicht das eine Mal, sondern immer wieder. Häufig wird Cramon auch als Gutachter herangezogen.

«Da landen scheinbar völlig normale, gebildete und bislang völlig unbescholtene Menschen vor dem Sozialgericht, weil sie gegen eine Bestimmung verstoßen haben», sagt er. «Niemand kommt bei denen auf den Gedanken, dass ihr Fehlverhalten aus einem ganz konkreten, physiologischen Schaden im Gehirn resultiert.»

Spricht er von seinen Patienten, schwingt viel Fürsorge und Nachsicht in seinen Worten. «Alle geistigen Krankheiten, alles Verhalten, das von der sogenannten Norm abweicht oder das wir als kriminell bezeichnen, hat seine Ursachen im Gehirn, und wenn wir sie heute nicht finden, dann heißt das nur, dass wir noch nicht in der Lage dazu sind.»

Was die Mutter über Maik erzählte, war aufschlussreich. Dass Maik nicht fähig war, die Stimmung und Gefühle anderer einzuschätzen, auch der Gleichmut seinem eigenen Schicksal gegenüber, die fehlende Unzufriedenheit, Verzweiflung, Wut über seine eigenen Fehler. «Maik erkennt den emotionalen Wert des Geschehens nicht richtig», diagnostiziert Cramon. Für den Neurologen, der Maik gemeinsam mit der Psychologin Angelika Thöne behandelt, ist diese psychische Auffälligkeit ein Symptom wie für den Kardiologen ein zu niedriger Blutdruck. Und schließlich die Sache mit der Webseite für die Mutter. Wo er einfach einen fremden Webauftritt nach dem anderen studiert, aber nie mit dem eigenen anfängt. Cramon reibt sich seine Denkerstirn, streicht über seinen markanten, kahlrasierten Schädel, hinter dem das «Toporgan», wie er das menschliche Gehirn nennt, arbeitet. Eine Entscheidung zu treffen, das vergleicht er gerne mit einem Rastelli im Zirkus, der die Bälle in genau abgestimmter Weise hochwirft. «Der Rastelli, das ist das kombinierende Gehirn, und die Bälle, das sind die Erinnerungen, Erfahrungen und das Wissen, was relevant für das zu lösende Problem ist.» Auf Maik übertragen heißt das: Er ist intellektuell in der Lage, das Für und Wider einer bestimmten Webseite im Vergleich zu einer anderen zu erkennen. Doch für einen Entschluss, in welcher Art er die Webseite seiner Mutter nun gestalten soll, fehlt etwas Entscheidendes. Rastellis Bälle fliegen auch im

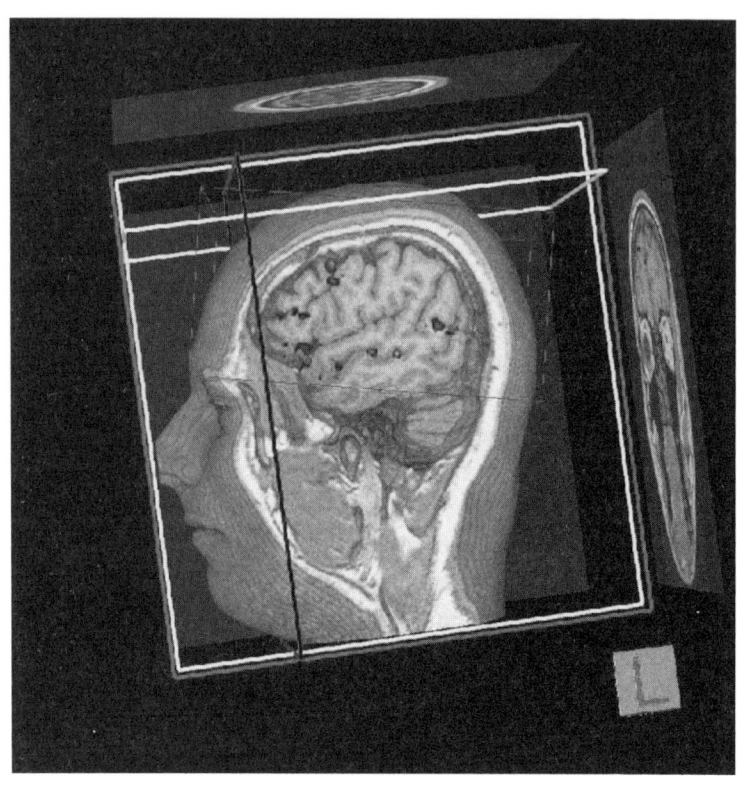

Autorenporträt aus dem funktionellen Kernspintomographen
(Life&Brain Center, Universität Bonn)

Kopf von Maik, aber sie fliegen und fliegen, bis er irgendwann die Lust an der Sache verliert. Das eine Argument schlägt nicht die anderen. Alle haben die gleiche Wertigkeit, er ist ihnen gegenüber vollkommen indifferent. Dafür bedarf es eines Impulses aus tieferen Schichten des Denkorgans, und der bleibt bei Maik einfach aus. An dieser einen, aber wichtigen Stelle sitzt der Schaden, den der Autounfall bei ihm hinterlassen hat. Dieses Signal, das Maik fehlt, sind die emotionalen Bewertungen, die der Mensch zu allem, was er erlernt hat, mit abspeichert. Sie sind die unbewussten Botschafter, die in den Schaltstellen des Exekutivorgans den Hebel in

Bildgebende Verfahren: Der Blick in die Black Box

Wenn in diesem Buch von bildgebenden Verfahren die Rede ist, verbirgt sich dahinter zumeist die funktionelle Kernspintomographie. Sie ist ein hochmodernes Verfahren, das erst seit den 1990er Jahren existiert. Der Patient, beziehungsweise der Proband, liegt in einer engen Röhre. Sein Körper wird von starken Magnetwellen durchdrungen, die ein dreidimensionales Bild vom Inneren seiner Weichteile liefern. Funktionell bezeichnet dabei eine Eigenschaft, die insbesondere für die Neuropsychologie von großem Interesse ist: Auf dem Tomographenbild zeichnen sich jene Stellen im Gehirn ab, in denen viel Sauerstoff umgesetzt wird. Das lässt Rückschlüsse zu, welche Hirnregion bei einer bestimmten Aufgabe, die dem Versuchskandidaten auf einem Kopfhörer oder einem Monitor vorgespielt wird, aktiv ist. Das Verfahren ist ungefährlich, weil es ohne Röntgenstrahlen auskommt. Diese Strahlung verwenden Computertomographen. Auch diese, bereits in den 1970er Jahren entwickelte Technik liefert Schnittbilder vom Körper und findet, weil die Geräte nicht so teuer wie funktionelle Kernspintomographen sind, in der medizinischen Diagnostik weitere Verbreitung. Außerdem bilden Computertomographen härteres Gewebe mit geringerem Wasseranteil wie Knochen oder aber die Lunge mit ihren Hohlräumen besser ab.

die eine oder andere Richtung umlegen. «Bei Maik verhungern die Entscheidungen förmlich», sagt Cramon. Er kennt Patienten, die können mit dieser Störung ganz gut leben. Sie haben ein intaktes Umfeld, der Partner oder die Familie übernehmen die meisten Entscheidungen. «Wer aber in einem eigenverantwortlichen Job arbeitet, der muss zwangsläufig untergehen», sagt Cramon.

Wo aber sitzt dieser Rastelli im Gehirn? Was macht er bei Maik falsch? Hirnforscher suchen mit großem Eifer nach jenen Schnittstellen, in denen Gefühle und Wissen verknüpft und zu einer Entscheidung umgeformt werden. An jenen Weichen, so vermuten sie, muss auch die Intuition ihr leitendes Werk verrichten. «Ich bin fest davon überzeugt», sagt Cramon, «dass es so etwas wie Intuitionskranke gibt.» Was aber fehlt ihnen?

So makaber es klingt, für die Forschung sind solche tragischen Unfallopfer wie Maik, aber auch Schlaganfallpatienten oder Epileptiker, ein Segen. Die Wissenschaftler können mit modernen bildgebenden Verfahren untersuchen, welche Stellen im Gehirn defekt sind. Mit psychologischen Tests grenzen sie möglichst genau ein, welche mentalen Fähigkeiten die Patienten durch die Läsion, den Schaden, verloren haben.

Je begrenzter die beschädigte Region, desto genauer zu lokalisieren ist der Ausfall. Cramon ist in der glücklichen Lage, dass sich eine Menge ungewöhnlicher Patienten bei ihm vorstellen. Er leitet die Tagesklinik der Universität für kognitive Neurologie, wohin mittlerweile aus ganz Deutschland neurologische Spezialfälle überwiesen werden. Der flache, triste Zweckbau liegt im Garten des Uniklinikums. Keine fünf Minuten zu Fuß entfernt liegt das Max-Planck-Institut, wo er Direktor ist. Dieses Gebäude ist modern, folgt der Form eines Gehirnes, und seine Stahl- und Glasfassade glitzert in der Sonne. Dort stehen modernste Kernspintomographen.

Auch Mandy hat in der Röhre mit den heulenden Magneten gelegen. Sie ist eine der aufschlussreichsten Patientinnen für Cramon und zeigt auffällige Parallelen zum Schicksal von Maik. Die Mittvierzigerin, die als erfolgreiche Geschäftsfrau eine Agentur für den Transport von Rennpferden geleitet hatte, wurde von einem Lastwagen erfasst und mehrere Meter mitgeschleift. Auch sie galt anschließend als geheilt. «In den üblichen neurologischen Tests schnitt sie vollkommen normal ab», berichtet Cramon. Sie versagte dennoch in ihrem anspruchsvollen Beruf. Heute reicht es gerade noch dazu, einfache Bürosachen zu erledigen. Sie konnte keine Entscheidungen mehr fällen. Das müssen ihre Angehörigen für sie tun. «Sogar kleine alltägliche Entscheidungen würden Mandy in Panik versetzen», sagt Cramon. An einen Urlaub in fremder

Umgebung sei gar nicht zu denken. Die kleine, lokale Schädigung in ihrem Hirn, die den Bruch in ihrer Biographie verursacht hat, fand das Team von Cramon im vorderen Teil des sogenannten präfrontalen Cortex, von dem noch viel die Rede sein wird. Er ist Teil des Frontallappens der Großhirnrinde und sitzt direkt hinter der Stirn des Menschen.[23]

Noch vor wenigen Jahrzehnten galt diese Region des Gehirns in den Augen der Fachwelt als vollkommen entbehrlich. Der kanadische Neurochirurg Donald Olding Hebb notierte 1945 über einen Patienten, dem er einen Teil dieser Hirnregion entfernt hatte, er sei «vollkommen normal und so wie vor dem Gehirntrauma». Seine Schlussfolgerung: «Der anteriore präfrontale Cortex ist nicht notwendig, um sich gut in den gesellschaftlichen Alltag einzufügen oder gute Ergebnisse in Intelligenztests zu erzielen.» Gleichwohl fiel auch ihm auf, dass der junge Mann plötzlich ein gleichgültig durch das Leben wandernder Zeitgenosse geworden war, der «jegliche Sorge um seine Zukunft vermissen lässt».

Im Licht neuester Erkenntnisse erscheint es höchst fahrlässig, jenen Wulst im Großhirn des Menschen sorglos herauszuschneiden wie einen Blinddarm oder die Polypen. Innerhalb des anterioren präfrontalen Cortex gibt es einen Teil, der Cramon und seine Kollegen besonders interessiert und den auch Mandy nach ihrem Unfall nicht mehr besaß. Es ist das Brodmann Areal 10, auch BA 10 abgekürzt. Auffällig stark vernetzt ist es mit anderen Hirnarealen, die mit höheren geistigen Aufgaben betraut sind. Seine Verschaltung ist aber noch bemerkenswerter. «Es scheint so etwas wie eine Oberaufsicht über die mentalen Prozesse zu führen», sagt Cramon. Besonders aktiv ist dieses Areal in Experimenten im Kernspintomographen, wenn die Probanden sich in eine andere Perspektive hineindenken oder eine Entscheidungsaufgabe lösen sollen. In einem Versuch von Cramons Team in Leipzig ging es für die Testpersonen darum zu entscheiden: Ist George W. Bush ein guter Präsident oder nicht. Keine einfache Testfrage, denn es gibt kein objektives Ja oder Nein, sondern man muss sich für eine Einschätzung entscheiden.

Auf den Bildern, die der Kernspintomograph von den Probanden machte, leuchtete es beständig im Brodmann Areal 10 auf. Viele Unwägbarkeiten sind mit diesen Versuchen noch verbunden. Doch sie könnten verständlich machen, warum Mandy, die das BA 10 nicht mehr besitzt, an der Frage scheitern muss, in welchem Restaurant sie am Abend essen soll.

Cramon findet es erstaunlich, dass sich der gesunde Mensch gewöhnlich ganz gut entscheiden kann. «Wir unterschätzen uns da häufig selbst ein wenig», sagt er. Auch Schulbildung habe dabei gar keinen so großen Einfluss, wie man vielleicht meint. Die meisten Entscheidungen des Menschen, vielleicht 90 Prozent, schätzt Cramon, gehen auf die Intuition zurück. Das ist auch im Zuge der menschlichen Evolution nicht weniger geworden, so die Überzeugung des Hirnforschers. Im Gegenteil: «Bewusste Entscheidungen haben vielleicht zugenommen, aber in einem viel stärkeren Maße haben das auch die intuitiven.» Eine Trennung von unbewussten und bewussten Entscheidungen sei gar nicht möglich. Auch wenn noch immer der Anschein erweckt würde. Cramon: «In unserer angeblich so überhellen Welt ist das Vorurteil unbesiegbar, dass alles rational zu entscheiden ist.» Ein noch größerer Selbstbetrug sei es, sich einzureden, bei einer wichtigen Entscheidung die Gefühle nicht beachten zu können. Wahr ist: Können Emotionen nicht einfließen, wenn das Gehirn einen Entschluss fasst, dann kommt auch keiner zustande. Eine nüchterne Einsicht, wie das Schicksal von Maik und Mandy lehrt.

Im komplexesten Organ des Universums

Nun sind wir schon mitten im Gewirr der Nervenzellen, die sich auf so wundersame Weise in diesem Kilo gallertartiger grauer Masse verstricken. Bevor wir mit der Schnitzeljagd durch das Labyrinth des Geistes richtig beginnen, ist es ratsam, sich ein wenig zu orientieren. Die Zahlen nehmen einem regelrecht die Luft: Aus dem Neuron, der wohl kleinsten zellulären Einheit des Gehirns, wachsen feine Stränge heraus, die Axone. An deren Enden befinden sich die Synapsen, ein winziger Übergang, an den sich der Leitungsdraht des benachbarten Neurons anschließt. Auf rund 1000 Synapsen kommt jedes einzelne Neuron. Rund einhundert Milliarden Neuronen gibt es im Körper. Das macht zusammen hundert Billionen Synapsen.

Die Neuronen kommunizieren mit elektrischem Strom. Er fließt aus ihrem Zellkörper, entlang der Axone bis an die Synapse, den winzigen Spalt zwischen dem Axon und der Nervenfaser des benachbarten Neurons. Dort überträgt sich der Impuls auf chemische Art und Weise. Sogenannte Neurotransmitter, ein bekanntes ist das Dopamin, übermitteln die Information. Je stärker die Synapse, desto stärker ist auch die Signalübertragung. Abgeschwächt kann sie werden, indem weniger Neurotransmitter zwischen den Synapsen zirkuliert. Verstärkt wird sie entsprechend, wenn viel Neurotransmitter vorhanden ist. In diesen Mechanismus können Medikamente, aber auch Drogen eingreifen.

Neuronen lassen sich nur mit einem Mikroskop betrachten. Die von ihnen gebildeten lokalen Netze sind aber bereits mit dem bloßen Auge zu erkennen. Jene Netzsysteme verdrahten sich wiederum zu übergeordneten Systemen, diese ordnen sich zu noch größeren Einheiten an. Solche Neuronenverbände organisieren sich zu grauen Rinden, auch Cortex genannt. Sie wechseln sich mit weißer Substanz ab, die als Kabelstränge zwischen den einzelnen Gehirnteilen funktionieren. Sie bestehen aus den Axonen, den Leitungsdrähten der Neuronen.

Zoomen wir aber zunächst wieder heraus aus dem kleinen Detail und betrachten die Gesamtheit des Zentralnervensystems. Da fällt der Blick zuallererst auf das Großhirn, jenen wulstigen Lappen, der sich über die evolutionär älteren Teile des Gehirns wie das Klein-, das Zwischen- und das Stammhirn stülpt. In diesen tieferen Regionen regelt das Gehirn die ganz basalen, lebenserhaltenden Maßnahmen wie Herzschlag und Atmung. Von hier geht auch das

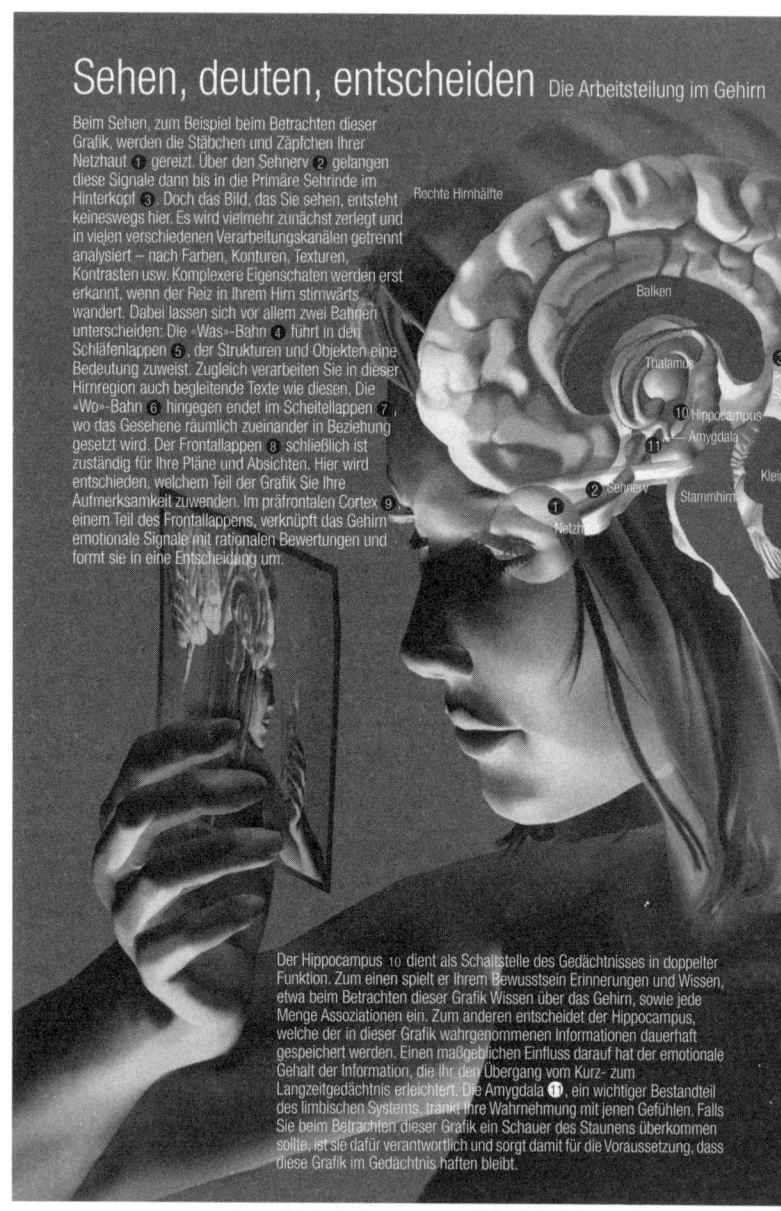

Die Anatomie des Gehirns (Spiegel special 4 / 2003)

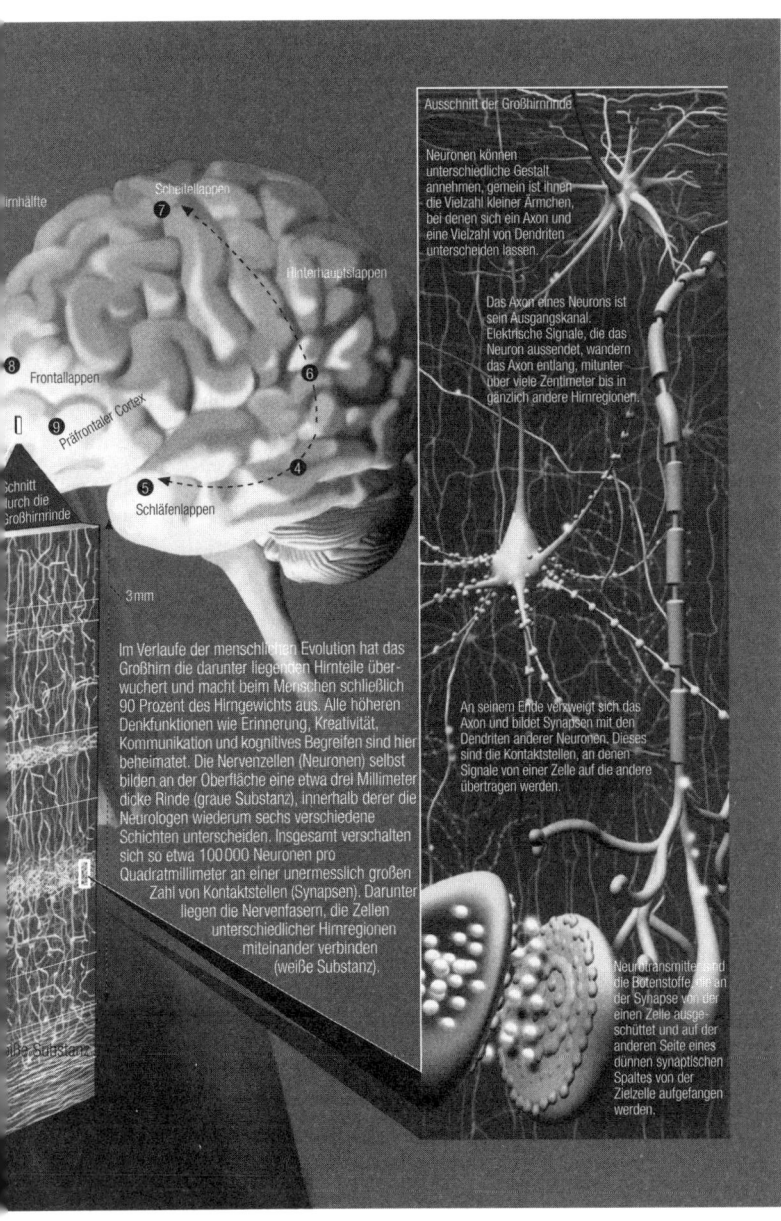

Ausschnitt der Großhirnrinde

Neuronen können unterschiedliche Gestalt annehmen, gemein ist ihnen die Vielzahl kleiner Ärmchen, bei denen sich ein Axon und eine Vielzahl von Dendriten unterscheiden lassen.

Das Axon eines Neurons ist sein Ausgangskanal: Elektrische Signale, die das Neuron aussendet, wandern das Axon entlang, mitunter über viele Zentimeter bis in gänzlich andere Hirnregionen.

An seinem Ende verzweigt sich das Axon und bildet Synapsen mit den Dendriten anderer Neuronen. Dieses sind die Kontaktstellen, an denen Signale von einer Zelle auf die andere übertragen werden.

Neurotransmitter sind die Botenstoffe, die an der Synapse von der einen Zelle ausgeschüttet und auf der anderen Seite eines dünnen synaptischen Spaltes von der Zielzelle aufgefangen werden.

Scheitellappen

Hinterhauptslappen

Frontallappen

Präfrontaler Cortex

Schläfenlappen

rnhälfte

Schnitt durch die Großhirnrinde

3 mm

Im Verlaufe der menschlichen Evolution hat das Großhirn die darunter liegenden Hirnteile überwuchert und macht beim Menschen schließlich 90 Prozent des Hirngewichts aus. Alle höheren Denkfunktionen wie Erinnerung, Kreativität, Kommunikation und kognitives Begreifen sind hier beheimatet. Die Nervenzellen (Neuronen) selbst bilden an der Oberfläche eine etwa drei Millimeter dicke Rinde (graue Substanz), innerhalb derer die Neurologen wiederum sechs verschiedene Schichten unterscheiden. Insgesamt verschalten sich so etwa 100 000 Neuronen pro Quadratmillimeter an einer unermesslich großen Zahl von Kontaktstellen (Synapsen). Darunter liegen die Nervenfasern, die Zellen unterschiedlicher Hirnregionen miteinander verbinden (weiße Substanz).

Rückenmark mit seinen meterlangen Nervenfasern ab, die sich bis in die entlegensten Winkel des Körpers verzweigen.

Die intuitiven Prozesse spielen sich allerdings vor allem im Großhirn, und dort besonders in der Großhirnrinde ab, die nur gut drei Millimeter dick ist, aber wie eine Art Badekappe über das Großhirn gezogen ist. Auf diesen Teil mit seinen charakteristischen tiefen Furchen kaprizieren sich die Hirnforscher besonders. Die Großhirnrinde, der Neocortex, ist genau das, was uns von den Tieren unterscheidet: Diese höchste Verarbeitungsebene ist wesentlich größer beim Menschen, weswegen die Wissenschaft seit langem an diesem Ort den Grund für die außergewöhnlichen mentalen Fähigkeiten des Homo sapiens vermutet. «Der Neocortex umfasst ohne Zweifel die virtuosesten Musiker des Gehirn-Orchesters», sagt der russisch-amerikanische Neuroanatom Elkhonon Goldberg.[24] Dieses Ensemble lässt sich grob unterteilen: Der hintere Teil ist für die Wahrnehmung zuständig, der vordere Teil für das Handeln. Hier befindet sich auch «die Kommandozentrale», wie Goldberg den präfrontalen Cortex nennt. Er ist erst zu einem sehr späten Zeitpunkt der Evolution entstanden und ist der am besten vernetzte Teil des ganzen Gehirns. «Er ist direkt mit jeder einzelnen funktionalen Einheit des Gehirns verbunden», so der aus der Sowjetunion geflohene Hirnforscher. Seiner zentralen Position wegen vermutet Goldberg auch, dass sich das Bewusstsein, die Vorstellung vom eigenen Ich, mit diesem neuen Hirnareal entwickelt haben muss.

Alles, was sich unterhalb der Großhirnrinde anschließt, bezeichnet die Wissenschaft als subkortikal. Es gibt aber auch Bereiche, die beide Ebenen verbinden, allen voran das limbische System. Die wichtigsten Strukturen dieses Bereiches sind der Gyrus Cinguli, die Amygdala und das basale Vorderhirn. Sie spielen bei der Übertragung von Emotionen eine wichtige Rolle, weswegen von ihnen noch viel die Rede sein wird.

Die Welt im Kopf

Wie das Gehirn organisiert ist, das ist die eigentlich spannende Frage. Irgendwo in diesem wirren Knäuel muss schließlich eine ganze Welt entstehen, oder um genauer zu sein: ein Abbild der realen Welt. Eingesogen werden die Informationen von den Sinnesorganen des Menschen, zusammengesetzt allerdings von den sinnesverarbeitenden Rindenfeldern. Gerüche, optische und akustische Eindrücke, das Streichen der Hand über den Buchrücken – alle diese Wahrnehmungen streben immer höher in der Verarbeitungskaskade. Dabei werden sie immer feiner analysiert, indem sie mit abgespeicherten Eindrücken, erlernten Fakten und genetisch verankertem Wissen verglichen werden. In jedem Bruchteil einer Sekunde geschieht das, pausenlos. Selbst nachts, wenn wir schlafen, arbeiten immer noch bestimmte Zentren, die mit Eindrücken von außen gefüttert werden.

Zu den Besonderheiten des Gehirns gehört, dass jeder Sinneseindruck zunächst erst mal völlig unabhängig analysiert wird. Beim Besuch im Zoo etwa entsteht eine Vorstellung vom Geruch der verschiedenen Tiere, von ihrem Aussehen, ihren Lauten und der Textur ihres Fells – zumindest wenn man im Streichelzoo ist und nicht am Löwenkäfig. Die sinnesverarbeitenden Zentren sind nicht direkt mit jenen Regionen verbunden, die die Motorik steuern. Auf den Zoo übertragen, bedeutet das, beim Anblick eines Löwen löst nicht die Sehrinde sogleich eine Fluchtreaktion aus. Das ist auch sinnvoll so, denn der Löwe könnte sich hinter einem Gitter befinden, und dann ist gar keine Gefahr im Verzug. Dazwischen kommen Regionen des Großhirns zum Einsatz, die alle verschiedenen Sinneseindrücke zusammenführen, bewerten, Strategien entwickeln und entsprechende Handlungen einleiten. Während das Gehirn so nachdenkt, tut es das wohl ebenso weitgehend in Bildern. Es plant, indem es sich eine Vorstellung von den zu erwartenden Ereignissen macht.

Entscheidungen zu treffen zählt also zu den höchsten geistigen

Leistungen überhaupt. Sie bedienen sich vieler verschiedener, vorgeschalteter Gehirnsysteme. Deshalb ist es auch gar nicht so einfach, der Architektur einer Entscheidung auf die Spur zu kommen. Noch schlimmer: Im Gehirn existieren zwar verschiedene, relativ gut zuzuordnende Areale etwa für Gedächtnisinhalte, Wörter oder die Grammatik fürs Sprechen. Aber diese Areale sind nie allein an einer bestimmten Tätigkeit beteiligt. Um auf das Beispiel des Zoos zurückzukommen, sind die Vorstellungen vom Geruch eines Löwen, seinem Aussehen und der Art der Frequenzen, die er beim Brüllen produziert, quer über das Gehirn verstreut. Es gehört noch zu den großen Rätseln der Hirnforschung, wie das Gehirn daraus ein Gesamtbild zusammenpuzzelt. Denn so empfinden wir es ja auch: Wir sehen uns im Zoo stehen, den Löwen betrachten, wir beschließen, noch einen Schritt näher an das Gehege zu treten. Wir nehmen uns als eine einzelne Handlungseinheit wahr. Wir sind das ICH. So empfindet das jedenfalls unser Bewusstsein. Als des Rätsels Lösung favorisieren derzeit viele Hirnforscher eine Art zeitlicher Synchronisation. Forscher, darunter der vor wenigen Jahren verstorbene Entdecker der DNA, Francis Crick, postulieren: Die verschiedenen Hirnareale, die an einer gleichen Aufgabe sitzen, machen dadurch auf sich aufmerksam, dass die daran arbeitenden Nervenzellen mit einer gleichen Frequenz «funken», vierzigmal in der Sekunde. Sie könnte uns jene Illusion verschaffen, unser Bewusstsein sei zu jeder Zeit Herr über den Körper und hoffentlich auch über die Lage um ihn herum. Etliche Forscher vermuten, dass einige psychische Störungen wie etwa Schizophrenie ihre Ursache darin haben könnten, dass das Gehirn gleichsam aus dem Takt geraten ist.[25]

Beziehen wir bei unserem Ausflug durch das verschachtelte Haus des Geistes noch die Emotionen mit ein, wird es leider nicht einfacher. Das ist nicht zu vermeiden, wenn man sich mit dem «komplexesten Organ des Universums», wie es der Hirnforscher Wolf Singer nennt, beschäftigt. Lange galten Emotionen und höhere Denkprozesse als zwei verschiedene Ebenen. Je nach persönlichem Geschmack könnte man die einen im dunklen Keller verorten, die anderen im lichten Dachgeschoss. So einfach ist das neuronale Gebäude aber nicht aufgebaut. Alles ist auch hier wieder mit allem verbunden. Die Komplexität ist es ja schließlich auch, die uns zu so besonderen, intelligenten, erfindungsreichen Wesen gemacht hat. Bei allen Denkvorgängen fließen auch Emotionen mit ein. Ich werde darauf im Kapitel über das Gedächtnis noch einmal ausführlich zu sprechen kommen. Zunächst aber will ich Sie mitnehmen an jene Stelle, wo im Gehirn Emotionen und Wissen zu einer Entscheidung verknüpft werden.

QUELLEN DER INTUITION I: DIE GEFÜHLE

«Man sieht nur mit dem Herzen gut. Das Wesentliche ist für die Augen unsichtbar.»

ANTOINE DE SAINT-EXUPÉRY

Die sonderbare Welt des Phineas Gage

Auch in diesem Fall verdanken wir unsere ersten Erkenntnisse dem Schicksal eines bemitleidenswerten Genossen. Er heißt Phineas Gage, von Beruf Sprengmeister. Das Verhängnis ereignete sich im Sommer 1848 im US-Bundesstaat Vermont. Gage, ein Mann von kräftiger Statur und zupackendem Naturell, stopfte Dynamit in die Bohrlöcher für eine Eisenbahntrasse durch Neuengland. Eigentlich gehörten anschließend Sand und eine Zündschnur auf den Sprengstoff. Danach musste der Sand mit einer großen Eisenstange sorgfältig festgeklopft werden, damit der Druck der Explosion ins Gestein drang und nicht aus dem Bohrloch schoss. Als Gage das Schießpulver hineingegeben hatte, stellte ihm von hinten ein Arbeiter eine Frage, und er drehte sich um. Nachdem er die Frage beantwortet hatte, begann er, mit der Eisenstange auf das Dynamit zu klopfen – den Sand hatte er vergessen. Es passierte also das physikalisch Unvermeidliche. Die Eisenstange schlug einen Funken aus dem Gestein, und der ließ das Dynamit explodieren. Der Knall war gewaltig, und erst ein paar Sekunden später erkannte der Bautrupp, was eigentlich passiert war: Die zwei Meter lange Eisenstange war durch Gages linke Wange eingetreten, hatte die Schädeldecke durchbohrt und war erst nach dreißig Metern wieder auf dem Boden gelandet. Blut und Hirnreste klebten an dem Metall. Gage hingegen lag ein wenig benommen, aber wach, auf dem Rücken, und der Verfasser eines medizinischen Artikels vermerkte, dass er «ein paar konvulsive

Bewegungen der Extremitäten» vollführte, «nach ein paar Minuten aber wieder sprach». Gage stieg auf den Bauwagen, seine fürsorglichen Kollegen brachten ihn in sein Hotel, wo er auf der Veranda den Leuten berichtete, was geschehen war. Der eintreffende Mediziner schrieb später: «Bevor ich von meiner Kutsche stieg, bemerkte ich die Wunde auf dem Kopf und sah deutlich das Pulsieren des Gehirns.» Seiner guten Allgemeinverfassung ist zu verdanken, dass Gage die unvermeidlichen Infektionen im gefährlich durchlüfteten Gehirn überlebte. Antibiotika waren noch nicht erfunden. «Ich habe ihn behandelt, Gott hat ihn geheilt», notierte sein Arzt.

Der Neuropsychologe Antonio Damasio und seine Frau Hanna begannen sich mehr als ein Jahrhundert später für den armen Phineas Gage zu interessieren. Die Biographie schreibt sich nach dem Wunder seines Überlebens leider gar nicht mehr so glücklich weiter. Der nette Zeitgenosse verwandelte sich in eine «launische, gelegentlich entsetzlich halsstarrige und respektlose» Person. So langsam dämmerte seinem Arzt, dass der Teil seines Gehirns, der von der Eisenstange durchbohrt wurde, wohl doch nicht so überflüssig und entbehrlich war, wie anfangs angenommen. 38-jährig starb Gage. Da war er bereits, seiner sozialen Kompetenzen durch die Eisenstange beraubt, seit langem arbeitslos und hatte sich als Freak auf Jahrmärkten durchgeschlagen. Der Schädel des tragischen Medizinhelden wurde zum Glück ein paar Jahre nach seinem Tod exhumiert. Hanna Damasio ließ ihn mit moderner Lasertechnik vermessen. Das Psychologenpaar wollte wissen, welches Areal genau zerstört worden war. Die beiden hatten da nämlich so eine Ahnung.

Ein Leben ohne Wahl

Aus ihrer eigenen neurologischen Praxis kennen die Damasios eine ganze Reihe Patienten, deren Persönlichkeit eine ähnliche Wandlung erfahren hat. Sie alle haben eine Läsion hinter Stirn und Nase wie Gage. Das Areal ist Teil der «Kommandozentrale», des präfrontalen Cortex, und nennt sich Ventromedialer Präfrontaler Cortex. Die Patienten scheinen nach ihrem Unfall oder der Krankheit zunächst intellektuell völlig unbeeinträchtigt. Erst später zeigen sich subtile Veränderungen. Die Betroffenen sind seltsam emotionslos und zeigen keinerlei Mitgefühl. Das verwandelt sie schnell zu unangenehmen Mitmenschen, sie scheitern in ihrem Beruf. Außerdem haben sie noch ein anderes Symptom: Sie können sich nicht mehr entscheiden. Sind das nun zwei unterschiedliche Diagnosen, die nichts miteinander zu tun haben, oder gehören die beiden mentalen Funktionen zusammen?

Genau diese Frage konnten die Damasios beantworten. Und damit halfen sie, in der Wissenschaft die Trennung von Gefühl und Verstand, wie sie seit dem französischen Aufklärer René Descartes geherrscht hatte, aufzuheben. «Descartes' Irrtum» lautet deshalb auch der programmatische Titel des Buches, in dem Damasio von Phineas Gage und von seiner wissenschaftlichen Entdeckungsreise in die Welt der Gefühle berichtet.

Der damalige Assistent der Damasios, Antoine Bechara, ersann ein raffiniertes Experiment, um den Zusammenhang herzustellen. Die Forscher setzten die Probanden vor einen Tisch, auf dem vier Stapel mit Karten lagen. Zwei Stapel blaue, zwei Stapel grüne Karten. Die Versuchspersonen sollten nun Karten ihrer Wahl umdrehen. Auf der Rückseite stand ein Dollarbetrag, den sie einstreichen durften, oder ein Verlust, den sie zu zahlen hatten. Was die Teilnehmer allerdings nicht wussten: Die blauen Karten wiesen mitunter hohe Gewinne aus, aber schwere Verluste waren bei Blau deutlich häufiger. Die grünen Karten waren die bessere Wahl: Sie zeigten zwar moderate, dafür aber überwiegend verlässlichere Gewinne. Der Test simuliert auf simple Weise die Wirklichkeit vieler Entscheidungen: Er liefert Belohnung oder Bestrafung, je nachdem, ob der Proband einen Gewinn oder einen Verlust zieht. Außerdem wird der Test der Ungewissheit gerecht, in die hinein viele Entscheidungen getroffen werden müssen: Welche der vier

Stapel der beste ist, stellt sich nur durch anfänglich blindes Probieren heraus. Folglich müssen die Probanden einen Lernprozess durchmachen, der auf präzise Art und Weise zu messen ist. Nach rund fünfzig Karten konnten gesunde Versuchsteilnehmer verkünden, welche die guten und welche die schlechten Stapel waren. Dass die blauen Stapel gefährlich waren, nahmen die Probanden allerdings viel früher wahr: nicht bewusst, aber unbewusst. Die Damasios hatten ihnen feine Sensoren an die Handflächen geklebt, und die meldeten bereits nach zehn umgedrehten Karten vermehrten Schweißaustritt – ein Zeichen für emotionalen Stress. Noch wichtiger allerdings war eine zweite Beobachtung. Als die Probanden zu schwitzen begannen, änderten sie auch ihr Verhalten. Sie mieden die blauen Stapel, ohne dass ihnen das bewusst geworden wäre. Es war die Intuition, die sie vor den schlechten Stapeln in Schutz nahm.[26]

Der Iowa Gambling Task, wie er später getauft wurde, entwickelte sich zu einem wichtigen Nachweismittel bei mentalen Ausfällen.[27] Denn die Patienten von Damasio, die eine Läsion am präfrontalen Cortex haben, erkennen auch nach hundert umgedrehten Karten noch nicht, wie sie sich richtig entscheiden müssen. Ihnen fehlt es nicht an Intelligenz, sondern an Emotionen. «Sie wissen, ohne zu fühlen», sagt Damasio. Zwar ist das kein medizinischer Fachausdruck, aber eigentlich könnte die Diagnose auch lauten: intuitionskrank.

Verkehrssignale des Geistes

Beim Entscheiden gelten sie gemeinhin als lästig: die Gefühle. Sie melden sich aus den niederen Bereichen des menschlichen Geistes. Sie kaschieren, sie manipulieren, sie behindern den Verstand bei seiner wichtigen Aufgabe, eine kluge Wahl zu treffen. «Ich denke, also bin ich», hatte Descartes gesagt. In diesem Satz schwingt das Unbehagen, ja die Ablehnung gegenüber der anderen Arbeitsweise

des Geistes, den Gefühlen, mit. «Ich fühle, also bin ich!» Mit diesem
Titel hielt Antonio Damasio gegen den bis heute gültigen Zeitgeist.
«Wir betrachten unsere Gefühle gewöhnlich als eine überflüssige
geistige Fähigkeit, als eine unerwünschte naturwüchsige Begleit-
erscheinung unseres rationalen Denkens», kritisiert Damasio. Er
setzt den philosophischen Überlegungen Descartes' seine For-
schungsergebnisse entgegen, aus denen er die Theorie der somatischen Marker entwickelte. Demnach sind beide Ebenen des Geistes
nicht zu trennen. Auch die Dichotomie von Gut und Böse lässt er
nicht gelten. «Mangel an Gefühlen kann eine genauso wichtige Ursache für irrationales Verhalten sein.»[28]

Entscheiden, das Damasio als den eigentlichen Zweck des
Denkens betrachtet, geht Hand in Hand mit Gefühlen und Emotionen. Sie sind die «freie Fahrt-, Stopp- und Richtungssignale des
Geistes». Sie sind nötig, um aus den vielen Möglichkeiten, wie wir
entscheiden und handeln können, möglichst schnell und effizient
eine einzige auszusuchen. Das geschieht unter Rückgriff auf bereits erlebte Ereignisse. Sie helfen dem Geist einzuschätzen, ob
die Handlungsoptionen sich zu einem Erfolg oder Misserfolg entwickeln. Gerade wenn es um so schwer im Voraus zu kalkulierende
Angelegenheiten wie das Heiraten oder die Berufswahl oder die
Gründung einer Firma geht – der Verstand muss dabei scheitern.
Denn die künftigen Ereignisse sind nicht abzuschätzen. Also bleibt
dem Menschen keine andere Strategie übrig, als die groben Fakten
des betreffenden Problems sich vor Augen zu führen. Dann kann er
versuchen, eine Option als Lösung auszusuchen und sich vorzustellen, wie sich das emotionale Ergebnis der Lösung anfühlt. Für die
meisten Entscheidungen gibt es kein rationales richtig oder falsch.
Sie lassen den Menschen in einem Zwiespalt, aus dem er sich nicht
allein mit dem Verstand befreien kann. Ihm bleibt nur übrig, das
zu wählen, von dem er fühlt, dass es richtig für ihn ist.

Die Gefühlswelt ist dabei noch auf eine zweite Weise involviert:
Die Vorstellungen, wie sie in den Kopf kommen, sind schon vor-
sortiert. Alle Handlungsalternativen, die geradewegs zu einem «fal-

schen» Resultat führen würden, sind in dieser Vorauswahl gar nicht mehr enthalten. Die Emotionen fungieren als Bewertungsrahmen. Sie dienen als Kriterien, nach denen das Gehirn die einzelnen zur Auswahl stehenden Möglichkeiten einschätzt. Ein Beispiel: Stellen Sie sich vor, Sie hätten ein Bewerbungsgespräch, der Job hört sich gut an, die Bezahlung auch. Das Belohnungssystem des Körpers würde den zu erwartenden Geldsegen mit vielen positiven Gefühlen «markieren». Im Büro sind allerdings keinerlei Zeichen von menschlicher Wärme oder Teamgeist zu sehen. Die Kaffeeküche sieht lieblos aus, die Kaffeemaschine ist verdreckt, weil niemand für die Allgemeinheit mal den Putzlappen in die Hand nimmt. Die Angestellten hocken in grauen Büroboxen ohne jegliche persönliche Gegenstände, der Vorgesetzte observiert durch schalldichte Glaswände seine Untergebenen. Vielleicht ist Ihnen das beim schnellen Hereinkommen gar nicht aufgefallen. Dazu noch Ihre leichte Aufgeregtheit, die das Bewusstsein vernebelt hat. Aber Ihr Unterbewusstsein hat es registriert und ein Muster erkannt: Genauso hat es schon mal in einem Büro ausgesehen. Da, wo Sie vor einigen Jahren gekündigt haben. Das Aussehen des Büros aktiviert Ihre schlechten Gefühle von damals und sorgt dafür, dass dieser negative Aspekt bei der Auswahl Ihres künftigen Arbeitsplatzes ein großes Gewicht erhält. Möglicherweise ist dieses Gefühl so negativ, dass es das viele Geld als zweitrangig einordnet. Sie entscheiden sich für einen anderen Job, der weniger gut bezahlt ist, dessen Umfeld aber mehr Kollegialität verspricht. In diesem Fall war die wohl größte Triebfeder die Angst, die Ihre Überlegungen gelenkt hat. Angst vor der Bestrafung, die Ihr Körper bei einem schlechten Job jeden Morgen verspürt, noch bevor Sie aus der Haustür treten.

Neben primären Gefühlen wie Angst, Trauer, Freude und Glück sind aber auch noch andere Regungen denkbar: Verlegenheit und Scham zum Beispiel, die ausgelöst werden können, wenn beim Bewerbungsgespräch die Teamassistentin ins Büro kommt und vom Chef eine Aufgabe gestellt bekommt – und er sich bei ihr nicht dafür bedankt. Sie müssen sich nicht bewusst schämen für sein

Verhalten, es kann auch unbewusst geschehen und dennoch Ihre Meinung von seiner Person und der in Aussicht gestellten Position beeinflussen. In dem beschriebenen Fall handelt es sich um eine Entscheidung, über die Sie womöglich einen ganzen Abend bei Rotwein mit einem guten Freund diskutieren. Dennoch haben Sie gar nicht verhindern können, dass die guten Geister aus Ihrem emotionalen Kellergewölbe sich einmischen. Wie auch immer es Ihnen am Ende vorkommen mag, Ihre Entscheidung war mindestens semi-intuitiv.

Damasio beschreibt noch einen zweiten Weg, den eine Entscheidung nehmen kann, und der ist vollkommen unbewusst. Das emotionale Signal kann eine derartige Stärke besitzen, dass es die Aufmerksamkeit vollkommen lenkt. Es kann das Arbeitsgedächtnis, in dem der Rastelli die Handlungsoptionen in der Luft umherwirbelt, derart verändern, dass der mentale Akrobat nur noch mit einem Ball jongliert.

Der «somatische Marker», wie Damasio das nennt, manifestiert sich als handfestes körperliches Signal, etwa als ein Stechen im Bauch oder als die von George Soros erlebten Rückenschmerzen. Eine Umfrage der Intuitionsberaterin Lynn Robinson unter ihren Kunden, allesamt Wirtschaftsleute, hat eine schillernde Vielfalt möglicher Reaktionen zutage befördert. Der eine beschreibt das Signal als «eine Vibration, die den ganzen Körper erfasst», andere sprechen von einem «milden elektrischen Zwicken» oder «einer warmen Woge», die sich durch die Eingeweide ergießt. Aber auch kalte Füße, Gänsehaut oder ein schmerzendes Knie können ein emotionaler Fingerzeig des Unterbewussten sein.[29]

Hier wird auch klar, warum Damasio von einem somatischen Signal spricht. Somatisch leitet sich von Soma, dem griechischen Wort für «Körper», ab. Denn das Gefühl ist ein körperliches Empfinden, im Gegensatz zu den Vorstellungsbildern, die der Verstand beim Problemlösen wälzt und die vollkommen virtuell bleiben. Eine ganze Reihe von Hirnarealen ist darauf spezialisiert, permanent den Zustand des Körpers zu erspüren und daraus ein Bild

**Wie aus Wissen und
Fühlen eine Entschei-
dung fällt
(Der Spiegel 15 / 2006)**

seines momentanen Gefühlszustandes zu entwerfen. Dazu zählen
unter anderem der Thalamus und Teile der Insula. Sie sind nicht
nur zuständig dafür, die grundlegenden Funktionen des Körpers zu
regulieren. Etwa wenn ihm zu heiß wird, mit Schweiß den Körper
zu kühlen. Diese Hirnregionen registrieren auch jene emotionalen
Signale, die für Entscheidungen so wichtig sind. Auf diese Weise
generiert das Gehirn, quasi als Nebenprodukt, das Ich-Bewusst-
sein, wozu gehört: «Eine Emotion, das Gefühl dieser Emotion und
das Wissen, dass wir ein Gefühl von dieser Emotion haben.»[30]
Damasio behauptet: «Wie verblüffend, dass die Natur, der ewige
Flickschuster, aus Bequemlichkeit die gleiche Ausrüstung noch für
einen anderen Zweck verwendet: das mentale Selbst entstehen zu
lassen.»[31]

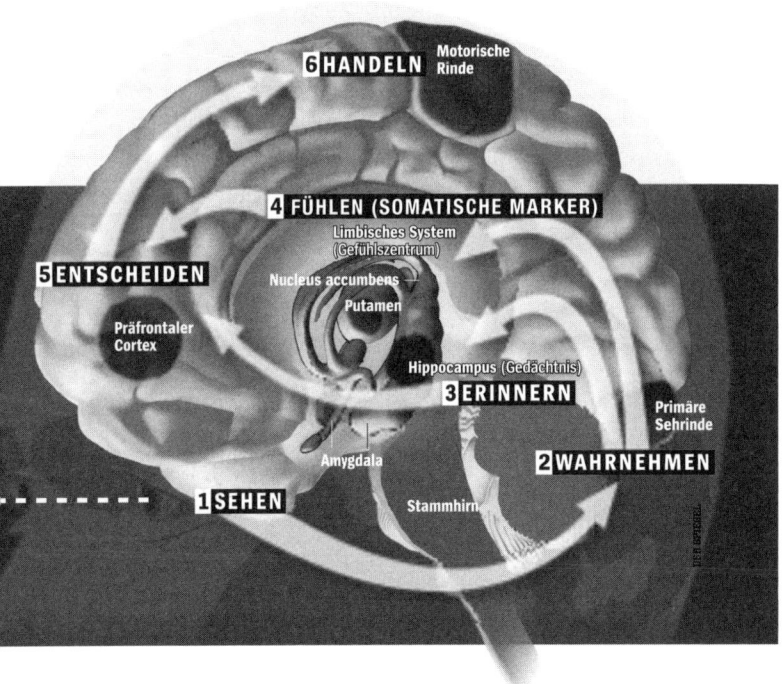

Die Theorie von den somatischen Markern hat unter Forschern für Furore gesorgt. Sie bietet ein sehr umfassendes Erklärungsmodell für den menschlichen Geist. Sie integriert die basalen mentalen Funktionen, die Gefühle und die höheren Verstandsebenen zu einem einleuchtenden Bild vom eigenen Selbst. Die Theorie erntete Applaus und Widerspruch. Sie stachelte ein Wettrennen von Befürwortern und Gegnern an, die Theorie zu belegen oder mit Gegenargumenten zu torpedieren. Bislang konnte sie sich mit Erfolg behaupten. Versuche im Kernspintomographen und Untersuchungen an Patienten fügen sich zur Idee eines neuronalen Mechanismus zusammen, nach dem die somatischen Marker im Gehirn arbeiten.[32]

Bleiben wir in der Chronologie, mit der sich der Geist an die mentale Entscheidungsarbeit macht. Zunächst melden ihm die Sinnesorgane ein bestimmtes Ereignis, das zu einer entschlossenen Handlung zwingt. Dies geschieht in den somatosensorischen Feldern. Sie lassen ein Vorstellungsbild von einem Ereignis entstehen und vergleichen dieses Bild mit ähnlichen Erlebnissen aus der Vergangenheit. Dadurch werden auch jene Gefühle, die mit den Ereignissen verbunden waren, reaktiviert. Eine Aufgabe, der sich die Amygdala annimmt. Das Gedächtnis wird eingeschaltet und steuert unter anderem Faktenwissen zu jener Situation bei. Anatomisch ist dafür der Hippocampus zuständig, von dem im Folgenden noch ausführlich die Rede sein wird. Bis jetzt ist die Angelegenheit, mit der sich der Geist auseinandersetzen muss, noch über weite Bereiche des Großhirns verteilt. Nun kommt der «Horchposten», wie ihn Damasio nennt, zu seinem großen Auftritt: der präfrontale Cortex. Er sortiert und bewertet die Vorstellungsbilder, die uns im Kopf herumschwirren, anhand der ihnen anhaftenden Emotionen. Der deutsche Hirnforscher Gerhard Roth spricht in Übereinstimmung mit Damasio von einem «emotionalen Erfahrungsgedächtnis», auf das der präfrontale Cortex zugreift.[33] Er verschweißt Verstand und Gefühl und bahnt eine Reaktion des Organismus an. Das legen die Besonderheiten seiner Anatomie bereits nahe. Der präfrontale Cortex und hier insbesondere der ventromediale präfrontale Cortex, den wir schon bei Phineas Gage kennengelernt haben, unterhält in alle diese verschiedenen Hirnregionen beste neuronale Kontakte: zum limbischen System mit der Amygdala, zum Hippocampus, zu den somatosensorischen Feldern und auch zu den motorischen Arealen. «Metaphorisch könnte man sagen, dass sich Vernunft und Emotion in den ventromedialen präfrontalen Rindenabschnitten und in der Amygdala überschneiden», sagt Damasio.

Plötzlich wächst zusammen, was in der Vergangenheit getrennt voneinander zu funktionieren schien. Denn die Gefühlswelt unterhält nicht nur Kontakte über den präfrontalen Cortex zur Großhirnrinde, mithin dem Verstand. Sondern sie reicht tief hinab über das Stammhirn in den Körper mit seinen vielfältigen sensorischen Quellen. Und noch etwas vermag die Theorie von den somatischen Markern zu verbinden: unser evolutionäres Erbe, bestehend aus den Urgefühlen wie Angst, Schmerz und Lust, und die in der jeweiligen Kultur erworbenen emotionalen Signale, die wesentlich differenzierter sind: Scham, Schuld und Verlegenheit oder Mitgefühl und Mitleid, aber auch Ehrfurcht und Staunen, Dankbarkeit und Stolz, die das Gefühl von Glück und Freude erweitern. Oder Verachtung und Entrüstung, die sich immer dann als Impuls regen, wenn ein anderer eine Norm des Zusammenlebens verletzt.

Diese Signale erlernen Babys, Kinder und Jugendliche. Die Gesellschaft fordert sie von den mündigen Bürgern ein und sanktioniert das Zuwiderhandeln. Die Menschenrechtscharta der Vereinten Nationen gibt mittlerweile die grobe Richtung vor. Doch die einzelnen Staaten und Kulturen können sich in der Ausprägung dieser somatischen Marker mitunter stark unterscheiden. Schamgefühle etwa lösen in der arabischen Welt viel schneller ein somatisches Signal aus als im Westen. Hier hat sich auch die Vorstellung von der Ehrfurcht in den letzten Jahrzehnten stark verändert. Was der Vater zur Jahrhundertwende wie selbstverständlich von seinen Kindern einfordern konnte, löst bei den heute Heranwachsenden nur noch ein Schulterzucken aus. Es ist das Verdienst von Damasio, diese einst der Philosophie vorbehaltenen Gedanken mit den Erkenntnissen der modernen Naturwissenschaften verwoben zu haben.

DAS INSTRUMENTARIUM
DER INTUITION

«Das erste Gebot lautet, dass du dich nicht selber hereinlegen sollst –
und du selber bist am leichtesten hereinzulegen.»

RICHARD FEYNMAN, AMERIKANISCHER PHYSIKER

Emotionen lesen

Wenn die Gefühle für die Entscheidungskraft des Menschen so viel bedeuten, dann muss die Evolution dafür auch eine geeignete Sensorik entwickelt haben. Den Gefühlszustand eines anderen Menschen zu kennen kann schließlich über Leben und Tod entscheiden. Das Gesicht verzeichnet Muster der Seele, man muss sie nur dechiffrieren können. So schlecht ist der Mensch in dieser Disziplin gar nicht. Wie er das macht, dem sind die Hirnforscher bereits ein ganzes Stück weit auf die Spur gekommen. Ganz offensichtlich entschlüsselt das Gehirn den emotionalen Gehalt von Sinneseindrücken mit einem eigenen, hochspezialisierten und intuitiven Prozess. Den ersten Hinweis darauf entdeckten die Wissenschaftler Anfang der 1970er Jahre an einer mysteriösen Gruppe von Patienten, bei denen ein Teil des primären visuellen Cortex zerstört war.

Einer der wohl am besten untersuchten Fälle ist der von Graham Y., einem Mittvierziger, der seinem Beruf als Krankenpfleger in einer Psychiatrie nur noch zur Hälfte nachkommt. Den Rest seiner Zeit verbringt Graham in den neuropsychologischen Laboren dieser Welt. Er ist ein Jet-Set-Proband, und kluge Wissenschaftler wissen, dass man ihn schon Monate vorher buchen muss. «Ich war wohl einer dieser Jungs, die einfach auf die Straße rannten, wie es so viele Achtjährige tun», erzählt Graham von dem Unfall, der ihn zum Star der Bewusstseinsforschung machte.[34] Niemand hatte gesehen, wie der Wagen ihn erwischte und beinahe getötet hätte. Die Läsion war allerdings erstaunlich: Ausschließlich die primäre Sehrinde war zerstört, und das auch nur in der linken Gehirnhälfte. Graham kann deshalb auf seinem linken Auge alles sehen. Aber auf dem rechten Auge, das an die linke Sehrinde angeschlossen ist, nichts. Fast nichts. In Tests zeigte man ihm zunächst einfache geometrische Formen, und das natürlich auf der rechten Gesichtshälfte, in der er eigentlich keine optischen Eindrücke verarbeiten dürfte. Dann Gesichter von Menschen mit neutralem Ausdruck. Im dritten Schritt ließ man Graham sein blindes Auge auf Gesichter voller Furcht richten. Plötzlich erkannte er mit einer Trefferquote, die deutlich über dem bloßen Erraten liegt, welche Gesichtsausdrücke die Personen auf den Bildern haben. Neueste Versuche zeigen, dass er sogar unterscheiden kann, ob das Gesicht zu einer Frau oder einem Mann gehört.[35]

Das Phänomen, an dem Graham erkrankt ist, taufte sein Entdecker Larry Weiskrantz «Blindsight». Ins Deutsche würde man das eigentlich mit Blindsehen übersetzen, doch hat man sich hier gegen dieses treffende Paradox entschieden und spricht schlicht von Rindenblindheit, abgeleitet von der Störung der Sehrinde. Das Weiskrantz-Team wiederholte das Experiment auch noch einmal im Kernspintomographen, um zu schauen, wie genau der Reiz im Gehirn von Graham verarbeitet wird. Dabei fiel den Forschern auf, dass der primäre visuelle Cortex regelrecht umgangen wird, wenn die Sinnesorgane ein Gefühl wahrnehmen. Stattdessen nimmt sich nach einem Zwischenstopp im Thalamus direkt die Amygdala des unbewussten Reizes an. Sie analysiert dessen emotionalen Gehalt. Nehmen wir an, die Person, die einem entgegentritt, verändert plötzlich ihre Körperhaltung, wechselt ihre Tonlage oder macht einen emotionalen Gesichtsausdruck: Noch unterhalb der Wahrnehmungsschwelle des Bewusstseins hat die Amygdala in Sekundenschnelle diese Information erfasst und an andere Hirnregionen weitergeleitet. Hat sie extreme Wut bei dem Gegenüber ausgemacht, kann sie unmittelbar geeignete Gegenmaßnahmen in

Gang setzen: ein Angstgefühl produzieren, das Weglaufen von der gefährlichen Person einleiten.

«Es gibt doch eine Menge solcher Momente im Leben, in denen wir diese visuellen Unterscheidungen unbewusst vornehmen», sagt Neuropsychologe Weiskrantz: «Der Mensch schaltet auf Autopilot».

Auch beim gesunden Menschen sind diese Sonderwege der Gefühle dank moderner bildgebender Verfahren entdeckt worden. In diesen Versuchen lagen die Probanden im Kernspintomographen und sahen die Bilder angsterfüllter Gesichter nur für Bruchteile einer Sekunde – zu kurz, um sie bewusst wahrzunehmen.

Die Amygdala ist übrigens nicht direkt an das Sprachzentrum des Menschen angeschlossen. Wut, dieses Wort wird einem nicht in den Sinn kommen. Dafür unterhält die Amygdala über das limbische System beste Kontakte in die Entscheidungszentren des präfrontalen Cortex. Dort verschafft sie sich mit den von ihr aufgespürten emotionalen Signalen Gehör. Und es scheint noch eine Menge anderer Spezialwege zu geben. Möglicherweise hat jedes Gefühl seine eigenen Verarbeitungsmechanismen. Bei Parkinson-Patienten hat man erst kürzlich nachweisen können, dass sie gewissermaßen blind für Ekel sind. Auf den gesunden Menschen übertragen könnte das heißen: Es gibt einen speziellen Kanal für dieses Gefühl. Jedem recht gut bekannt dürfte das Phänomen sein, dass Düfte bestimmte Erinnerungen auslösen. Auch hier schießen die Informationen aus dem Bulbus olfactorius auf Abkürzungen durch das Gehirn, genauer gesagt in Amygdala und Hypothalamus.[36] So kommt es auch, dass man Wissen in Verbindung mit einem bestimmten Geruch besonders gut behalten kann. Der Intuitionsforscher Robin Hogarth hält die Existenz solcher Parallelwege auch für gar nicht so erstaunlich. Schließlich seien diese Mechanismen tief verwurzelt und Resultat eines langen Evolutionsprozesses. «Es scheint nur schwer vorstellbar, dass wir diese Quellen jemals vollständig werden unterdrücken können. Stattdessen sollten wir nach Wegen suchen, diese natürlichen Reaktionen in Kapital zu verwandeln.»[37]

Neuronen als Spiegel der Seele

Das Streben nach großen Erkenntnissen beginnt manchmal mit etwas ganz Kleinem. Zum Beispiel mit einer Rosine. Achtlos steckte sich der Neurophysiologe Leonardo Fogassi eine davon in den Mund. Das war im Jahre 1996 in einem Laborversuch an der Universität von Parma.[38] An Makakenäffchen wollte er mit seinen Forscherkollegen studieren, wie ihr Gehirn Bewegungen plant. Dazu hatten sie den Tieren in das relevante Hirnareal namens F5, im unteren Teil des prämotorischen Cortex, Elektroden angelegt. Dann sollten die Affen nach Objekten greifen. Nüssen, Obststückchen und – Rosinen. Als Fogassi kurz vor einer neuen Messung selber nach einer der Trockenfrüchte griff, tat sich an seinen Messgeräten im selben Moment etwas noch nie Beobachtetes: Dieselben Neuronen, die Signale gefeuert hatten, als der Affe nach der Rosine griff, wurden bei dem Affen aktiv, als das Tier dem Forscher dabei *zusah*, wie er nach einer Rosine griff. Konnte es sein, dass bloßes Zuschauen beim Affen tatsächlich das gleiche neuronale Reizmuster auslöste wie die Handlung selber?

Man kennt es ja: Vier Leute sitzen am Konferenztisch, und nach ein paar Minuten haben alle die Beine übereinandergeschlagen oder den Kopf in die Hand gestützt. Der Sozialpsychologe John Bargh von der Yale University in New Haven hat dafür den Begriff Chamäleon-Effekt geprägt. Immer wenn Menschen im Austausch mit anderen sind, tendieren sie dazu, die Manierismen des Gegenübers zu übernehmen.[39] Eine Ursache dafür mag sein, dass es die Kommunikation zwischen ihnen vereinfacht. Das wäre die evolutionäre Erklärung. Auf der neurologischen Ebene jedoch deutet dieses Verhalten auf ein mächtiges automatisches Verhaltensprogramm hin, das im geistigen Hintergrund abläuft.

Ist jetzt auch das anatomische Rätsel dieses kuriosen menschlichen Verhaltens entdeckt? Dass es da wirklich Nervenzellen gibt, die sich auf eine solche Steuerung spezialisiert haben, ist eine kühne Theorie. Die Italiener nannten die Zellen voller Verzückung

«Spiegelneuronen» und hatten der Wissenschaft damit das Tor zu einem neuen Forschungsfeld aufgestoßen. Einem weiten Feld, von dem der Hirnforscher Vilayanur Ramachandran behauptet: «Ich bin davon überzeugt, dass Spiegelneuronen für die Psychologie die gleiche Rolle spielen werden wie die DNA für die Biologie.»[40] Mit anderen Worten: Sie bedeuten eine Revolution. Die Grenzen zwischen dem Ich und den anderen Menschen scheinen plötzlich heruntergerissen.

Was würde es bedeuten, wenn Spiegelneuronen auch eine Reflexion von Gefühlen erzeugen? Das Wort Mit-Gefühl bekäme auf einmal einen buchstäblichen Sinn. Wäre es nicht ein kraftvoller neuronaler Mechanismus, mit dem das Gehirn die von Damasio postulierten somatischen Marker von seinem Gegenüber aufschnappt?

Die Wissenschaft ist von diesen Neuronen wie elektrisiert. 1999 folgte dann endlich der erste direkte Nachweis beim Menschen. Der Mediziner William Hutchison von der Universität Toronto bereitete bei einer Patientin mit schwersten Depressionen einen neurochirurgischen Eingriff vor. Dazu hatte er feine Elektroden in den Cortex der Frau eingeführt. Als er ihr in den Finger stach, feuerten die Neuronen in jenem Areal, das für die Schmerzwahrnehmung zuständig ist. Hutchison sah den Ausschlag an seinem Messgerät, noch bevor die Frau auf seine Frage, ob es denn weh tue, antworten konnte. Dann rammte sich der Physiologe selber eine Nadel in den Finger. Die Frau sah das, und wieder feuerten die gleichen Neuronen wie zuvor, als er in ihren Finger gestochen hatte.[41]

Die neuronale Entsprechung der Empathie scheint gefunden zu sein. In Versuchen mit dem funktionellen Kernspintomographen entdeckten britische Forscher um Tania Singer, wie Ehefrauen mitleiden, wenn ihren Männern Schmerzen zugefügt werden. Es sind dieselben Schaltkreise, wie sie bei den Frauen auch den Schmerzimpuls verarbeitet hätten: die vordere Insel, der somatosensorische Cortex, der sensomotorische Cortex.[42]

Immer mehr Indizien trägt die Wissenschaft dafür zusammen,

dass Spiegelneuronen bei anderen Sinneswahrnehmungen im Spiel sind. Forscher aus den Niederlanden sind Anfang 2007 auf auditive Spiegelneuronen gestoßen: Das Zischen einer Getränkedose löst in genau den Arealen Aktivität aus, die aktiv würden, wenn man selber eine Dose öffnete. «Es ist, als bewegte er selber die Hand zur Dose», sagt Christian Keysers, der Entdecker jener Spiegelneuronen. Der Mittdreißiger Keysers studierte in jenem Institut, wo die Rosine eine neuropsychologische Revolution ausgelöst hat. Mittlerweile ist er Professor in Groningen, leitet das Labor für Neuro Imaging an der dortigen Universität. Seine Euphorie ist immer noch ungebremst. «Mitgefühl, wir können es sehen, wir können es hören, mit unseren Elektroden können wir es messen», jubelt er.

Wie bei dem Beispiel mit dem Konferenztisch ist davon auszugehen, dass die meisten Informationen, die die Spiegelneuronen von der Umwelt abgreifen, unbewusst verarbeitet werden und ein mächtiges Instrumentarium für die Intuition darstellen. In das Geheimnis, auf welche Weise die von den Spiegelneuronen aufgeschnappten Signale vom Gehirn in Handlungen umgesetzt werden, beginnt die Forschung mit ihren modernen Apparaturen gerade erst hineinzublicken.

Ein Studienobjekt bietet sich dabei an: Menschen, die gefühlsblind sind, Autisten. Man könnte sie auch als soziale Analphabeten bezeichnen, mit fatalen Folgen. Sie können weder gute Absichten im Gesicht der anderen ablesen noch Vertrauen oder Liebe erwidern. Sie fallen aber auch auf Menschen mit bösen Absichten herein, auf Betrüger, Aufschneider und Schwindler. Bemerkenswerterweise zeigen Autisten ein Verhalten, das sich Echolalie nennt: Sie sprechen die Worte anderer nach, ohne sie zu verstehen. Das könnte auf eine Störung des Spiegelneuronen-Systems zurückgehen.

Aufschlussreich sind auch weitergehende Versuche der Londoner Forschergruppe um Tania Singer. Beobachtet wurde, wie Frauen reagieren, wenn Personen, die sie unsympathisch finden, mit Schmerzen gequält werden. Bei ihnen bleibt die Spiegelreaktion aus. Offensichtlich wird das Signal der Spiegelneuronen vom Gehirn bewertet. Anatomisch macht das Sinn. Der insuläre Cortex, der für das emotionale Befinden wichtig ist, unterhält enge Kontakte zu höheren kognitiven Zentren und auch der Amygdala. Christian Keysers, der mittlerweile von den Medien auch «Spiegelprinz» tituliert wird, glaubt, dass wir die von den Spiegelneuronen detektierten Absichten des anderen «im Licht unserer eigenen Erfahrungen bewerten»[43]. Dazu bedürfe es bewusster Überlegungen. Aber eben Überlegungen auf Grundlage der empathischen Signale der Spiegelneuronen. Zu sozialen Handlungen, das ist eine These Keysers', ist der Mensch ohne funktionierendes Spiegelneuronen-System nicht in der Lage: Entscheidet sich ein Mensch, einen anderen zu töten, weil er nicht nachempfinden kann, was es bedeutet, verletzt zu werden? «Wir wollen herausfinden, ob es vielleicht an seinen Spiegelneuronen liegt.»

Die dunklen Seiten der somatischen Marker

Wir haben ein evolutionäres Erbe, auf das wir uns beim Entscheiden verlassen können. Zumindest ein Stück weit. Für alle anderen Fälle ist Jonathan Cohen ein guter Experte. Schon sein Äußeres lässt vermuten, dass man bei ihm in guten Händen ist. Seine wallenden weißen Haare signalisieren Weisheit, das noch junge Gesicht Sympathie. Er könnte ein guter Kumpel sein, kein Gelehrter, zu dem man aufgucken muss. Seine Worte klingen stets einleuchtend, selbst wenn man sie nicht versteht. Er sagt oft: «You are right», schaut einem in die Augen und lächelt. So schafft er binnen Minuten eine Wohlfühl-Aura um sich. Es gibt sie, diese ewigen Gewinner im Kampf um den ersten Eindruck, und in seinem Institut, dem Center for the Study of Brain, Mind and Behavior an der Princeton University, untersuchen sie genau das: die Macht des ersten Eindrucks.

Jonathan Cohen habe ich aber wegen etwas anderem besucht. Er behauptet nämlich, Gedanken lesen zu können. Mit einem funktionalen Kernspintomographen. Das sagt er mit einem leicht ironischen Lächeln. Denn so hundertprozentig stimmt das nicht, zumindest nicht so, wie man sich das mit der Phantasie eines Drehbuchautors in Hollywood vorstellen würde. Ein bisschen was ist aber dran an dieser Fähigkeit. Cohen sieht den Menschen dabei zu, wie sie sich falsch entscheiden, und er sieht das einige Momente, bevor sie das tun. Gern zitiert er Albert Einstein, der vor über siebzig Jahren ein paar hundert Meter von seinem Gebäude entfernt gelehrt hat. Die göttliche Gabe der Intuition habe der Jahrhundertphysiker weit über die treuen Dienste des Verstandes gestellt. «Es ist paradox», klagte Einstein, «dass wir heutzutage angefangen haben, den Diener zu verehren und die göttliche Gabe zu entweihen.» Im Tomographen sucht Cohen nach der Signatur dieser Gabe, aber nicht immer, wenn er sie aufblitzen sieht, ist das positiv.

Cohen bittet seine Probanden, sich vorzustellen, sie sähen einen Zug auf einem Gleis heranrasen, auf dem fünf Kinder spielen. Dem Psychologen ist die Begeisterung für sein Fach anzumerken. Er springt von seinem Stuhl auf, rennt zur weißen Tafel und malt mit dem Filzmarker fünf Strichmännchen auf: die Kinder. Dann den Zug und einen dicken Pfeil, der auf die Kinder zeigt. Die Testpersonen selbst bittet er, sich vorzustellen, sie stünden an einer Weiche. «Sie können den Zug auf ein anderes Gleis umlenken, wo nur ein Kind steht», sagt Cohen und kritzelt ein einzelnes Strichmännchenkind auf. Kaum einer der Befragten zögert bei der Lösung dieses moralischen Dilemmas und versichert, er würde die Weiche umlegen. Dann ändert Cohen das Denkspiel: Noch immer spielen fünf Kinder auf dem Gleis, jetzt aber soll sich die Testperson vorstellen, auf einer Brücke zu stehen. Diesmal soll sie entscheiden, ob sie einen Mann hinunterstoßen würde, der mit seiner Körpermasse den Zug stoppen könnte. Der Effekt ist in beiden Fällen der gleiche: ein Menschenleben opfern, um fünf andere zu retten. «Trotzdem entscheiden sich nun fast alle dagegen», berichtet der Neurowissenschaftler.

Rational betrachtet, mutet dieses Verhalten widersprüchlich

an. Intuitiv jedoch werden beide Situationen völlig unterschiedlich bewertet: Während der Proband sich im einen Fall dem einzelnen Kind emotional nicht stärker verbunden fühlt als den fünf anderen, sieht das bei einem Mann, den er mit den eigenen Händen von der Brücke stürzen müsste, ganz anders aus. Diese Vorstellung aktiviert eine tief im Gehirn verankerte Tötungshemmung – ein Vorgang, den Cohen genau auf seinem Tomographenschirm nachvollziehen kann. In beiden Fällen zeichnet das Gerät eine deutliche Aktivität im basalen Bereich des Gehirns auf. Diese Region zählt evolutionär gesehen zu den älteren Hirnteilen und ist unter anderem verantwortlich für emotionale Reaktionen. Von hier zischen die somatischen Marker hinauf zu den lichten Höhen des Verstandes, in die Großhirnrinde. Im zweiten Fall, bei dem es um das Herunterstoßen von der Brücke ging, ist ihre Aktivität jedoch viel intensiver. «Ich musste nur auf die Tomographen-Aufnahme gucken, um zu wissen, wie sich der Proband entscheiden würde», sagt Cohen.

Oft ist der Mensch gut beraten, seiner Intuition zu trauen. Immerhin hat sich diese Art, Entscheidungen zu fällen, in Jahrmillionen der Evolution entwickelt und bewährt. Doch sie kann auch in die Irre führen – gerade in der modernen Industrie- und Informationsgesellschaft. Cohen zuckt die Schultern und sagt: «Der Mensch ändert seine Lebensumstände halt schneller, als es sein Gehirn schafft hinterherzukommen.»[44] Die somatischen Marker können den Menschen deshalb auch in die falsche Richtung schicken. Sie können zu stark sein und damit die rationalen Denkvorgänge ungünstig beeinflussen, in extremen Fällen sogar völlig abschalten. Klinisch depressive Menschen etwa haben aufgrund ihrer emotionalen Störung deutlich mehr Probleme, ihre analytischen Fähigkeiten zu nutzen. Sie schneiden in entsprechenden Tests deutlich schlechter ab als gesunde Probanden.[45] Auch eine angenehme Grundstimmung senkt das Streben, bei einer Entscheidung möglichst sorgfältig nach Informationen zu suchen. Stattdessen entscheiden Probanden automatisch, ohne großes Nachdenken, schon wenn man ihnen vor dem Versuch ein paar bunte Bonbons in die Hand drückt.

Negativen Ereignissen wird mitunter von den Emotionen ein zu großes Gewicht beigemessen. Menschen fühlen sich in ihrem Auto sicherer als im Flugzeug, obwohl die Unfallstatistik deutlich für das Fliegen spricht. Zu eindrücklich sind die Bilder von Flugzeugunglücken, bei denen meist alle Passagiere sterben. Die Anschläge des 11. Septembers 2001 haben zu einem deutlichen Rückgang der Passagierzahlen geführt. Ironie des Terrors: Zusätzlich zu den rund 3000 Toten in New York, Washington und Pittsburgh starben noch einmal fast 1600 Amerikaner an einer fehlerhaften Risikoeinschätzung. Der Berliner Psychologe Gerd Gigerenzer hat für die USA diese erstaunliche Rechnung aufgemacht. Demnach stiegen die Leute im falschen Glauben, am eigenen Steuer sei es sicherer, auf das Auto um. Mit der Folge, dass es in dem betreffenden Jahr 1595 mehr Tote im Verkehr gab.[46]

Den Markermechanismus nicht zu besitzen kann manchmal von Vorteil sein. Antonio Damasio schildert das sehr eindrucksvoll an einem seiner Patienten mit präfrontaler Schädigung. Einmal musste der Intuitionskranke sein Auto auf der Fahrt zu Damasios Institut über eine spiegelglatte Straße steuern. Eine Frau vor ihm geriet in Panik, bremste, kam ins Schleudern und landete im Graben. Ohne Gemütsregung erzählte der Patient davon, und auch wie ruhig und sicher er sein Auto über die gefährliche Stelle lenkte. Die Frau hatte offensichtlich einen zu starken emotionalen Impuls. Damasios Patient behielt wegen seiner neuronalen Störung einen kühlen Kopf. Schon am folgenden Tag traten dann wieder die Nachteile seiner Entscheidungslosigkeit auf. Da schlug Damasio ihm für die nächste Sitzung zwei Termine zur Auswahl vor. Der Patient zückte seinen Terminkalender und zählte eine halbe Stunde lang Gründe auf, die für den einen oder den anderen Tag sprachen.

QUELLEN DER INTUITION II: GEFÜHLTES WISSEN

«Intuition ohne Intellekt ist ein Unglück.»

PAUL VALÉRY

Welche Quellen versorgen den präfrontalen Cortex mit den nötigen Argumenten, wenn er eine Entscheidung anbahnt? Eine wichtige Rolle fällt dem Gedächtnis zu. Hier werden die aktuellen Vorstellungsbilder mit den alten verglichen. Hier fließt Wissen auf die Räder der Entscheidungsmühlen. In den letzten zwanzig Jahren hat die Hirnforschung bedeutende Fortschritte erzielt bei dem Bemühen zu verstehen, wie das Gehirn Informationen abspeichert und abruft. Das wohl erstaunlichste Ergebnis ist, dass auch bei diesem Prozess nichts ohne die Gefühle geht. Selbst Faktenwissen wie die Höhe des Eiffelturms oder die Hauptstadt Boliviens oder der Name des ersten Präsidenten der Bundesrepublik Deutschland gelangt nicht ohne emotionale Mithilfe hinein in die Windungen des Gehirns oder heraus aus ihnen. Um das zu verstehen, kann es mitunter hilfreich sein, den Fernseher einzuschalten.

Das Eine-Million-Dollar-Gehirn

Dass Ogi Ogas das Gehirn erforscht, hat einen unheimlichen Grund. An einem frühen Morgen im September bestieg er ein Flugzeug am Logan Airport in Boston. Die Maschine der American Airlines sollte ihn nach Moskau bringen. Neun Stunden würde der Flug dauern. Ogas richtete sich mit seinem Laptop, Kopfhörern und bequemen Socken auf die lange Flugzeit ein. Er schaute auf das Rollfeld. Klar und funkelnd schien die Sonne vom Himmel. So tiefblau war der

Himmel an diesem Tag, so blau wie eine riesige Verheißung. Man schrieb den 11. September 2001.

Genau wie die Attentäter, die später ins World Trade Center rasten, hatte er an diesem Morgen das Flughafengebäude betreten und die Sicherheitskontrollen passiert. Ahnungslos stieg er in die Maschine nach Russland. Neun Stunden später sah er auf den Fernsehern im Moskauer Airportterminal die schrecklichen Bilder und realisierte die Tragik seiner Reise. Der Zufall hatte ihn, den Softwareprogrammierer aus Maryland, Nachfahre amerikanischer und mexikanischer Ureinwohner, derart nah an die islamistischen Terroristen herangeführt. Ogas war geschockt. Noch in Moskau deutete der damals 32-Jährige das als ein Wink des Schicksals. Er wollte sein Leben ändern. Wie, das wusste er zwar noch nicht so genau, nur dass es nicht einfach so weitergehen konnte.

Ogas bewarb sich um ein Stipendium beim neu gegründeten Department of Homeland Security, der mächtigen Superbehörde, die Präsident George W. Bush als Antwort auf die Bedrohung der Al-Quaida inzwischen gegründet hatte. Er wollte seine Doktorarbeit am Department of Cognitive and Neural Systems der University of Boston machen. «Das Gehirn ist sehr gut darin, in einer bestimmten Situation Dinge als ‹falsch› zu erkennen», sagt er. Das hat er sich zum Vorbild genommen, um eine Software zu entwickeln, die der nationalen Sicherheit dienen soll. «Wenn wir Algorithmen entwickeln, die wie das Gehirn funktionieren, dann können wir vielleicht dereinst Auffälligkeiten in Telefondaten oder Reisevisa finden.»

Das Institut ist bekannt für die Erforschung des Lernens, Erinnerns und Entscheidens. Die dort gewonnenen Erkenntnisse hatte Ogas 2006 noch für etwas ganz anderes verwendet als für den Kampf gegen den internationalen Terrorismus – für die Quizsendung «Wer wird Millionär?». «Ich dachte mir, auf was es da ankommt, ist doch genau das, was wir erforschen», sagt Ogas, und so bewarb er sich beim Sender ABC für das amerikanische Pendant zur beliebten RTL-Show. Als er die Einladung nach New York ins

Studio erhielt, bereitete er sich schnell in Erinnerungstechniken vor, um die es auch in seiner Doktorarbeit geht. Schließlich sollte das Ganze ja ein Selbstversuch sein.

Für sein Experiment zog er sich genauso an, wie er sonst auch ins Institut geht. Jeans, orangener Pulli, darunter ein helles Hemd. So sitzt er Meredith Vieira, der Moderatorin, gegenüber. Da kommt auch schon die erste Frage, bei der er eine seiner kognitiven Techniken gut gebrauchen kann. Es geht um 16 000 Dollar: «In welchem Land wurden in diesem Frühjahr zum ersten Mal die umstrittenen Karikaturen des Propheten Mohammed veröffentlicht?»

Keine so einfache Frage für jemanden, der nicht in Europa wohnt. Und auch Ogas kennt die Antwort zunächst nicht. Dafür aber erinnert er sich, eine lange Diskussion mit einem Studienfreund darüber gehabt zu haben. Also plaudert er mit der Moderatorin über seinen Studienfreund.

Was die nicht kennt, ist der wahre wissenschaftliche Grund für sein Plaudern. Es geht Ogas nämlich um das Phänomen, das die Forscher «Priming» nennen. Das Gehirn legt Wissen nicht in thematische Schubladen: also alles über Autos in dieses Fach, alles über Risottokochen in jenes Fach. Stattdessen verknüpft das Gedächtnis Dinge stets mit dem Ereignis, in dem es dem neuen Sachverhalt begegnet ist. So entstehen ungewöhnliche Assoziationsketten: Ein Song von Madonna löst eine Kaskade von Erinnerungen aus, etwa an die Party, auf der dieser Song gespielt wurde, den schlecht sitzenden Anzug, den man dazu getragen hat, oder die Haarspange der Frau, mit der man dort getanzt hat. Dieses Wissen steckt in verschiedenen Winkeln des Großhirns, aber sobald eine Assoziation aufleuchtet, geraten auch die anderen Erinnerungsbruchstücke in Schwingung. Die Informationen sind auf implizite Weise gespeichert, das heißt, der Mensch hat nicht unbedingt direkten Zugriff darauf. Aber diese Assoziationsketten können einen über einige Ecken schließlich zum gesuchten Faktum führen.

Ogas nutzte eine der grundlegenden Priming-Taktiken: «Ich redete von unserer Diskussion über die Mohammed-Karikaturen und berichtete Meredith, wie der Freund mit seinen Händen herumfuchtelt. Als ich beschrieb, wie er seine Augen rollt, wenn er mit irgendetwas nicht einverstanden ist, kam mir plötzlich seine Bemerkung wieder in den Sinn: ‹Was kannst du schon anderes von Dänemark erwarten?›» Da war sie, die Antwort!

Bei 250 000 Dollar kam ihm zugute, dass sie in Boston auch die Intuition erforschen. Die Professorin, die ihn betreut, hat verschiedene Methoden entwickelt, mit denen sich schnell und effektiv abschätzen lässt, ob man dem, was einem da gerade in den Sinn gekommen ist, auch trauen kann. Die Frage war: «Was war das erste Produkt, das vom Versandhandelshaus Sears in seinem Katalog angeboten wurde?»

Sears ist eines der größten Handelsunternehmen der USA, nach dem auch der Sears Tower in Chicago, das höchste Gebäude der USA, benannt ist. Ogas hatte keine Ahnung von der Gründergeschichte dieses Konzerns. Die liegt auch schon ein Jahrhundert zurück. In seinem Geist tauchte aber ein Wort auf: «Uhren.»

Ogas kennt zwar die neuen Ergebnisse der Hirnforschung, wonach der erste Impuls häufiger korrekt ist als der zweite. Aber den Gegenwert eines Einfamilienhauses zu riskieren, weil etwas «häufiger korrekt» ist? Ogas war mulmig zumute, denn er verspürte keinerlei Sicherheit bei diesem Geistesblitz. Es könnte ja sein, dass er in letzter Zeit zufällig einen Werbespot von Sears gesehen hat und deshalb das Wort Uhr und Sears in seinem Gehirn gekoppelt waren. Oder hatte er nicht mal eine Uhr bei Sears gekauft?

Während er so darüber nachdachte, drifteten seine Gedanken plötzlich auf das Thema Eisenbahnen ab. «In irgendeiner Weise war das Erinnerungsbruchstück Uhren mit dem von Eisenbahnen verbunden», dachte sich Ogas. Vielleicht hatte er ja an irgendeinem Punkt seines Lebens gelesen, dass Sears ursprünglich Uhrenkataloge mit der Eisenbahn ausgeliefert hatte?

«Antwort A: Uhren. Endgültige Antwort.»

«Das ist richtig.»

Später schlug Ogas nach, was es mit den Uhren und Sears auf

sich gehabt hat. Zu seiner Verblüffung las er, dass Firmengründer Richard Sears Bahnhofsvorsteher gewesen war und Uhren an seine Kollegen verkauft hatte. «Ich habe keinen blassen Schimmer, wie dieses obskure Detail den Weg in mein Gehirn gefunden hat», sagt Ogas.

Bei der 500 000-Dollar-Frage half ihm seine Priming-Technik nicht weiter. Auch die Intuition bescherte ihm keine rasche Eingebung. «Ende des 19. Jahrhunderts vermarktete Bayer ein Medikament namens Heroin. Welches Leiden sollte es lindern?»

Zum Glück hatte Ogas noch einen Fifty-fifty-Joker, mit dem er auf die zwei Antworten reduzieren konnte: «ein verstopfter Kopf» oder «hartnäckiger Husten».

Ogas versuchte sich alles vorzustellen, was er über Opiumsucht in der viktorianischen Zeit wusste, aber nichts kam ihm in den Sinn, was ihm helfen konnte. Er besann sich der «Theory of Mind», einer Technik, die auch an seinem Institut erforscht wurde. Dabei versucht man, sich in die Gedanken des anderen hineinzuversetzen. «Ich stellte mir die Erfinder der Fragen vor, wie sie vor der Tastatur sitzen und sich die drei falschen, dabei aber halbwegs glaubwürdigen Antworten ausdenken. «Verstopfter Kopf», das kam Ogas wie die Ablenkung vor, wie nur diese Leute sie ausbrüten.

«D: hartnäckiger Husten.»

«Es tut mir leid, Ogi ...», setzte Moderatorin Meredith Vieira an, und Ogas erinnert sich noch genau daran, wie er sich in diesem Schreckmoment gefühlt hat: «Eiszapfen stießen in meinen Augapfel. Mein Herz schrumpfte auf die Größe einer Walnuss.» Dann hörte er eine Frauenstimme wie durch einen Schleier sagen: «Du hättest 250 000 Dollar haben können. Stattdessen hast du 500 000!»

Seine Neurohormone schlugen blitzartig um von «schwärzestem Elend in vollkommene Überschwänglichkeit», wie er sich erinnert. Aber er war ja noch nicht am Ziel seines lukrativen Selbstversuches angelangt. Er wollte die Million, für die Wissenschaft und fürs Eigenheim. Ogas schwitzte fürchterlich in seinem herbstlichen Outfit. Rasch zog er sich den Pullover aus, nun saß er in seinem braungestreiftem Hemd auf dem Quizstuhl. Durch die runde Hornbrille blinzelnd wartete er auf die ultimative Frage: «Welches dieser Schiffe war nicht eines der drei, die von den Kolonisten während der Bostoner Tea Party gekapert wurden? A: Eleanor, B: Dartmouth, C: Beaver, D: William.»

Mit der Intuition eines Hirnforschers näherte sich Ogas der Antwort. Dartmouth, das war eines der Schiffe gewesen, sagte ihm eine innere Stimme. Erst im Kopf, dann murmelnd, dann ganz laut sagte er immer wieder den Namen: Dartmouth. Er wollte die verwandten Hirnteile zum Schwingen bringen, in denen die anderen beiden Schiffe steckten. Im Echo der Wiederholungen tauchte der Name Beaver auf, und erneut wiederholte er beide Namen, bis er sich mühsam den dritten Namen aus den Synapsen schüttelte: Eleanor.

«Ich denke, die Antwort lautet William ...»

Dann begann in seinem Körper etwas Seltsames: Plötzlich fühlte sich der Stuhl wackelig an, das Murmeln im Publikum schwoll in seinen Ohren zu einem Dröhnen an. Seine Augen fixierten das blasse Make-up der Moderatorin, als hätte er mit einem Teleobjektiv draufgezoomt. Ogas wurde geschüttelt von somatischen Markern, so könnte man im Sinne Damasios wohl diagnostizieren. Die Bestrafung für den Fall der Niederlage vor Augen, sendete das Gehirn über den Körper Wellen der Angst aus. Die Hormone schossen ein. Seine Wahrnehmung verschob sich. «Der blanke Terror zerquetschte mein Kleinhirn.»

Er hörte, wie seine Stimme wieder ansetzte: «... aber ich glaube, ich gehe mit dem Geld nach Hause, das ich bislang habe. Das ist mein letztes Wort.»

Das Publikum klatschte nur halbherzig, ohne Enthusiamus. Vielleicht waren die Zuschauer aber auch nur bestürzt. Die nächsten Kandidaten trabten schon ins Studio, da leuchtete die korrekte Antwort auf: «William.»[47]

Eine Million Dollar hätte der fleißige Doktorand mit nach Hause nehmen können, wenn er seiner Intuition getraut hätte. Am Ende überwog die psychologische Ausnahmesituation, die der Druck des riesigen Geldbetrages in Ogi Ogas erzeugt hatte. Die verheißene Million selber ist der beste Schutz davor, dass die Kandidaten den Jackpot knacken. Der neidische Beobachter hingegen kann das Ganze als kleines neuronales Lehrstück ansehen. Einerseits wird deutlich, wie viel Wissen unbemerkt in unserem Gedächtnis schlummert. Wir lernen etwas darüber, wie das Wissen im Gehirn gespeichert ist und vom Großhirn verwaltet wird. Und wir erkennen eine wichtige Mechanik beim Abrufen der Information: Auch hier spielen Gefühle eine Rolle. Erneut wird deutlich, wie absurd das Konzept des rationalen Menschen anmutet. Danach müsste das Gehirn wie die Suchmaschine eines Computers die Festplatte des Rechners absuchen und alle relevanten Fakten für eine Entscheidung zutage bringen. Das menschliche Gedächtnis aber funktioniert viel assoziativer. Ganz anders, als es je ein Computer bewerkstelligen könnte. Es lohnt sich also ein genauerer Blick auf die Mechanik des Lernens und Erinnerns, um zu verstehen, wie der menschliche Geist eine Entscheidung anbahnt.

Das fühlende Gedächtnis

Seine Mittagspause ist ihm heilig. Erst geht er ins Schwimmbad. Das liegt nur ein paar Geschosse tiefer, in einem Nebengebäude des Hochhauses, wo die Columbia University ihr Medical Center unterhält. Es liegt an der 168. Straße, keine privilegierte Gegend, aber wunderschön platziert zwischen Hudson und Harlem River. Eric Kandel zieht jeden Tag, den er im Büro verbringt, seine Bahnen. Jetzt sitzt der kleine weißhaarige Mann seelenruhig auf dem braunen Ledersessel seines geräumigen Eckzimmers und löffelt ein Müsli. Die Tür steht offen. Doch keiner seiner Mitarbeiter würde es wagen hineinzugehen. Nicht weil sie Angst vor ihm hätten, sondern weil sie ihren Chef, den Neurologieprofessor und Nobelpreisträger, verehren. «Grüß Gott», sagt er schließlich mit einem Wiener Akzent, dem man die vielen Jahrzehnte in Amerika anhört. «Wissen Sie, körperliche Gesundheit», entschuldigt sich der 76-Jährige für sein Mittagsritual, «ist für das Gehirn eben genauso wichtig wie die geistige.»

Wenn man ihn sieht, muss man ihm einfach glauben. Nicht nur weil er Neurobiologe ist, sondern weil er den lebenden Beweis seiner These liefert. Es ist Frühjahr 2006. Soeben ist seine Autobiographie erschienen, als ich ihn gemeinsam mit einem «Spiegel»-Kollegen an der Columbia University treffe.[48] Schon zum zweiten Mal begegne ich diesem sanften alten Herrn mit der selbstgebundenen Fliege am Hals. Dieses Mal ist er noch redseliger, offener. Als hätte er nach Fertigstellung seiner Autobiographie die Scheu vor persönlichen Geständnissen verloren. Kandel ist der wohl bedeutendste Gedächtnisforscher dieser Zeit. Ihm verdankt die Welt entscheidende Einblicke in den molekularen Mechanismus unserer Erinnerung. Aber nicht allein aus diesem Grund bietet es sich an, mit ihm über das Erinnern zu reden. Das legt schon seine Biographie nahe. Mit neun Jahren musste er aus Wien fliehen. Seine Eltern besaßen damals einen Gemischtwarenladen im 9. Bezirk. Bis zu jenem Tag, als Adolf Hitler auf dem Balkon der Hofburg zu seinen Anhängern auf dem Heldenplatz sprach, war es eine glückliche Jugend.

«Nehmen Sie unser Kindermädchen Mitzi. Eines Nachmittages saß diese blühende Frau an meinem Bett, öffnete ihre Bluse, zeigte ihren Busen und fragte mich, ob ich sie berühren wolle.»

Kandel plaudert mit Schmelz in der Stimme, hinter ihm das Foto, wie er Schwedens König Carl Gustaf die Hand schüttelt. Wovon Mitzi in jenem Moment redete, habe er kaum begriffen, und doch habe er sich anders gefühlt als jemals zuvor. Wir wollen wissen, ob es für das Erinnern einen Unterschied macht, ob das Ereignis gut oder schlecht war. Aber noch will Kandel nicht so richtig über seine Wissenschaft reden, sondern in seiner Erinnerung schwelgen.

«Als ich Mitzi sah, war das ein wunderbarer Anblick – und zugleich spürte ich Entbehrung. Das sind Extreme menschlicher Erfahrung: Vergnügen zu spüren und des Vergnügens beraubt zu werden. Sie hat nämlich ihre Bluse rasch wieder geschlossen und begründete es damit, ich könnte schwanger werden.»

Kandel legt den Kopf in den Nacken. Ich weiß schon von unserem letzten Treffen, dass jetzt ein echtes Spektakel beginnt. Sein breiter Mund öffnet sich, in großen Zügen zieht Kandel die Luft ein und erzeugt damit ein stoßweises, lautes Lachen.

«Instinktiv dachte ich», sagt er, von einer neuen Welle des Lachens geschüttelt, «sie muss sich irren, und dennoch ließ mich der Gedanke erschrecken, ich könnte schwanger werden.»

Niemand im Raum kann sich diesem Lachen entziehen, es funktioniert sogar in einem Hörsaal mit 500 Leuten. Das habe ich einmal in Frankfurt mit eigenen Augen gesehen. Damals schoss mir in den Sinn: Der Mann sieht aus wie Kermit der Frosch, und musste mich ein wenig schämen, bei diesem distinguierten Gelehrten so etwas zu denken.

Wir fragen ihn nach dem blauen Spielzeugauto. Schlagartig ist sein Lachen verstummt. Das ist jener schlechte Teil seiner Wiener Erinnerung, den er gerne gelöscht hätte aus seinem Gehirn, was aber nicht geht, wie Kandel aus eigener Beobachtung menschlicher wie tierischer Nervenzellen weiß. Er hatte das Spielzeugauto gerade zu seinem neunten Geburtstag geschenkt bekommen. Ein paar Tage später vertrieben Gestapo-Leute seine Familie aus ihrer Wohnung in der Severingasse 8. «Als sie uns eine Woche später wieder zurückkehren ließen, waren die meisten Gegenstände verschwunden – unter anderem mein geliebtes Auto.»

Die Flucht aus dem geliebten Wien seiner Kindheit war für ihn ein Trauma. Und es war der Grund für ihn, das Erinnern zu erforschen. Zunächst tat er das an der Eliteuniversität Harvard, im Fach Geschichte. Dann wandte er sich der Psychoanalyse Freuds zu und studierte schließlich Neurobiologie. «Ich wollte wissen, warum der menschliche Geist gleichzeitig Goethe aufnehmen und Konzentrationslager schaffen kann.»

Kandel nimmt uns mit auf eine neurowissenschaftliche Entdeckungsreise in seine Gehirnsynapsen und erklärt, wie und warum Mitzi, die kreischende Stimme Hitlers, die vom Heldenplatz herüberwehte, und das blaue Spielzeugauto in diesem schwabbeligen Substrat zu finden sind.

Erlebnisse, gleich welcher Art, landen zunächst erst einmal im Kurzzeitgedächtnis, das sich im Großhirn befindet. Schon nach wenigen Minuten beginnen sie allerdings zu wandern – entweder in die Vergessenheit oder aber ins Gedächtnis. Dafür zuständig ist der Hippocampus, eine wie ein Hufeisen geformte Unterabteilung des limbischen Systems. Der Hippocampus, der seinen Namen einem aus Fisch und Pferd zusammengesetzten Meeresungeheuer aus der griechischen Mythologie verdankt, ist gewissermaßen der Türsteher vor der Pforte des Gedächtnisses. Er entscheidet zwischen Speichern oder Löschen. Ausschlaggebend dabei ist, ob diese Wahrnehmung einen starken emotionalen Begleitton hat. Das blaue Auto etwa, eigentlich zum Vergessen prädestiniert, bekommt die traumatische Konnotation der mit ihren Stiefel klappernden Gestapo-Schergen – und gräbt sich tief in das sogenannte episodische Gedächtnis ein. So ähnlich dürfte es auch dem früherotischen Erweckungserlebnis mit Mitzi ergangen sein. Gut oder schlecht, das ist egal. Hauptsache das emotionale Signal ist stark genug. Die Fähigkeit, beispielsweise Fahrrad zu fahren, gelangt über häufiges Wiederholen in das Gedächtnis. In diesem Fall hält sie Einzug ins prozedurale Gedächtnis, wo vor allem motorische Fähigkeiten abgelegt werden. Alle diese Bewegungsabläufe sind implizit, das heißt, sie sind vollkommen dem unbewussten Teil des Gedächtnisses zugeordnet.

Die Erzähllaune von Kandel kennt, trotz vollem Terminkalender, keine Grenzen. Die Lust zum Bekenntnis ebenso. Wie er auf die Idee für den Speichervorgang kam, den Einfall, der ihm schließlich den Nobelpreis einbringen sollte, daran kann er sich auch noch genau erinnern. Kandel saß daheim in seinem Sessel. Er las einen Roman, nichts Wissenschaftliches. Nie war er weiter entfernt vom Streben nach Forscherruhm als in dieser Zeit. An den Nobelpreis zu denken wäre ihm töricht erschienen. Schon eher real war die Gefahr, dass sich seine Frau Denise von ihm scheiden lassen würde. Vor kurzem war ihr erstes Kind geboren, und er hockte nächtelang im Labor. Entweder ich oder die Arbeit, das war die Wahl, vor die sie ihn gestellt hatte. Er entschied sich für Denise und nahm sich deshalb eine Auszeit von der Forschung, verbrachte viel Zeit daheim. Sogar zum Lesen kam er wieder. Da überkam ihn eine Idee. Die Synapsen! An den Nervenenden müsste die Lösung zu finden sein, wie der Mensch Informationen speichert. «Plötzlich wurde mir klar, dass ich diesen Weg beschreiten müsste.»

Kurioserweise gelangen ihm die ersten Schritte ins Gestrüpp der Neuronen an einem Tier, das im Vergleich zum Menschen nur einen Bruchteil dieser Zellen besitzt: dem Seehasen. Das ist eine glitschige, nackte Schnecke, die über den Meeresboden kriecht. «Einige ihrer Neuronen sind allerdings so groß, dass man sie mit bloßem Auge sehen kann», sagt Kandel. Aber auch Seehasen haben ein Gedächtnis. Da ist nicht viel Platz, aber es ist einfach zu aktivieren. Kandel reizte das Tier, indem er mit einem spitzen Gegenstand einen seiner Fühler berührte. Ein uralter Reflex sorgt dafür, dass es sich schlagartig einzieht. Nach Dutzenden dieser Berührungen begannen die Seehasen allerdings zu lernen: Der leichte Pikser ist harmlos, kein Grund, das Sinnesorgan einzufahren.

An den Synapsen ihres bescheidenen Neuronenensembles entdeckte Kandel, wie sie sich verstärkten, leitfähiger wurden. Darin steckte also die Information. In einer neuen Verbindung zweier Nervenenden! Eine Information hat demnach also eine ganz handfeste, physiologische Gestalt. «Auch unser Gespräch hier geht nicht spurlos in Ihrem Gehirn vorüber. Sie werden anschließend eine veränderte Netzstruktur in bestimmten Bereichen haben. Theoretisch könnten wir meine Worte also bei Ihnen im Kopf später finden», sagt Kandel: «Unsere Versuche zeigen, dass es schon nach einer halben Stunde erste Veränderungen gibt.»

Der Hippocampus sorgt also dafür, dass sich neue Netzwerke von Nerven aufbauen. Ein kompliziertes molekularbiologisches Verfahren sorgt in den Zellen dafür, dass entsprechende Proteine gebildet werden. Am Ende dieses Prozesses ist eine Synapse verstärkt. Es gibt allerdings auch Botenstoffe, die diesen Speichervorgang blockieren können; eines ist ein Protein, das die Forscher kryptisch «Creb-2» tauften. «Eine segensreiche Einrichtung», findet Kandel, «würden wir alles behalten, würden wir im Informationsmüll ersticken und keinen Platz mehr haben für kreative Gedanken.» Interessanterweise liegt das Langzeitgedächtnis für die unterschiedlichen Sinneseindrücke dort, wo die Sinne ursprünglich auch verarbeitet wurden. Mitzis üppige Brüste lagern also im visuellen Cortex, die kreischende Stimme Hitlers dort, wo sie im Jahre 1939 analysiert wurde, nachdem sie von Kandels Ohren aufgenommen worden waren. Wenn sich der Mensch erinnert, dann schaut, horcht, riecht oder tastet er gewissermaßen in sich hinein. Nach jedem Erinnern durchläuft die Information wieder genau denselben Prozess des Abspeicherns ins Langzeitgedächtnis.[49]

«Allerdings werden auch die Umstände, wie sie beim Erinnern geherrscht haben, mit gesichert.» Dieser Umstand ist für Historiker wie für Richter bedeutend: Erinnern sich Zeit- oder Tatzeugen, dann ist ihre Erinnerung bereits verfälscht, wenn sie das Erlebte bereits mehrere Male erzählt – also aus ihrem Gedächtnis gekramt haben.

Der Hippocampus, jener brave Türsteher vor dem Gedächtnis, hört allerdings auf einen viel mächtigeren Vorgesetzten – die Gefühle. Sie schalten hemmende Botenstoffe wie das Creb-2 kurzerhand aus. «Ohne Gefühle wird nichts behalten», sagt Kandel. An dieser Stelle unternimmt er einen Parforceritt zu Freud. Natürlich, Kandel ist Wiener Jude, Emigrant. Seine erste große Liebe war die Tochter eines berühmten Freud-Schülers, und noch heute lassen ihn die Thesen des Nervenarztes aus der Berggasse 19 nicht los. Er hat ein ganzes Buch herausgebracht über die Frage: Was bleibt von Freuds Ideen?[50] Er selbst ist auf biologische Grundlagen der

Freud'schen Theorien gestoßen, insbesondere für die Vorstellung, dass es im Gehirn viele unbewusste Vorgänge gibt.

«Eine phantastische Vorhersage», sagt er mit erregter Stimme. «Inzwischen wissen wir: Vieles von dem, was Sie wissen, ist Ihnen gar nicht bewusst. Allerdings hat Ihr unbewusstes Gedächtnis nichts mit sexuellen Trieben zu tun.»

Womit denn dann?, wollen wir mit gespielter Naivität wissen.

Kandel verweist auf die Wahrnehmung, von der ein großer Teil vom impliziten, unbewussten Gedächtnis gespeichert wird. Objekte werden automatisch erkannt, sagt er, und ehe er das an einem berühmten Patienten mit den Kürzeln H.M. erläutern kann, kommt seine Sekretärin herein, eine liebenswürdige Person mit silbernem Haar, die offensichtlich ein Stück weit mit ihrem Chef gemeinsam auf diesem Posten gealtert ist. Jedenfalls wirken die beiden wie Synchronschwimmer, bei denen jeder stets auf die Bewegungen des anderen reagiert. Sie erinnert Kandel daran, jetzt nun wirklich zu jener Professoren-Ehrung an der New York University loszufahren. «Du kennst doch den Verkehr runter nach Manhattan», ermahnt sie ihn.

Kandel bleibt gelassen und redet weiter. Der Patient H.M. jedenfalls habe eine merkwürdige Form von Amnesie, also Gedächtnisverlust. Und zwar beeinträchtigt sie ausschließlich sein explizites, bewusstes Gedächtnis.

«Mit neun Jahren hatte er einen Fahrradunfall. Von den Verletzungen bekam er epileptische Anfälle. Die nahmen derartig zu, dass ihm ein Teil seines Schläfenlappens und seines Hippocampus entnommen werden musste.» Die Anfälle hätten damit aufgehört. Dafür leide er aber an einem bemerkenswerten Gedächtnisausfall. Er erinnere sich zwar noch an alle seine Erlebnisse vor der Operation. Auch jetzt noch könne er Dinge für sehr kurze Zeit behalten. Aber er vermöge keine Kurzzeit-Informationen mehr ins Langzeitgedächtnis zu befördern. «Deshalb vergisst er direkt nach dem Essen, dass er soeben gegessen hat, und will sofort weiteressen. Oder: Auf Kindheitsfotos erkennt er sich, im Spiegel dagegen nicht.»[51]

Bemerkenswert sei bei H.M., dass er sich zwar nicht mehr an Personen, Orte und Objekte, die er wahrgenommen hat, zu erinnern glaubt. Sein implizites Langzeitgedächtnis sei aber durchaus noch intakt. «Das zeigen uns sein Verhalten und seine Gefühlsreaktionen ganz eindeutig.» Das bestätigt auch eine Reihe von Experimenten, die man mit H.M. gemacht hat. Wenn er etwa ein Wort liest und es zwei Stunden später wieder mit ein paar fehlenden Buchstaben vorgeführt bekommt, dann wird er dieses Wort wesentlich schneller entziffern können als eines, das er vorher nicht gesehen hat. «Und das, obwohl er überzeugt ist, es noch nie zuvor gesehen zu haben. Wir können daraus also folgern, dass der Mensch sehr vieles automatisch und unbewusst speichert und dass dieser Mechanismus offensichtlich im Gehirn unabhängig vom Vorgang der bewussten Erinnerung abläuft.»

Seine letzten Ausführungen hält Kandel schon auf dem Weg zum Parkhaus. Er hastet durch die Katakomben des Krankenhauses, seine dicke lederne Aktentasche mit seinem Vortrag hält er fest umklammert. Der freundliche Mann hatte angeboten, uns zurück nach Manhattan mitzunehmen. Wir steigen in seine Mercedes-E-Klasse, was uns nicht weiter verwundert, weil die meisten betuchten Ostküsten-Intellektuellen deutsche Fabrikate bevorzugen. So steuert Kandel hinein in den Strom der Autos auf dem Highway. Er steuert über Fly-Overs, durch Autobahnkreuze und Ausfahrten, und diskutiert mit uns darüber, wie sich Martin Heidegger nach dem Zusammenbruch des Dritten Reiches aus seinen Verstrickungen mit den Nazis herausgeredet hat. Ich bin aber vor allem beeindruckt, wie gut offenbar sein implizites Gedächtnis funktioniert: Zügig und komfortabel sind wir an der 34. Straße angelangt. Kandel lenkt den silbernen Mercedes auf den Parkplatz der New York University, und ich beschließe mit Respekt vor den mentalen Fähigkeiten dieses Mannes heimlich, in meinen Mittagspausen mit dem Schwimmen anzufangen.

Der Geheimdienst im Kopf

Der Patient H.M. ist eine echte Ikone der Gedächtnisforschung. Ein faustgroßes Stück grauer Masse haben sie ihm in den 1950er Jahren aus dem Gehirn geschnitten und ihn dann in ein Leben entlassen, das einer schadhaften CD vergleichbar ist, die an einer Stelle springt. Vielleicht ergeht es ihm ein wenig so wie dem Fernsehreporter in dem Hollywoodfilm «Und täglich grüßt das Murmeltier»: Der tragische Protagonist, gespielt von Bill Murray, wacht jeden Morgen auf, und es ist derselbe Tag wie gestern. Nur dass sich H.M. nicht erinnern kann, was da los war. Heute lebt er in einem Pflegeheim und antwortet auf die Frage, wie alt er sei: «So um die 30.» Schaut er daraufhin in einen Spiegel, erschrickt er über die Spuren seines wahren Alters, die ihm ins Gesicht geschrieben stehen.

Einer der Forscher, die H.M. untersuchten, war Daniel Schacter. Der Harvard-Psychologe war überzeugt davon, dass nicht nur bei Amnesie-Patienten wie H.M. der unbewusste Datenspeicher arbeitet, sondern auch bei Gesunden. Am deutlichsten zeigt sich dies dann, wenn bei ihnen ebenfalls das Bewusstsein ausgeschaltet ist – in der Narkose. So las Schacter einigen Patienten auf dem OP-Tisch Wörterlisten vor und testete sie, nachdem sie aus der Narkose erwacht waren. Tatsächlich bevorzugten sie dabei eindeutig diejenigen Wörter, die sie zuvor gehört hatten.

Die Vorstellung, dass im Untergrund unseres Geistes ein eigener Nachrichtendienst sitzt und die ständig eintreffenden Informationen sozusagen unbemerkt auf die Magnetbänder unserer Synapsen kopiert, hat etwas Unheimliches. Wir haben keinen bewussten Zugriff auf diese Form der Datenspeicherung, ähnlich wie die Bürger der DDR, die vor dem Stasi-Hauptquartier in der Berliner Normannenstraße standen und nicht wussten, welche Fakten dort über sie gesammelt wurden. In den folgenden Kapiteln wird von den Vor- und den Nachteilen dieses zweigeteilten Datenspeichers die Rede sein. Er ist unverzichtbar, will man die Wege der Intuition verstehen. Wovon bisher noch nicht explizit die Rede war: Im impliziten Gedächtnis sind auch die emotionalen Erfahrungen des Menschen gespeichert.

Der Gedächtnisforscher Joseph LeDoux berichtet von einer Amnesie-Patientin, die Anfang des vorigen Jahrhunderts in Frankreich gelebt hat. Jedes Mal, wenn sie ihren Arzt namens Claparède traf, musste der sich ihr vorstellen. Ein bekanntes Phänomen bei Menschen ohne Langzeitgedächtnis. Bei einem dieser gespenstischen Rituale hielt der clevere Claparède eine Reißzwecke an seiner Innenhand und schüttelte der Frau die Hand. Die reagierte mit einem schmerzverzerrten Gesicht. Als sie das nächste Mal kam, hatte sie ihn wieder nicht erkannt. Doch als Claparède ihr die Hand schütteln wollte, zog sie die ihre ängstlich zurück.[52]

Inzwischen wissen die Forscher, dass derlei Emotionen auf anderen Bahnen rauschen und den Hippocampus einfach links liegenlassen. Diese Prozesse steuert die Amygdala und meldet sie über die bereits beschriebenen Kanäle direkt in die exekutiven Dienststellen des präfrontalen Cortex. So unheimlich das implizite Gedächtnis auch sein mag, es macht intuitive Eingebungen und Entscheidungen erklärbar. Ein Stück weit können diese Erkenntnisse auch dazu beitragen, unserer Intuition mehr Vertrauen zu schenken.

Forscher des University College in London haben im Jahr 2006 eine Studie veröffentlicht, wonach die implizite Wahrnehmung in Sekundenbruchteilen arbeitet. Sie scheint förmlich Umwelteindrücke in sich aufzusaugen. So sollten Probanden ein Symbol, das man ihnen zuvor gezeigt hatte, wiederentdecken. Es verbarg sich zusammen mit einer gedrehten Version auf einem von zwei Monitoren, die vor ihnen aufgebaut waren. Auf den Bildschirmen waren allerdings auch noch 650 andere, beinahe identische Symbole abgebildet. Die Testkandidaten mussten nun entscheiden: Befindet sich das ursprünglich gezeigte Symbol auf dem rechten oder dem linken Monitor. Hatten sie nur den Bruchteil einer Sekunde Zeit, lagen sie zu 95 Prozent richtig. Hatten sie mehr als eine Sekunde Zeit, dann nahm ihre Treffsicherheit dramatisch ab.

«Das Ergebnis scheint zunächst dem gesunden Menschenverstand zu widersprechen», sagt der Psychologe Li Zhaoping, der Hauptautor der Studie.[53]. «Aber manchmal ist es viel effektiver, sich einfach auf unsere eingebauten, unbewussten Prozesse zu verlassen als auf die höher angesiedelten bewussten Funktionen.» Auch zu unseren oft unkontrolliert erscheinenden Augenbewegungen liefert dieser Versuch eine Erkenntnis: «Was wie ein zufälliges Umherirren des Auges aussieht, ist häufig eine essenzielle Scanning-Technik, die es uns ermöglicht, einzigartige und ungewöhnliche Details aus der Masse herauszufiltern».

Lernen am laufenden Band

Langsam nähert sich die Wissenschaft der Aufklärung jener wichtigen Frage, woher die Emotionen ihr Wissen beziehen. Manche Forscher glauben sogar an eine Art Buchhalter, über den die Gefühlswelt verfügt. Penibel wie ein Erbsenzähler protokolliert er jeden einzelnen Verlust und Gewinn.

Genau das ist die Vermutung von Heidelberger Intuitionsforschern. In einem verblüffenden Experiment gelang es dem Psychologen Henning Plessner, das enorme Potenzial der unbewussten Lernleistung nachzuweisen. Dazu setzte er seine Testpersonen vor einen Bildschirm, auf dem schrille Werbespots zu sehen waren. Solche von der Sorte: Karibik-Schönheit räkelt sich unter Palmen am Strand, weil sie so gerne einen bestimmten Branntwein trinkt. «Eigentlich wollte ich die Testkandidaten damit nur ablenken», sagt Plessner. Die eigentliche Information, auf die es später ankommen sollte, flimmerte am unteren Bildschirmrand als grünes Band. Darauf zogen wie etwa bei manchen Nachrichtensendern die Gewinne und Verluste von – fiktiven – Aktienwerten entlang. Sie sollten durch die Werbung von der bewussten Aufmerksamkeit möglichst ferngehalten werden.

«Unmöglich, sich all die Kurswerte zu merken», sagt der Psychologe und fügt verschmitzt hinzu: «Außerdem hatte ich den Leuten vorher gesagt, ich würde sie nur über die gezeigte Werbung befragen.» In Wahrheit wollte Plessner dann von ihnen wissen, von welcher der im Info-Band genannten Firmen sie Aktien kaufen würden. «Das Ergebnis hat mich eine gewisse Ehrfurcht vor unserem Denkorgan gelehrt», sagt Plessner. Spontan waren die meisten seiner Probanden, allesamt Erstsemester, die von der Börse kaum eine Ahnung hatten, in der Lage, die richtige Antwort zu geben. Fast als hätten sie in ihrem Kopf eine Kamera mit Speicherchip eingebaut. Plessner widerspricht den Apologeten der höchsten Vernunft: «Die Intuition arbeitet messerscharf, der Verstand ist schwach.»

Weltwissen im Erbgut

Unsere kleine Tochter dabei zu beobachten, wie sie kreisförmige oder quadratische Holzklötzchen in die geometrisch entsprechend geformten Öffnungen einer Box steckt, zählt zu den faszinierenden Momenten des Elternseins. Ihre anfänglich erfolglosen Versuche mit anzusehen lehrt einen zunächst einmal, wie kompliziert diese Aufgabe ist. Es bedarf schon sehr komplexer Rechenoperationen, wollte man die richtige räumliche Lage der Gegenstände mit dem Taschenrechner kalkulieren. Doch innerhalb kurzer Zeit hat sie dann begriffen, wie sie die Klötzchen in die Schlitze stecken muss. Schon in einem sechzehn Monate alten Kind stecken mathematische und physikalische Fertigkeiten, an denen viele Programmierer von Robotern gescheitert sind.

In Worte fassen kann das unsere Tochter noch nicht, aber das gilt auch für die meisten anderen Menschen auf dieser Welt. Ihr Verstand ist nicht in der Lage, komplizierte Bewegungen in einer nachvollziehbaren Weise zu beschreiben. In jeder Minute nutzen wir also intuitiv den erstaunlichen Schatz an Fähigkeiten, den die emsigen Arbeiter im Keller unseres Geistes erworben haben. Diese Mitarbeiter beherrschen mühelos das Multitasking. Sie können aus dem leichten Unterschied in der optischen Information unserer beiden Augen die Entfernung eines entgegenkommenden Fahrzeuges berechnen. Nach wenigen Sekundenbruchteilen wiederholt das Gehirn diese Kalkulation, korreliert den ersten mit dem zweiten Wert und erhält die Geschwindigkeit des nahenden Wagens. Währenddessen spricht der Fahrer am Bordtelefon mit seiner Frau über die Gästeliste für die nächste Geburtstagsparty.

Es ist nur schwer vorstellbar, dass der Mensch all dieses Weltwissen mühsam erlernt hat. Manche Grundlage bekommt er von seinen Eltern und den Zehntausenden Generationen, die vor ihm gelebt haben, als Erfahrungsschatz einfach vererbt. Dass die Sonne am Himmel steht und das Licht folglich stets von oben kommt, ist zum Beispiel fest im Gehirn einprogrammiert. Wer das nicht glaubt, kann sogleich einen kleinen Test machen. Betrachten Sie doch bitte mal diese sechs Kreise. Es handelt sich um die sogenannten Ramachandran-Punkte. Die linken Punkte sind scheinbar nach innen gewölbt, während die rechten hervortreten. Drehen Sie nun das Buch um.

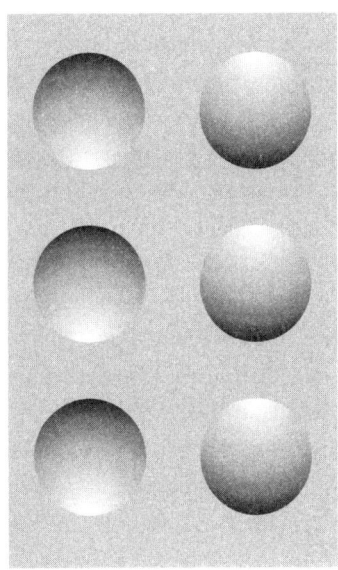

Jetzt scheinen links die Punkte nach außen gewölbt, die rechten nach innen. Ihr Gehirn interpretiert diese Bilder unabhängig von dem, was die Augen tatsächlich wahrnehmen. Es geht einfach davon aus, dass Licht immer von oben kommt, eben so, wie es vor der Erfindung von Kerzen und Glühbirnen auch stets gewesen ist.

Die Gesetze der Physik sind dem Menschen in Fleisch und Blut übergegangen. Daraus resultieren Tricks, die im Verlauf vieler Jahrmillionen der Evolution immer weiter verfeinert wurden. Das glaubt jedenfalls Intuitionsforscher Gerd Gigerenzer. Er führt da gern das Beispiel von dem Piloten an, der in seiner Kanzel sitzt und plötzlich sieht, wie ein anderes Flugzeug auf ihn zukommt. Für die Lenker von Düsenjets, die mit bis zu 1000 Kilometern in der Stunde unterwegs sind, ist dies eine sehr gefährliche Situation. Zwischen dem Entdecken eines anderen Flugzeuges und einem möglichen Zusammenstoß bleiben kaum mehr als wenige Sekunden Zeit. «Der Pilot könnte jetzt aus Geschwindigkeit und Flugbahn der beiden Maschinen exakt berechnen, ob sie auf Kollisionskurs sind», sagt Gigerenzer. «Das Problem ist nur: Ehe er damit fertig wäre, ist er womöglich längst tot.» Deshalb wird der Pilot sich einer anderen, viel effizienteren Strategie bedienen – selbst wenn er sich dessen gar nicht bewusst ist: Er fixiert einen Kratzer in der Scheibe und beobachtet dann, wie sich die Position des entgegenkommenden Flugzeugs zu diesem Fixpunkt entwickelt. Verändert sie sich, kann der Pilot aufatmen, bleibt sie konstant, sollte er schleunigst ausweichen.

Dieses Hilfsmittel hat sich die Evolution nicht erst beim Menschen ausgedacht. «Selbst Hunde verwenden diese Tricks», behauptet Gigerenzer. Wenn sie einen Ball fangen wollen, fixieren sie einfach mit ihren Augen dieses Objekt, rennen los und wählen dabei Geschwindigkeit und Richtung genau so, dass der Ball konstant in ihrem Gesichtsfeld bleibt. «Dann landet der Ball mit absoluter Präzision in ihrer Schnauze», sagt Gigerenzer und räsoniert: «Die intuitive Kraft des Gehirns besteht aus vielem unbewusstem Wissen über die Welt.»

Fortschritt durch Fehler

Charles Elachi ist Chef von 5500 hochqualifizierten Wissenschaft-lern und Technikern, die unter extremem Stress Entscheidungen fällen müssen. Er ist aber auch ein sehr ungewöhnlicher Chef. Denn wenn einer seiner Mitarbeiter im Eifer des Gefechts einen Fehler macht, dann feuert er ihn nicht, sondern freut sich darüber. «Normalerweise sucht man ja, wenn ein Projekt schiefgeht, sofort nach jemandem, den man dafür verantwortlich machen kann. Aber wenn man die Person hängt, die den Fehler gemacht hat, dann verliert man auch eine ganze Menge an Erfahrung», meint der Direktor des Jet Propulsion Laboratory der Nasa, unter dessen Ägide einige sehr erfolgreiche Mars-Missionen stattfanden. Doch 1998 geriet die Landung des Mars Polar Lander zu einem Desaster. Irgendwo in der Marsatmosphäre riss der Funkkontakt ab. Danach Stille, das war's. Zwei von Elachis Top-Managern übernahmen die Schuld für das Versagen und waren bereit zu gehen. Doch Elachi lehnte ab und sagte ihnen: «Wir haben 400 Millionen Dollar in eure Ausbildung gesteckt. Ihr sollt aus euren Fehlern lernen, und ich glaube, ihr werdet sie nicht noch einmal machen.»

Elachi stellt sich damit gegen die Konventionen unserer Zeit. Gemeinhin gilt der Mensch als ziemlich unzuverlässiges Wesen. «Menschliches Versagen», von diesem Schlagwort sind die Zei-tungen voll, genauso von Rücktrittsforderungen. Auch die Wis-senschaft gibt der landläufig negativen Überzeugung statistische Nahrung. Viele Flugzeugunglücke etwa sind auf den Irrtum eines Menschen zurückzuführen. Großkatastrophen wie die Kernschmel-ze im Atomkraftwerk Tschernobyl offenbaren auf fürchterliche Weise, wie anfällig das kognitive System Mensch ist. Der Absturz der Raumfähre Columbia, eines der wohl am besten untersuchten Unglücke der High-Tech-Geschichte, geht gar auf das kollektive Ver-sagen einer Organisation, der Nasa, zurück. Ganze Heerscharen von Psychologen sind damit beschäftigt, die zugrunde liegenden Fehler zu inventarisieren, analysieren und kategorisieren. Wer zu stark auf sich oder seine Technik vertraut, so haben sie herausgefunden, droht zu versagen. Tödlich kann die Kombination aus schlechter Vorbereitung und Stress sein. Auch ungeklärte Autoritätsfragen können eine Mission schnell an den Rand der Katastrophe bringen.

Doch der menschliche Irrtum hat noch eine andere Seite. Er ist zerstörerisch und gleichzeitig auch eine der sprudelndsten Quellen des Fortschritts. «Wenn du keine Fehler machst, brauche ich dich nicht in meiner Organisation!» Der das sagt, ist General Peter Pace, ehemaliger Vorsitzender des Generalstabs der US-Streitkräfte und Oberbefehlshaber von 2,4 Millionen Soldaten.[54] Was der Elitesoldat im militärischen Befehlston ausdrückt, hat der irische Schriftsteller James Joyce etwas aphoristischer formuliert: «Fehler sind das Tor zu neuen Entdeckungen.» Ganz im Sinne des irischen Schriftstellers zieht seit gut zehn Jahren eine Schar von Forschern aus, den neurologischen Mechanismus dieser Schöpferkraft zu erschließen. Sie kamen dabei einem mächtigen neuronalen Netzwerk auf die Spur, das innerhalb von Mikrosekunden Fehler entdeckt, Korrekturen einleitet, das Verhalten verändert – und für die Zukunft daraus lernt. Vieles von diesem Prozess spielt sich derart schnell ab, dass der bewusste Geist dabei gar nicht eingeschaltet oder umgangen wird.

Anfang der 1990er Jahre stieß der Dortmunder Neurologe Michael Falkenstein auf eine ominöse elektromagnetische Welle, genannt Error Related Negativity (ERN), die das Gehirn aussendet und mit der es eine Art Autokorrektur veranlasst.[55] Beinahe hätte am 27. März 1977 eine solche ERN-Welle 583 Menschenleben retten können. Damals stießen auf Teneriffa zwei Jumbojets zusammen. Es war das bisher größte Unglück der zivilen Luftfahrt. Die Chronologie der Katastrophe offenbart auf frappante Weise, wie um ein Haar das Verhängnis noch erkannt worden wäre. Wie so häufig führte damals nicht ein Fehler zur Katastrophe, sondern es war eine Verkettung verschiedener menschlicher und technischer Fehler, an deren bitterem Ende die Kräfte des Bösen obsiegten und ihr zerstörerisches Werk verrichteten. Alle Akteure hatten bis wenige Sekunden vor Eintritt des Unglücks die Gelegenheit, das Verhängnis zu stoppen.

Wegen eines Bombenattentats kanarischer Befreiungskämpfer auf dem Flughafen von Gran Canaria leitete die Flugsicherung damals etliche große Maschinen, darunter zwei Jumbo-Jets von KLM und PanAm, auf den kleinen Regionalflugplatz Los Rodeos im Norden Teneriffas um. Als die beiden Riesenflieger Teneriffa wieder verlassen wollten, nahm das Unglück seinen Lauf. KLM-Flug 4805 rollte über die Startbahn zu deren Anfang, der Startposition. In einiger Entfernung hinter ihm bewegte sich auf derselben Bahn auch die Boeing 747 der PanAm in Richtung Startposition. Beide Piloten konnten einander nicht sehen. Dichter Nebel war aufgezogen. Auch die Fluglotsen im Tower sahen nicht viel mehr als trübes Weiß. Eigentlich sollte PanAm Flug 1736 am dritten Abzweig die Startbahn verlassen, um dem KLM-Jumbo Platz zu machen, war aber irrtümlich daran vorbeigefahren und auf dem Weg zum nächsten Abzweig.

Am Steuer des KLM-Jets saß Chefpilot Jacob Veldhuyzen van Zanten. Er galt bei der niederländischen Airline als Flugzeugführer mit der meisten Erfahrung. 11 700 Flugstunden hatte er bereits absolviert und bildete junge Kapitäne aus. Seriös wirkte «Mr. KLM», so sein Spitzname, auch äußerlich. Jedenfalls hatte er bereits mehreren Werbekampagnen sein Gesicht geliehen. An der Startposition angekommen, drehte van Zanten den siebzig Meter langen Metallvogel um und wartete mit seiner Mannschaft ungeduldig auf die Freigabe für den Start. Da gibt der Tower ihnen die Freigabe für einen Flugsektor, den sie nach dem Start ansteuern sollen. Für einen Flugsektor – nicht aber die Freigabe für den Start. Van Zanten missversteht die Anweisung und sagt zu seiner Crew auf Niederländisch: «Wir starten.»

Der PanAm-Crew ist mulmig, als sie die Ansage des Towers hört. Offensichtlich haben auch sie verstanden, dass die KLM-Boeing starten darf. Sie sind aber noch nicht runter vom Runway. «Wir sind auch noch auf der Startbahn», spricht der PanAm-Copilot ängstlich ins Funkgerät. Doch diese Ansage versteht die KLM-Crew nicht, weil sich der Funkspruch der Amerikaner mit einer Anweisung aus dem Tower überlagert und nur ein lautes Kratzen zu vernehmen ist.

Van Zanten will den Schubhebel umlegen. Die Uhr zeigt 17:06:32. Er ist genervt vom stundenlangen Warten, fürchtet, der Nebel könnte den Start vollkommen unmöglich machen, wenn sie noch länger warten. Außerdem sitzt ihnen die Zeit im Nacken, weil die Berufsverordnung für niederländische Piloten die erlaubte Flugzeit auf strikte acht Stunden begrenzt. Es wird knapp. Vielleicht *wollte* er einfach hören, dass der Tower den Flug freigibt, obwohl der Lotse doch nur eine bestimmte Flugroute durchgegeben hatte.

Da meldet sich der Bordingenieur Willem Schreuder von hinten zu Wort: «Ist er also nicht weg?»

«Was sagst du?», fragt Kapitän van Zanten.

«Ist er noch nicht weg, der Pan American?»

Und der Kapitän «mit Nachdruck», wie die Abschrift des Flugrecorders vermerkt: «Na klar!»

Jetzt ist es 17:06:35. Drei Sekunden hat der Dialog gedauert, der das Inferno noch hätte stoppen können. Doch van Zanten lässt die Triebwerke losheulen.

Um 17:06:40 sieht der Pilot des entgegenkommenden PanAm-Jumbos die Lichter der startenden KLM-Maschine in ungefähr 700 Metern Entfernung aus dem Nebel auftauchen. Direkt auf sich zu. Er schaltet die Triebwerke auf Vollgas, versucht noch von der Startbahn herunterzurollen. Van Zanten reißt die Spitze seines Jumbos hoch. Das Heck schleift über den Beton. Funken sprühen.

17:06:44: Das Flugzeug hebt vom Boden ab. Aber nicht hoch genug.

17:06:47: Schrei des KLM-Kapitäns.

17:06:50: Kollision.

In der Flammenhölle von fast 100 Tonnen Kerosin starben an diesem Frühlingsnachmittag 583 Menschen. 61 retteten sich aus dem

PanAm-Jet. Die anschließende Unfalluntersuchung führte als eine der Ursachen an, dass der Bordingenieur offensichtlich vor der Autorität des Kapitäns eingeknickt ist und seine Zweifel nicht vehementer vortrug. Schon aus Schreuders Tonfall lässt sich heraushören, dass er sich seiner Sache nicht wirklich sicher ist. Es ist wohl mehr eine Ahnung, die ihn überkommt, weswegen er sich auch nur traut, eine Frage zu formulieren: «Ist er noch nicht weg, der Pan American?»

Willem Schreuder lebt nicht mehr. Ein Gedenkstein auf dem Amsterdamer Westgaarde-Friedhof erinnert an ihn und die vielen anderen Opfer. Deshalb lässt sich auch nur spekulieren, was in ihm vorging. Ziemlich sicher aber dürfte in dem Moment, da der Kapitän sich zu starten entschloss, die elektrische Spannung über der Schädeldecke des Bordingenieurs blitzartig um gute zehn Millivolt zurückgegangen sein.

Dies ist jene charakteristische ERN-Welle. Die Spannungsschwankung tritt immer dann auf, wenn das Gehirn einen Irrtum erkannt hat. Schon 150 Millisekunden nach einer falschen Entscheidung kann der mysteriöse Mechanismus sich in Gang setzen. Markus Ullsperger, Neurologe am Max-Planck-Institut für neurologische Forschung in Köln, ist einer der führenden Experten in diesem jungen Forschungszweig. Im Kernspintomographen versucht er, gemeinsam mit gerade mal einem Dutzend anderer Forschergruppen weltweit, die verschiedenen Phasen des Fehler-Frühwarnsystems zu dechiffrieren. Dabei bedienen die Wissenschaftler sich ganz einfacher Tests, die allesamt darauf angelegt sind, möglichst viele Fehler bei den Probanden zu provozieren.[56] Beim Eriksen-Flanker-Test etwa zeigt der Monitor auf der Computerbrille, die die Probanden im heulenden Tomographen tragen, folgendes Bild:

SSHSS
SSSSS
HHSHH

Bei jedem Bild sollen sie möglichst schnell entscheiden. Steht der Buchstabe S in der Mitte: den Knopf in ihrer linken Hand drücken. Steht ein H in der Mitte: den Knopf in der rechten Hand drücken. «Die daneben stehenden Buchstaben verwirren den menschlichen Geist und beschwören so, unter dem extremen Zeitdruck geradezu den falschen Knopf zu drücken», erklärt Ullsperger.

Den Probanden geht es aber so wie vielen Menschen, denen in einem Satz ein falsches Wort herausrutscht: Sie bemerken es und korrigieren ein paar Wörter weiter den Fehler. Die Negativ-Welle an der Schädeldecke misst ein Elektroenzephalograph, jene Haube voller Mess-Sensoren und bunter Kabel, wie sie jeder kennt, der schon mal mit einer Gehirnerschütterung im Krankenhaus lag. Der Kernspintomograph zeigt mit farbig unterlegten Flächen jene Areale im Hirn, in denen verstärkte Aktivitäten stattfinden: Die Anatomie des Fehlers leuchtet vor den Augen der Forscher auf.

Deutlich ist den Forschern dabei geworden, dass sich die negative Spannungswelle an der Schädeldecke bereits im Gefolge anderer physiologischer Veränderungen einstellt, die sich gleich nach Begehen des Fehlers im Gehirn abgespielt haben. Im Mittelhirn setzt schlagartig die Produktion von Dopamin aus. Dieses neurochemische Signal überträgt sich in die Basalganglien und damit in das limbische System. Ein Strang geht auch in den anterioren cingulären Cortex, der unter der Kopfdecke sitzt. Dort reagieren die sogenannten Pyramidenzellen auf den Rückgang des Dopamins mit einer negativen elektrischen Spannung – die vom Elektroenzephalographen registriert wird. Ullsperger: «Diese Kaskade signalisiert den Exekutiv-Stellen in der Großhirnrinde: Halt, hier läuft etwas schief! Bitte noch einmal kontrollieren! Wenn nötig, sofort korrigieren!»

Gesunde Testkandidaten tippen dann tatsächlich auf den anderen Knopf und geben damit die richtige Antwort. Außerdem messen die Forscher im Anschluss an den Fehler, dass die Reaktionszeit bei den folgenden Antworten länger wird. Die Leute lassen sich plötzlich mehr Zeit mit ihrer Entscheidung. «Sie verändern also ganz offensichtlich ihre Strategie», sagt Ullsperger: «Wir können förmlich sehen, wie sie aus ihrem Fehler lernen.»[57]

Doch was bewirkt überhaupt den Abfall in der Dopamin-Produktion, der die ganze Signalkette ins Rollen bringt? Entscheidet sich der Mensch zu einer bestimmten Handlung, dann macht sich das Gehirn sogleich auch eine Vorstellung davon, wie die Folgen dieser Handlung aussehen. Es schätzt die künftigen Ereignisse also gewissermaßen ab und legt eine zu erwartende Belohnung fest. Beim Eriksen-Flanker-Test etwa besteht die Befriedigung darin, ein korrektes Ergebnis erzielt zu haben, das den Tester erfreut. Sobald die Wahrnehmungsareale feststellen, dass erwünschtes und tatsächlich eintreffendes Resultat in einem Widerspruch stehen, muss das Gehirn davon ausgehen, dass auch die Belohnung nicht in dem erwarteten Maße eintreten wird. Das kommt einer Bestrafung gleich. Nichts fürchtet das emotionale System aber mehr als das.

Es ist also davon auszugehen, dass das gesamte Wahrnehmungssystem einen großen Aufwand treibt, die Umwelt nach diesen Widersprüchen abzusuchen, und mittlerweile sind die Hirnforscher auch auf ein Ensemble von einigen tausend Nervenzellen im Großhirn gestoßen, die für genau jene Bewertung hochgradig spezialisiert sind. Im Falle des Bordingenieurs Willem Schreuder ließe sich vermuten: Er sitzt vor seiner Konsole voller Schalter, Drehknöpfe und Leuchtanzeigen. Er spricht nicht selber ins Mikrophon, das macht der Copilot. Er hört den Funkverkehr, aber wohl kaum vollkommen konzentriert. Denn er ist in diesem Moment mit anderen Aufgaben betreut, hat eine lange Checkliste abzuarbeiten. Doch unterbewusst registriert er, dass der Fluglotse im Tower nur von der Freigabe einer bestimmten Flugroute gesprochen hat und nicht von einer Freigabe des Starts. In dem Moment, da der Kapitän die Schubhebel für die Triebwerke umlegt, widerspricht diese Handlung dem, was der Bordingenieur über Funk gehört hat. Welche emotionale Reaktion das in ihm auslöst, lässt sich leicht erahnen: schiere Todesangst.

Komplexe Fehlerprozesse wie jenen im Cockpit von KLM-Flug

4805 können die Wissenschaftler mit ihren Methoden nicht erforschen. Wollen sie aufschlussreiche Resultate erzielen, müssen sie genau das Gegenteil tun: die Aufgabe für ihre Testpersonen möglichst radikal reduzieren. Was sie dennoch erkennen können, ist, dass die Fehlerüberwachung im Gehirn über lange Zeiträume betrieben wird. «Es findet ein ständiger Abgleich zwischen Wunsch und Wirklichkeit statt», sagt Neurologe Ullsperger. Dabei ist dieser Vergleich in den meisten Fällen gar nicht so einfach. Denn in vielen Fällen ist die Antwort nicht eindeutig ja oder nein. Das Überwachungssystem muss häufig mutmaßen, ob das Risiko, dass die eigenen Ziele nicht erreicht werden, groß ist. So groß, dass eine Korrektur notwendig ist. Oder noch annehmbar, eine Anpassung ist dann nicht notwendig. Vergleichbar ist eine solche Situation mit dem Drehen eines Glücksrades, bei dem sich das Rad immer weiter von dem Feld wegdreht, auf dem der eigene Gewinn liegt. Die Wahrscheinlichkeit, einen Verlust einzufahren, steigt in diesem Moment dramatisch, und genau diese Entwicklung vermag das Fehlerüberwachungssystem offensichtlich relativ gut zu berechnen. «Es ist schon erstaunlich, aber diese schwierigen Kalkulationen bewältigt das Gehirn online, also permanent, während es gleichzeitig noch mit vielen anderen Dingen beschäftigt ist», sagt der Psychologe Richard Ridderinkhof von der Universität von Amsterdam.[58]

Stellen Sie sich vor, Sie haben in einen Aktienfonds investiert, der Ihnen über Monate gute Gewinne beschert. Dann aber erleben die Märkte eine Kurskorrektur. Die reichlichen Belohnungshormone, mit denen Ihr neuronales System Sie beim Gedanken an Ihr Aktienpaket verwöhnt, sind plötzlich wie weggeblasen. Nun beginnt es, Sie zu bestrafen. Aber wie lange wird der Schwächeanfall der Börse anhalten? Die Fehlermelde-Mechanik läuft auf Hochtouren. Die Hirnforscher streiten sich noch, bis zu welchem Punkt das System unbewusst funktioniert und wann sich der bewusste Verstand einschaltet. Psychologe Ridderinkhof aus Amsterdam stieß ganz zufällig auf ein wichtiges Indiz zur Klärung dieser Frage. Er hatte ein Experiment aufgebaut, bei dem die Versuchspersonen nicht auf den linken oder rechten Knopf drücken mussten. Vielmehr zeigte er ihnen auf einem Monitor ein helles Licht. Mal in der einen, mal in der anderen Ecke des Bildes. Er instruierte sie, beim Aufleuchten in die jeweils andere Ecke des Bildschirms zu schauen. Mit einer Spezialtechnik maß er dabei die tatsächliche Bewegung der Pupillen und damit auch, ob die Probanden einen Fehler machten und in die Richtung des Lichts schauten oder nicht. Die Hälfte der Leute, die einen Fehler gemacht hatten, war am Ende des Experimentes völlig überrascht, als Ridderinkhof ihnen das Ergebnis mitteilte. «Sie haben steif und fest behauptet, sie hätten gar keinen Fehler gemacht», sagt er. Für ihn war das ein Zeichen, dass der Geist den Irrtum völlig automatisch korrigiert hat, ohne dass der Verstand dabei irgendetwas mitbekommen hätte. «Ich stell mir das vor, wie wenn man beim Autofahren langsam von der Spur abkommt», sagt der Niederländer. «Ohne groß darüber nachzudenken, korrigiert der Autopilot im Kopf die Laufrichtung des Wagens.» Noch können die Hirnforscher keine letztgültigen Aussagen treffen, wie bewusst oder unbewusst das Überwachungssystem bei höheren geistigen Leistungen arbeitet. Sicher ist jedoch, dass der Fehler zunächst von den nur schwer ergründlichen Tiefen des Unbewussten entdeckt wird. Sehr wahrscheinlich wird er nicht bis ins letzte Detail analysiert, bevor er aufsteigt in die lichten Höhen des klaren Verstandes. In jedem Falle aber muss bereits viel Wissen in die anfängliche Aufdeckung des Irrtums geflossen sein. Der Fehler erscheint dem Unterbewusstsein dabei eher als negatives Gefühl: ‹Was da gerade passiert, ist nicht gut für mich.› Für die Übertragung des Signals sind die basalen Informationskanäle des limbischen Systems zuständig. Es läuft auf in der vorderen unteren Insel, die auch am Erkennen somatischer Reaktionen wie der Herzrate beteiligt ist.[59] Die Parallelen zu dem System der somatischen Marker hält Ridderinkhof für offensichtlich. Ob sich der Mensch des Fehlers bereits bewusst ist, wenn die ERN-Welle über seine Schädeldecke rauscht, ist umstritten. «Derzeit deutet alles darauf hin, dass sie noch im Verborgenen abläuft», sagt der Amsterdamer Wissenschaftler. Direkt im Anschluss an die ERN-Welle beobachten die Fehlerforscher allerdings noch eine andere Reaktion des Fehlerkorrektur-Systems. An der Schädeldecke schnellt die Spannung ins Positive: die Error-Related Positivity (ERP). Dies scheint ein Zeichen zu sein, dass der Fehlerimpuls endlich im Bewusstsein angekommen ist. «Verflixt, ich habe einen Fehler gemacht!» Forscher vermuten darin genau jenen Weckruf, der den Verstand richtig auf Trab bringt.

Die Entdeckung des Fehlerkorrektur-Systems ist in vieler Hinsicht aufregend. Erstmals wird neurophysiologisch deutlich, warum es für gute Entscheidungen wichtig ist, sich die Ziele seiner Handlung im Voraus genau vorzustellen. «So kann der Geist viel schneller feststellen, dass möglicherweise etwas aus dem Ruder läuft», sagt Ullsperger. Andernfalls bleibt der Widerspruch zwischen Erwartung und Realität unentdeckt – und die ERN-Welle fällt aus. Auch das Wesen der Intuition tritt deutlicher zutage. Einerseits könnte das Fehlerkontroll-System jene innere Stimme erklären, die einen vor einem Fehler bewahrt oder auf einen Irrtum hinweist. Und zum anderen lernt das Gehirn durch diesen Mechanismus auch, in Zukunft Fehler besser zu erkennen. Der Irrtum ist eine große Wissensquelle für die Intuition. Die heftige Reaktion des Gehirns auf einen Fehler erklärt auch, warum es so ungleich heilsamer ist, einen Fehler selber zu begehen, als nur von ihm berichtet zu bekommen.

Das Leiden der Zwar-Aber-Menschen

Zur Bandbreite menschlicher Charaktere zählen jene Typen, die vor wichtigen Entscheidungen am liebsten weglaufen würden. Andere hingegen scheinen zum Entscheiden geboren zu sein. Sie sind die Alphatiere, die unerschrocken vorangehen und sich nicht davor scheuen, Verantwortung zu übernehmen und für viele andere mitzubestimmen. «Entscheidungen», so betitelte Altkanzler Gerhard Schröder seine Memoiren und unterstrich damit seinen historischen Anspruch, die Nation mit Willensstärke durch einschneidende Reformen geführt zu haben. Trotzig verteidigt er dabei auch seinen wohl kontroversesten Entschluss, vorzeitige Neuwahlen zu erzwingen. «Die Entscheidung vom Mai 2005 war staatspolitisch ohne Alternative und notwendig für das Überleben der SPD.»[60] Basta. Es folgen Begründungen, die so rational erscheinen, dass man sie einem leidenschaftlichen Machtmenschen wie Schröder nicht abnimmt. Wie oft ist ihm wohl schon seit jenen hitzigen Tagen die Fehlerwelle unter der schwarzen Frisur hindurchgerauscht?

Die neuen Erkenntnisse der Hirnforscher bieten für das Phänomen des Vielentscheiders eine faszinierende, neurophysiologische Erklärung. Die Zauderer verfügen möglicherweise über ein sehr sorgfältig arbeitendes Kontrollsystem. Sie sehen Fehler schon im Voraus und zögern so, sich vorschnell auf eine Entscheidung festzulegen. Ganz im Gegensatz zu den Vielentscheidern. Mit einer nur lahmen Fehlerwelle in der Schädeldecke lässt sich schließlich viel entschlossener auftreten. Impulsive Menschen haben möglicherweise einfach keine Angst vor den möglichen negativen Folgen einer Handlung. «Wir beobachten bei unseren Versuchskandidaten in der Tat deutliche Schwankungen in der Stärke des Fehlersignals», sagt Neurologe Ullsperger. Peter Ustinov hat das einmal etwas anders formuliert: «Mut ist oft Mangel an Einsicht, während Feigheit nicht selten auf guten Informationen beruht.»

An den beiden Enden dieses Normalbereiches menschlichen Entscheidungsverhaltens gibt es krankhafte Extreme.[61] Aufschlussreich waren etwa Versuche mit Menschen, die an einer Zwangsstörung leiden. Jene psychisch Kranken, die sich ständig waschen oder andauernd kontrollieren müssen, ob sie die Tür abgeschlossen haben, zeigen einen extremen Ausschlag in ihrer ERN-Welle. «Bei ihnen ist das Überwachungssystem so übermächtig, dass sie sich mit kaum etwas anderem beschäftigen können als damit, sich selber zu kontrollieren», sagt Ullsperger.

Jenseits des anderen Endes der Norm spielen sich aber auch Dramen ab. Der Rotterdamer Neuropsychologe Ingmar Franken etwa hat in Experimenten zeigen können, dass Kokainabhängige ein deutlich reduziertes Fehlerwarnsystem haben. Er ließ Schwerstsüchtige, die seit einem Monat clean waren, den Eriksen-Flanker-Test machen und war nach eigenem Bekunden überrascht, wie schlecht sie dabei im Vergleich zu einer Kontrollgruppe abschnitten. «Nicht nur, dass sie sich häufig falsch entschieden und es gar nicht bemerkten, sondern sie änderten auch nicht ihre Strategie, nachdem sie von ihren Fehlern erfahren hatten», berichtet Franken, der als Suchtforscher an der Erasmus-Universität arbeitet: «Sie entschieden sich unvermindert schnell – und auch unvermindert falsch.» Nun glaubt er, erklären zu können, warum Kokser so blind gegenüber den negativen Folgen ihrer Sucht sind. «Sie sehen den Fehler einfach nicht», sagt der Professor. Und noch ein Verdacht drängt sich ihm auf: Kokain gilt als Leistungsdroge, wird konsumiert von Leistungsträgern – gerne auch im Büro auf dem Klo, wenn kein Kollege im Raum ist, der das verräterische Schniefen hören könnte. «Es ist durchaus vorstellbar, dass eine Attraktivität von Kokain sein könnte, die Entscheidungskraft zu steigern.» Auch Hochstapler gehören zu dieser extremen Gruppe. Sie sind in ihren rauschhaften Gauklermomenten in der Lage, mit einer solchen Überzeugungskraft zu lügen, dass sie anderen Menschen mit dieser Chuzpe den Verstand vernebeln. Würde sich bei ihnen der leiseste Hauch einer Fehlerwelle breitmachen, dann würden sie wohl kaum so verführerisch auftreten können.

Noch eine andere Theorie lässt sich aus diesem neuen Forschungszweig ableiten. Sie betrifft die Ursache von Sucht. Es ist nämlich gut möglich, dass Menschen mit einem schlecht funktionierenden Fehlerwarnsystem anfällig sind für Drogen, weil sie deren negative Folgen schlicht nicht wahrnehmen.[62] Ihnen fehlt die Fehlerwelle im Hirn, die dazu führen könnte, ihr Handeln kritisch zu überprüfen. Versuche mit Alkoholikern, die Richard Ridderinkhof an der Universität Amsterdam gemacht hat, zeigen in eine ganz ähnliche Richtung. «Hat der Alkohol das Hirn vernebelt, verkümmert auch die Fehlerwelle im Gehirn», sagt der Hirnforscher:

«Das Resultat kann man dann jeden Montag bei den Unfallmeldungen in der Zeitung nachlesen.»

Ursache dürfte bei allen diesen beobachteten Phänomenen ein Eingriff in das sensible Dopamin-System sein. Parkinson- und Alzheimerkranke haben eine verringerte ERN-Welle, weil diese Leiden mit einem Rückgang in der Dopaminproduktion im Zusammenhang stehen. Und auch bei gesunden älteren Menschen hat man ein reduziertes Fehlerkontrollsystem ausgemacht.[63]

Glaubt man dem amerikanischen Buchautor Benjamin Kunkel, dann herrscht in unserer Gesellschaft eine panische Angst vor Entscheidungen. So eine Art Decidophobie. In Kunkels Roman «Unentschlossen» leidet Dwight, der Protagonist, unter jenem Übel dieser Zeit.[64] Der Endzwanziger wirft deshalb vor den wichtigen Weichenstellungen seines Lebens eine Münze. Und dann nochmal und nochmal, bis er seiner Sache noch unsicherer ist als vorher. Einmal aber reißt er sich zusammen – und schluckt eine neuartige Pille namens Abulinix gegen die Unentschlossenheit. Er hat die blau-weiß glänzenden Kapseln von seinem Mitbewohner bekommen, einem Medizinstudenten, der das Mittel für einen Pharmakonzern testet und zu ihm sagt: «Was du da in den Händen hältst, ist einer der Grale moderner Pharmakologie. Es hat sich herausgestellt, dass wahnsinnig viele scheinbar völlig normale Menschen an chronischer Entscheidungsunfähigkeit leiden. Klar kann man einwenden, dass sie gerade wegen ihrer Unentschlossenheit so normal wirken. Sie sind fügsam, formbar wie Wachs. Aber die Leute berichten durch die Bank, dass chronische Unentschlossenheit kein Zuckerschlecken ist.»

«Nein.»

«Unheimlich viele Klagen. Tendenz steigend. Zumindest bei denjenigen, die sich bei einem Arzt beklagen können. Ganz zu schweigen von den schweren Fällen, die in eine Anstalt müssen. Oder sollten. Und offiziell sind das auch die Probanden. Leute mit ernsthaften pathologischen Befunden, die sich an der Supermarktkasse buchstäblich nicht zwischen Papier- oder Plastiktüten entscheiden können.»

Pharmakologisch ist das bislang noch eine Fiktion. Doch die Hirnforschung gibt Kunkel mit seiner Beschreibung des Zeitgeistes in vielen Studien recht: Je mehr Auswahl der Mensch hat, desto langsamer und schlechter entscheidet er. Getestet wurde das unter anderem an Marmeladesorten im Supermarkt. «Es gibt Hinweise darauf, dass die Menschen unentschlossener werden, vielleicht als Teil der kulturellen Evolution im Informationszeitalter», räsoniert Christopher Anderson von der University at Albany.[65] Der Psychologe beruft sich dabei auf eine Umfrage des großen japanischen Werbekonzerns Dentsu. Hinter dem Phänomen könnte sich die zunehmende Wahlmöglichkeit in der modernen Gesellschaft verbergen. Die Freiheit verkommt zur Wahlfreiheit – der Freiheit zu wählen, was man kaufen will.

So überrascht es nicht, dass der Entscheidungsforscher Barry Schwartz in einer Studie auf ein bemerkenswertes soziales Gefälle gestoßen ist: Amerikaner aus mittlerer bis gehobener Schicht begreifen Freiheit als Chance und empfinden sie als positiv. Amerikaner aus unteren Einkommensschichten fühlen sich durch die große Wahlfreiheit verunsichert, sehen sie als eine Bürde und eine Gefahr für die Integrität ihrer Persönlichkeit. College-Studenten sollten Attribute von Freiheit auswählen. Jene, deren Eltern einen höheren Bildungsabschluss hatten, wählten Begriffe wie «Freiheit, Handeln und Kontrolle». Jene, deren Eltern niedrige Schulabschlüsse besaßen, wählten vermehrt Begriffe wie «Furcht, Zweifel und Schwierigkeit».[66]

Unter Marketing-Experten ist das Phänomen in einem anderen Gewand bekannt. Berufstätige aus der Mittelschicht beobachten mit Argwohn, wenn ein Kollege sich das gleiche Auto anschafft. Sie empfinden es als Angriff auf ihre individuell getroffene Entscheidung. Berufstätige aus unteren Schichten der Gesellschaft empfinden es dagegen als eine Bestätigung ihrer eigenen Wahl, wenn sich jemand anderes den gleichen Wagen aussucht. Ärmere Menschen, so sieht es Schwartz, hätten weniger Geld, sich Produkte zu kaufen. Sie hätten überdies weniger Routine im Entscheiden, weil sie in ihrem Beruf weniger entscheiden müssten, oder aber, weil sie mangels Geld auch seltener Kaufentscheidungen fällen müssen. Sie leben in einer materiellen Unsicherheit, und jede größere Entscheidung ist für sie sogleich auch eine existenzielle, die sie fürchten.

Die Psychologie des Nichthandelns, des Verschiebens und Vermeidens ist lange Zeit von der Wissenschaft ignoriert worden. Psychologe Anderson hält die Kosten, die durch milde bis schwere Verlaufsformen von Unschlüssigkeit entstünden, für schwer bis überhaupt nicht kalkulierbar. «Aber jeder kann wohl ein Beispiel erzählen von den hohen Verlusten, die ihm entstanden sind, weil er versagt hat zu handeln Die Unentschlossenheit kann sogar tödlich enden, etwa nach einem Infarkt. Jeder zweite Patient wartet vier Stunden nach den Symptomen eines Infarktes, bis er sich in ärztliche Behandlung begibt, jeder zehnte wartet sogar länger als zwölf Stunden. Von den 170 000 Infarkt-Toten stirbt ein Drittel, weil es nicht rechtzeitig ins Krankenhaus gekommen ist.»[67]

Lange wurde die Unentschlossenheit allein in ihrer krankhaften Form als Forschungsgegenstand betrachtet. Patienten mit starken Depressionen und Zwangsstörungen sind selten in der Lage, Entscheidungen zu treffen. Deshalb gibt es für sie eine eigene Skala der Unentschlossenheit, die Psychiater als Diagnosemittel für diese Seelenleiden verwenden.[68] Ihnen fehlt entweder die Energie, sich überhaupt zu einem Entschluss aufzuraffen, oder es wird, wie im Falle von Zwangsstörungen, die Erwartung, die eigene Entscheidung zu bereuen, so übermächtig, dass diese Patienten handlungsunfähig sind.

Anderson entwickelt ein rational-emotionales Modell und sieht dabei vier Ursachen für nicht-krankhafte Formen von Unentschlossenheit. Demnach tendiert der Mensch grundsätzlich dazu, den Status quo beizubehalten. Folglich bevorzugt er Entscheidungen, die den Status quo erhalten. Ein wichtiger Faktor für dieses Verhalten ist die Angst davor, eine Entscheidung zu bereuen. Menschen können sich die negativen Folgen ihrer schon erprobten Verhaltensstrategie viel besser vorstellen als jene, die ihnen drohen, wenn sie ein alternatives Verhalten ausprobieren.[69] So erwarten sie auch, dass sie weniger bereuen müssen, wenn sie alles beim Alten belassen, als wenn sie etwas Neues ausprobieren.

Was sich dahinter verbirgt, lässt sich leicht nachvollziehen, denkt man etwa an die Entscheidung, den Job zu wechseln. Schwer einzuschätzen sind dabei die negativen Folgen, die so ein Wechsel haben könnte. Nervende Kollegen, viele Überstunden, Urlaubssperre, vielleicht ist das andere Unternehmen unsolide. Was man derzeit hat, kann man dagegen besser überblicken. Die weitere Entwicklung im jetzigen Job ist wesentlich gewisser im Vergleich zu dem riskanten Unterfangen, woanders neu anzufangen. Das Bereuen wird dort stärker sein. Zudem ist da noch die Furcht vor den negativen Gefühlen, die so eine Entscheidung für einen neuen Job mit sich bringt – deshalb vermeiden viele Menschen schon im Vorfeld, sich überhaupt in eine solche Situation zu bringen.[70]

Zum Wesen des Menschen gehört auch, die Auswahl zu verschieben. Das geschieht teils aus dem Motiv, noch weitere Alternativen zu suchen oder zusätzliche Argumente, die das eine oder andere Verhalten als vorteilhafter erscheinen lassen. Dahinter kann sich aber auch verbergen, die Verantwortung für die Entscheidung nicht auf sich nehmen zu wollen. Menschen vertagen den Entschluss umso häufiger, je stärker der Konflikt zwischen den Alternativen zunimmt. Das kann beispielsweise der Verkäufer bewirken, der sechs Fernseher im Laden stehen hat und dann noch zu allem Übel erwähnt, in Kürze komme da noch ein neues Modell mit viel besserer Bildqualität auf den Markt. Forscher konnten verschiedentlich zeigen, zu welchem Verhalten der Kunde bei solchen Gelegenheiten neigt: Er hätte eines der Geräte ausgewählt. So aber verlässt er das Geschäft mit den Worten: «Da muss ich nochmal drüber nachdenken.»[71] In einem solchen Falle fürchten die Menschen, die erwähnte Alternative könnte die bessere sein und sie würden mit den vorhandenen Optionen die schlechtere auswählen – im konkreten Beispiel einen veralteten Fernseher.

Das vierte Phänomen von Trägheit ist ein besonders tückisches: Handlungsunfähigkeit wegen vorausgegangener Handlungsunfähigkeit. Weil man das preisgünstige Angebot eines Fernsehers nicht wahrgenommen hat, kann man sich auch bei einer nächsten vorteilhaften Gelegenheit nicht zum Kauf durchringen. Das Bereuen, beim ersten Mal versagt zu haben, ist dann so groß, dass man jegliche Motivation verliert. Plötzlich findet man sich in einem Teufelskreis wieder – ein potenzieller Fall für die Phantasiepille Abulinix. Jetzt rächt es sich, dass der Mensch jede Entscheidung im Lichte aller vorherigen Entscheidungen fällt. Für die Selbstwahrnehmung ist eine solche vergebene Handlungsmöglichkeit eine schlecht verdauliche Sache. Man denkt darüber nach, warum man versagt hat. Um den Ärger in Grenzen zu halten, beginnt die Person dann, die vergebene Chance gar nicht mehr als solche zu sehen, sondern sie schlechtzureden.

Im Falle eines Fernsehers könnte so eine Bewältigungsstrategie folgendermaßen aussehen: «Ich brauche doch eigentlich sowieso keinen neuen Fernseher. Der alte tut es doch auch noch!» Dabei kann das alte Ding wirklich schon ziemlich arg mitgenommen sein. Der eigenen psychischen Hygiene halber will man das aber nicht mehr wahrnehmen. Weil man das Ziel seiner eigenen Handlung, einen Fernseher zu kaufen, generell in Zweifel gezogen hat, wird man auch bei der nächsten Gelegenheit nicht zugreifen. Dann müsste man ja zugeben, dass es schon ein echter Fehlgriff war, die erste Chance vergeben zu haben.[72] Jene Kränkung ist vor allem bei solchen Menschen groß, von denen verlangt wird, dass sie sich häufig und gut entscheiden. Deshalb sind solche Personen auch sehr anfällig für das Phänomen der Handlungsunfähigkeits-Trägheit.

Anderson rät deshalb dazu, sich in Situationen großer Unentschlossenheit darüber klarzuwerden, dass man Angst davor hat, einen Entschluss zu bereuen. Häufig wägen die Menschen unbewusst auch die Reue gegen den Tadel ab, den man sich dadurch einfängt, dass man nichts getan hat. Dieser psychologische Druck ist wiederum insbesondere bei Vielentscheidern groß. Im Lichte der Somatic-Marker-Hypothese Damasios ergibt sich daraus die nüchterne Erkenntnis: Das emotionale Signal von zu erwartender Reue kann eine Entscheidung verhindern. Es steht im Widerstreit mit anderen emotionalen Signalen. Ein Mensch, der viele schlechte Erfahrungen mit seinen Entscheidungen gemacht hat, wird ein stärkeres emotionales Signal haben, das ihn vor Reue warnt – und folglich wird er sich auch in Zukunft schlechter entscheiden können.

III. Die Intuition im Einsatz

«Die Metapher Platons, wonach der Geist ein Wagenlenker sei, der von den zwei Pferden Erkenntnis und Emotionen gezogen wird, trifft es schon ganz gut – nur dass die Erkenntnis ein kleines Pony ist und die Gefühle ein großer Elefant sind.»

GEORGE LOEWENSTEIN, AMERIKANISCHER PSYCHOLOGE[73]

Entscheidung zwischen Mond und Erde

Die Menschheit trennte noch tausend Meter von einem der größten Ereignisse ihrer Geschichte. Da sprang eine gelbe Kontrollleuchte an. «Programm-Alarm», sprach Neil Armstrong in das Mikrophon seines Raumanzuges. 250 000 Kilometer entfernt, im Kontrollzentrum der Nasa in Houston, löste diese Mitteilung hektische Reaktionen aus. «Es ist ein 1202. Wir brauchen Informationen über den Programm-Alarm 1202», sagte Armstrong, Kommandant der Mondlandefähre «Eagle».

Seine Stimme klang gepresst. Nicht panisch, aber genervt bis gestresst. Eigentlich stimmten die Flugdaten: Höhe, Geschwindigkeit und der Winkel, mit denen sie in Richtung der Mondoberfläche absanken. «Ich war geneigt, in dieser Situation zu glauben, alles sei in Ordnung. Aber ich war auch dazu verpflichtet, mich zu vergewissern, dass ich nichts übersehen hatte», erinnert sich Armstrong in seinen Memoiren.[74] Kurz nach der ersten Warnung heulte schon der nächste Alarm, und kurz darauf kam die dritte 1202er-Meldung. Dann, sieben Sekunden nach dem ersten Fehlersignal ein neuer: Alarm 1201. Das winzige Cockpit der «Eagle» war von einem vielstimmigen Schrillen erfüllt.

Sollte Armstrong nicht besser den Sinkflug abbrechen, die Triebwerke zünden und zurückkehren zur Columbia, dem Mutterschiff der ehrgeizigen Mondlande-Aktion? Die «Eagle» sank nun sieben Meter in der Sekunde auf den staubigen Erdtrabanten zu, und «bei uns an Bord und in Houston schoss den Leuten das Herz bis zur Kehle», erinnert sich Buzz Aldrin. Zwölf schleichend lange Sekunden dauerte es, bis aus Houston eine Antwort kam, was es mit diesen ominösen Warnungen auf sich hatte. Zwölf Sekunden, in denen auf Armstrong die Verantwortung lastete, sich zu entscheiden zwischen dem Mond und der Erde, zwischen einem historischen Exempel amerikanischer Überlegenheit und der Schmach, dass es trotz aller vollmundigen Ankündigungen nicht gereicht hatte. Außerdem standen natürlich auch sein Leben und das seines Copiloten auf dem Spiel. Doch Armstrong verließ sich auf seine Instinkte. Er hatte jahrelange Erfahrungen als Kampfpilot, war gefährliche Einsätze über Nordkorea geflogen. Außerdem hatte er endlose Runden in einem von Raketen angetriebenen Nachbau der «Eagle» auf dem Übungsgelände der Ellington Air Force Base in Texas geflogen, wobei er sogar einmal fast umgekommen wäre. «Wenn alles gut läuft, alles so läuft, wie du es erwartest ...», erzählte Armstrong später und vervollständigte den Satz gar nicht mehr, weil für ihn völlig außer Frage stand, was er eigentlich sagen wollte: «dann gibst du nicht auf». Stattdessen sagte er voller Trotz: «Ich lass mich doch nicht einfach einschüchtern von einer gelben Kontrolllampe.»

Nach zwölf Sekunden dann der erlösende Funkspruch aus Houston: «Wir gehen weiter!» Computeralarm 1201 und 1202 stellten keine ernsthafte Gefahr dar. Was sie besagten, war schlicht: Das Ding war mit Daten überladen. Ende der 1960er Jahre reichten dafür schon die Daten aus, die der Radar an Bord der «Eagle» in das System einspeiste. Schließlich besaß der Prozessor nur ein Bruchstück jener Rechenkraft, die heutzutage ein gewöhnlicher Supermarkt-Computer aufbringt. Zum Glück war der fossile Computer aber so programmiert, dass er die Radardaten, die für seine Steuerung nicht unbedingt nötig waren, einfach ausblendete. Dass er das auch wirklich tat, hatten Simulationen Tage vor dem Start der Apollo-Mission gezeigt. Indes: Armstrong hatte man nichts von diesen Vorkommnissen erzählt.

Der hatte in diesem Moment mit einem viel größeren Problem zu kämpfen. Weil er sich mit den gelben Kontrolllampen zu lange beschäftigen musste, konnte er eine Weile nicht aus den kleinen Fenstern nach draußen schauen, wo die unwirtliche graue Mondlandschaft immer näher kam. Was er schließlich sah, gefiel ihm ganz und gar nicht. «Ziemlich steiniges Terrain», sagte er in die Bordsprechanlage. Schlagartig begann er zu realisieren, dass der Bordcomputer sie geradewegs in einen abschüssigen Krater hineinsteuerte. Würde er die Triebwerke nicht noch einmal zünden und die «Eagle» über den Krater hinwegschießen lassen, käme das Gefährt an einem steilen Hang herunter, voller Steine. «So groß wie ein Volkswagen», wie Armstrong bemerkt.

Sie waren jetzt nur noch wenige Minuten von der Landung entfernt, und auch diese Entscheidung war eine von der Sorte: alles oder nichts. Denn ihnen ging der Sprit aus. Sollte er also den Autopiloten ausschalten und selber eine sicherere Landestelle ansteuern? Diese Frage stellte sich für Armstrong gar nicht. Blitzschnell schaltete er den Automaten ab. Doch während er nach einer geeigneten Landegelegenheit jenseits des Kraters ausspähte, zerrannen ihm die Spritreserven. Die Sensoren in den Triebwerktanks konnten bereits keinen Treibstoff mehr messen, so weit war der Vorrat zusammengeschrumpft. «Es ging ihnen so wie einem Autofahrer, dessen Tanknadel auf null steht, während der Motor noch läuft», schreibt Biograph James Hansen. In jedem Moment könnte es aus sein, das Rauschen der Raketen verstummen, der Adler abstürzen. Armstrong aber steuerte die Eagle mit stoischer Ruhe durch die Steinlandschaft. Wie einen Helikopter lenkte er das Gefährt auf eine ebene Stelle zu, auf jenen magischen Ort, der «das Meer der Ruhe» heißt. Dort, wo er seinen legendären Satz aufsagen sollte: «Dies ist ein kleiner Schritt für einen Menschen, aber ein großer für die Menschheit.» Armstrong hörte gar nicht mehr, wie die Ansagen aus Houston über die dahinschmelzende Flugzeit auf ihn einprasselten.

In seinen Erinnerungen wechselt der Ton. Hatte er zuvor stets in der technokratischen, nüchternen Sprache eines Piloten über seine Großtat räsoniert, mischen sich plötzlich ganz andere Worte dazwischen. «Ich fühlte», so formuliert Armstrong die Situation kurz vor der Mondoberfläche, «dass alles in Ordnung war.» Warum aber war er sich in diesem Moment so sicher? Armstrong erklärt seine Ruhe mit der Routine, die er bei den Übungen auf der Erde gewonnen hatte. Sie waren noch in der Luft, als das Kontrollzentrum durchgab: noch fünfzehn Sekunden Spritreserve. «Es schien mir, als wäre die ganze Sache zu bewältigen.» Armstrong schaltete die Triebwerke ab. Sanft setzte die Eagle auf dem grauen Sand auf. So sanft, dass Armstrong sich später dafür selber kritisierte. Hätte er das Gefährt härter aufdonnern lassen, wären seine Stahlbeine tiefer im Mondstaub versunken. «Dann hätten wir nicht so einen tiefen Satz aus unserer Kapsel machen müssen.»

Kaum jemand kann sich noch an die dramatischen Augenblicke kurz vor der Landung der Mondfähre erinnern. Zu sehr überlagern der großartige Triumph, die überwältigenden Bilder von den hopsenden Raumfahrern die Erinnerungen an den 20. Juli 1969. Seine Memoiren verraten uns allerdings viel über das Wesen erfolgreicher Entscheidungen. Armstrong traf sie so spontan und situativ, dass selbst er nicht auf die Idee gekommen wäre, sie als reine Verstandesleistungen zu bezeichnen. Seine Erinnerungen geben Aufschluss über deren Natur. An einer Stelle spricht er davon, dass sich die «Eagle» genauso verhalten habe, wie er das erwartet hatte. Armstrong besaß aufgrund seiner Erfahrung als Kampfpilot und Astronaut eine Vorstellung davon, wie sich das Gefährt verhalten musste, wenn alles in Ordnung war. Auf jede Abweichung von dem erwarteten Verlauf hätte ihn sein innerer Überwachungsapparat hingewiesen. Er konnte sich auf diesen Mechanismus wegen seiner großen Erfahrung und seines Wissens verlassen, obschon die Mondlandung im Vorhinein kaum simuliert werden konnte. So verwundert es auch gar nicht, wenn Armstrong am Ende dieser dramatischen Episode von Gefühlen spricht, die ihn in seinen Entscheidungen geleitet haben.

Intuition besteht vor allem darin, Muster im Strom der Wahrnehmungen auszumachen, die auf uns einwirken und uns zu Entscheidungen zwingen. Diese Muster sind nicht auf telepathischen oder anderen spirituellen Wegen in unseren Geist gelangt, sondern durch das Erlernen. Die meisten dieser Muster sind gar nicht bewusst erlernt. Es ist Wissen, von dem wir nicht wissen, dass wir es überhaupt erworben haben. Dieses Wissen liegt nicht wie in einer Bibliothek vor, in der nach Stichworten gesucht wird. Erkennt das innere Radar ein bekanntes Muster, dann setzt es Gefühle frei, die den Geist in seinen weiteren Handlungen leiten. Nicht zwangsläufig müssen Wissen und Gefühle dabei in das Bewusstsein treten. Sie würden den Arbeitsspeicher des Großhirns im Zweifel nur überquellen lassen wie den Bordcomputer der «Eagle», den Menschen irritieren und ablenken. In dem Augenblick größter Entscheidungskraft, dann, wenn der Geist wie in einem Brennglas alle Konzentration auf die eine Herausforderung fokussiert, die es zu meistern gilt – in dieser Situation ist es häufig nicht viel mehr als eine Ahnung, die an die Oberfläche des wachen Verstandes tritt. Es ist ein Gefühl der Sicherheit, das uns erst die Entschlossenheit gibt, uns für eine bestimmte Sache zu entscheiden.

Die Muster, die es für den Geist zu erkennen gilt, variieren je nach Art der Entscheidung. Das Arbeitsleben in unserer technisch hochentwickelten, hochspezialisierten Zivilisation fordert Höchstleistungen vom Entscheidungsapparat. Besonders in stark geforderten Berufsgruppen wie Rettungssanitätern, Feuerwehrleuten, Börsenhändlern, Managern, Profisportlern, Fluglotsen oder eben Raumfahrern wie Neil Armstrong. Alle diese Leute sind darauf angewiesen, eine Fülle von Informationen zu verarbeiten, sodass sie jene Muster darin wiedererkennen, aus denen sie ihr künftiges Handeln ableiten.

Verbreitungsgebiete der Intuition

Wie verbreitet ist die Intuition eigentlich im wirklichen Leben? Antwort: Verbreiteter, als man das so aus dem Bauch heraus sagen würde. Vor allem dort, wo man es gar nicht vermuten würde. Aus verschiedenen Berufsgruppen liegen dazu Untersuchungen vor. Der Amerikaner Gary Klein hat mit seinem Forscherteam seit den 1980er Jahren intensiv alle jene Menschen untersucht, die unter hohem zeitlichem Druck und großem Risiko für Leib und Leben arbeiten. Er begann mit Feuerwehrleuten und Rettungsmedizinern. Später folgten etliche Aufträge für das US-Verteidigungsministerium, bei dem er Militärs aus nächster Nähe studieren konnte. In den schwersten Entscheidungen ihres riskanten Berufes, so sein Ergebnis, verwenden 80 Prozent dieser Menschen ihre Intuition. Aber auch bei Entscheidungen, die unter weniger starkem Druck getroffen werden, ergeben sich hohe Präferenzen für die gefühlsmäßige Wahl. In einer Umfrage aus dem Jahre 1989 gaben 96 Prozent aller Offiziere an, ein intuitives Modell bei Planungsentscheidungen zu verwenden. Wir erinnern uns: Erst in seiner Richtlinie FM-5-0 aus dem Jahre 2005 erwähnt das US-Militär erstmals die Möglichkeit intuitiven Vorgehens. Dabei gestehen Marinekommandanten, dass nur fünf Prozent ihrer Entscheidungen auf einen analytischen Vergleich verschiedener Optionen zurückgehen.

Zivile Berufe spiegeln diese Resultate wider: Kathy Mosier, Psychologin an der Universität von Kalifornien in San Francisco beobachtete Piloten in schwierigen Situationen im Flugsimulator. «Praktisch keine Zeit wurde damit vergeudet, verschiedene Möglichkeiten zu vergleichen.»[75] Bei den Managern von Ölplattformen liegt der Anteil der Intuition bei 90 Prozent. Die restlichen kritischen Entscheidungen, ganz zu schweigen von den vielen Routinetätigkeiten, erledigen sie dadurch, dass sie die aktuelle Situation mit einer vergleichbaren Erfahrung aus ihrem Berufsleben verbinden und sich entsprechend verhalten. Ähnlich gehen auch Manager vor. Jagdish Parikh, Absolvent der Harvard Business School befragte Wirtschaftskapitäne nach ihren Entscheidungsstrategien. Sie gaben an, ihre Entscheidungen zur Hälfte analytisch, zur Hälfte aus dem Bauch heraus zu fällen. Satte 80 Prozent ihrer erfolgreichen Beschlüsse führten sie indes auf ihre Intuition zurück.[76]

Wenn wir uns nun das Wirken der Intuition außerhalb des Labors anschauen, wird insbesondere eine Frage immer wieder ganz im Mittelpunkt stehen: Kann ich meinem Bauch trauen? Zunächst wird es um die Rolle gehen, die die Intuition für die zwischenmenschlichen Beziehungen spielt. Sozialpsychologen haben hier in der letzten Zeit erstaunliche Entdeckungen gemacht, welche hochspezialisierten Einheiten des Gehirns über die Menschen in der unmittelbaren Umgebung wachen. Ebenen des Geistes, an die der Verstand nur schwer herankommt, sind pausenlos damit beschäftigt, den emotionalen Zustand der Mitmenschen abzulesen.

SOZIALE INTUITION

«Das Herz hat Gründe, von denen die Vernunft nichts weiß.»

BLAISE PASCAL[77]

Leben retten mit einem Lächeln

Schon seit Jahrtausenden muss der menschliche Organismus, will er sich behaupten, jene emotionalen Muster entschlüsseln, die von einer feindlichen Umgebung, also von den Menschen, mit denen er täglich umgeht, auf ihn einprasseln. Geht es um das soziale Umfeld, dann sind die Hauptquellen der Intuition naturgemäß die Gesten, die Mimik und das Verhalten des Gegenübers. Diese enthalten wichtige Informationen, die das Unterbewusstsein aufbereiten muss, will der Mensch sein Verhalten an die Gemeinschaft anpassen.

Für diese lebenswichtige Aufgabe hat sich die Natur ein ziemlich ausgeklügeltes Instrumentarium einfallen lassen. Der Psychologe Daniel Goleman berichtet von einem Vorfall aus dem letzten Irakkrieg. Der Oberstleutnant Christopher Hughes näherte sich mit einer Gruppe Soldaten einer Moschee – in friedlicher Absicht. Er wollte mit dem Imam über die Verteilung von Hilfsgütern sprechen. Doch die irakischen Einwohner dachten, die US-Truppen würden die Moschee stürmen. Hunderte Männer umzingelten die Soldaten, sie gestikulierten und kamen Hughes' Leuten immer näher. In ähnlichen Situationen sind schon viele seiner Kameraden gefallen. Doch Oberstleutnant Hughes griff statt zu seiner Waffe zum Megaphon und befahl seinen Männern, sich niederzuknien, die Mündungen ihrer Gewehre auf den Boden zu senken – und zu lächeln. Danach zog sich seine Einheit langsamen Schrittes zurück, und manche Iraker klopften den Soldaten dabei sogar freundschaftlich auf die Schultern. Zwischen einem Blutbad und einer Geste der Verständigung lagen nur Sekundenbruchteile. Intuitiv hatte Hughes die Situation erkannt und mit einem emotionalen Signal das Missverständnis aufgeklärt.

Goleman wirbt mit diesem Beispiel, das er in seinem gleichnamigen Buch beschreibt, eindringlich für die soziale Intelligenz. Diese Gabe, so Goleman, stecke im Menschen. Er übersehe sie aber leider allzu häufig, oder er ignoriere sie sogar. Eines der wichtigsten Talente ist das der primären Empathie. Sie wird in den unbewussten Schichten des Geistes generiert, sie agiert «auf dem unteren Pfad», wie Goleman das emotionale Überwachungssystem des Menschen nennt. «Das Spektrum des sozialen Bewusstseins umfasst ein unmittelbares Gespür für die Befindlichkeit anderer Menschen, ein Verständnis ihrer Gefühle und Gedanken und ein intuitives Erfassen sozial schwieriger Situationen.»[78] Der Mensch ist nicht dazu in der Lage, in sich selber vorsätzlich Gefühle zu produzieren. Sie überkommen ihn, er kann sie höchstens durch seinen Verstand in bestimmte Bahnen zu lenken versuchen. Weiter dringt der Wille nicht zu ihnen vor. So bleibt nur übrig zu lernen, die Gefühle bei anderen Menschen zu erkennen. Damit wächst zugleich auch das Verständnis für das eigene Verhalten, das wir uns zunächst in vielen Fällen nicht erklären können.

Der zweite Blick auf den ersten Eindruck

Mit dem ersten Eindruck kennt sich David Becker sehr gut aus. Schließlich verkauft er ihn an seine Kunden. Für T-Mobile entwarf sein Unternehmen die Verpackung eines Organizer-Handys. Da platzierten seine Kreativleute ein Foto von einer dieser jungen schrillen Großstadtgören drauf, die einen förmlich mit dem Gerät in der Hand anspringt. Für eine Edelolivenölfirma wählten sie eine matt schimmernde Flasche, die sich in der Handfläche samten anfühlt. Und die Verpackung der Bio-Linie für einen Supermarkt-Giganten geriet so erdig, als würde noch ein bisschen Krume dran kleben. Bei Becker wissen die Auftraggeber, dass sich schon beim ersten Betrachten, und erst recht beim Auspacken der Ware ein gutes Gefühl einstellen muss. So fährt das kalifornische Unternehmen mit Sitz in San Francisco einen Erfolg nach dem anderen ein.

Um der galoppierenden Entwicklung seines Unternehmens Rechnung zu tragen, suchte Becker vor einigen Jahren nach einem Finanzmanager. Aus dem Start-up war einfach mehr geworden als ein bunter Haufen phantasievoller Gestalter. Die Agentur stand am Scheideweg. «Wir wollten auf eine neue Ebene des Wachstums», sagt Becker. Nach langem Suchen hatten sie auch einen Kandidaten ausgemacht. Zumindest auf dem Papier erschien er als der perfekte Prokurist. «Er schien in jede Kategorie zu passen», erinnert sich Becker, der so sehr hinter ihm her war «wie ein Kind hinter einem Fahrrad zu Weihnachten». Doch nach der ersten Begegnung, die oberflächlich besehen genau nach Erwartung verlief, begann es in dem Geschäftsmann zu nagen. «Ich kann es nur als eine Art Warnsignal beschreiben», sagt Becker. Im Gegensatz zu manchem Kollegen hält er viel von Intuition. So viel, dass er dieses Unwohlsein ernst genommen hat. «Teil der Warnung war, dass ich zu begeistert für den Kandidaten war. Mir schien es, als habe ich meine Emotionen nicht unter Kontrolle.»

Becker begann im Internet nach Hinweisen zu suchen, die sein Unwohlsein rechtfertigen könnten. Doch er fand nichts Verdächtiges über den Bewerber. Das Nagen im Hinterkopf wurde nicht weniger, und so schaltete er für mehrere tausend Dollar jemanden ein, der diskret und professionell nach solchen Informationen sucht. Nach einigen Tagen erhielt Becker den Grund für seine innere Unruhe schriftlich: Sein Traumkandidat war in anderen Bundesstaaten mehrfach wegen verschiedener Straftaten verurteilt worden, eine davon betraf das Vermögen seines ehemaligen Arbeitgebers. «Hätte ich ihn eingestellt, wäre das ein Desaster geworden.» Warum sich allerdings sein Unterbewusstsein so heftig gegen den Bewerber gesträubt hat, das hat es vor seinem Verstand weiterhin verborgen gehalten. Irgendeine Ungereimtheit muss es gewesen sein, die jene negativen Wellen in ihm ausgelöst hat, und es muss eine starke Kraft gewesen sein. Immerhin behauptete sie sich gegen seine gute Meinung, die er sich nach dem Studium der Bewerbungsunterlagen zurechtgelegt hatte.[79]

David Becker steht mit seinem Eindruck nicht alleine da: Die geheime Macht des ersten Eindrucks mutet mysteriös an, unergründbar. Wer kein sonderlich spiritueller Mensch ist wie er, der kann an diesem diffusen, flüchtigen Signal zweifeln. Mittlerweile haben sich allerdings auch Hirnforscher der Vermessung des ersten Eindrucks angenommen, und ihre Indizien sprechen gegen jegliche Form von Zauberkraft. Alexander Todorov ist einer dieser Forscher. Der Neuropsychologe von der Princeton University hält sie für einen der Hauptmechanismen der Intuition, spricht aber lieber von «implicit impressions», also Eindrücken, die der Mensch nicht wissentlich, nicht bewusst gewinnt – und die er auch nicht anderen Menschen mitteilen kann. Aus dem Nichts kommt dieses Wissen allerdings nicht. Vielmehr stammt es aus Beobachtungen, die der Mensch ständig über das Verhalten anderer Menschen macht. Sie werden gespeichert als Bruchstücke von Episoden, und sobald eines dieser vertrauten Verhaltensmuster wiederauftaucht, erinnert sich der Mensch unbewusst an dieses Ereignis. Es beginnt in seinem Unterbewusstsein zu schwingen, und so «leiten sie unsere bewussten Gedanken, unsere Emotionen und unser Verhalten, ohne dass sie aus dem Schatten hervortreten und selber bewusst werden müssen», sagt Todorov.[80]

Metaphorisch wird von Intuition auch als von der «Macht des Momentes» gesprochen. Dies scheint vor allem auf den ersten Eindruck zuzutreffen. Schon nach 100 Millisekunden konnten die Probanden in einem Test von Todorov beurteilen, ob sie eine Person für vertrauenswürdig, attraktiv, kompetent, aggressiv oder liebenswert halten. Sie sahen dabei nur kurz aufflackernde Bilder von Schauspielern, allesamt neutral in graue T-Shirts gekleidet, ohne

Bart, Brille oder andere äußerliche Charakteristika. Bekamen die Probanden die Bilder länger gezeigt, fiel das Urteil gleich aus. «Sie waren sich nur sicherer in ihrem Urteil», sagt Todorov. Ein Ergebnis hat ihn besonders überrascht. Demnach entschieden die Testkandidaten schneller darüber, ob eine der abgebildeten Personen vertrauenswürdig ist, als darüber, ob sie attraktiv ist. Dabei gilt Schönheit gemeinhin als das am leichtesten von einem Gesicht abzulesende Merkmal.

Im Nachhinein erklärt sich Todorov die Rangfolge des Urteilsvermögens mit der Evolution. Potenziell gefährliche Gesichter möglichst schnell auszumachen war ein echter Überlebensvorteil und ist es auch heute noch in jeglicher sozialer Umgebung: Sei es nachts im Parkhaus oder bei einem Bewerbungsgespräch. Ganz offensichtlich ist das Erkennen von Vertrauenswürdigkeit ein besonders automatisierter Prozess im Gehirn.

Einen weiteren Hinweis erhielt Todorov aus Untersuchungen, die er im Kernspintomographen gemacht hat. Der Versuchsaufbau war ähnlich wie bei der vorhin erwähnten Studie – nur dass der Tomograph das Gehirn bei der intuitiven Entscheidung der Versuchsperson durchleuchtet hat. Je weniger vertrauenswürdig einer der auf den Bildern gezeigten Menschen den Probanden erschien, desto stärker war die Reaktion in einer uns bereits bestens vertrauten Hirnformation: der Amygdala. Auch Antonio Damasio war schon auf diesen Zusammenhang gestoßen: Er hatte Patienten untersucht, deren Amygdala beschädigt ist. Sie konnten Vertrauenswürdigkeit nur ganz schlecht aus Gesichtern herauslesen. Die Amygdala könnte einen somatischen Marker aussenden, der bewirkt, dass das gerade wahrgenommene Gesicht ganz sorgfältig auf Hinweise bezüglich seiner Vertrauenswürdigkeit analysiert werden soll. Man könnte auch sagen, die Amygdala gibt Order an das innere Überwachungssystem, misstrauisch zu sein.

War es das, was David Becker so stutzig machte, als er seinen kriminellen Jobkandidaten zum ersten Mal betrachtet hat? Eine Antwort für genau diese Situation wird es nicht geben. Schließlich lag Becker nicht in einem Kernspintomographen, sondern saß in seinem Konferenzraum mit den schicken Holzpfeilern und den schalldichten Glaswänden.

Es ist immer wieder erstaunlich, mit welcher Effizienz der Intuitionsradar arbeitet. Selbst die Gesichter von Personen, die sich der Mensch gerade nicht bewusst anschaut, sondern die nur am Rande seines Blickfelds auftauchen, werden von der Amygdala kritisch überprüft. So erscheint es auch kaum mehr verwunderlich, warum man seinen Intimfeind auf der Party schon bemerkt, wenn der noch an der Garderobe steht.

Das hässliche Gesicht der Intuition

Bei den Versuchen, wie sie Todorov in der Tomographenröhre macht, hat er eine erstaunliche Einmütigkeit entdeckt, mit der seine Probanden, allesamt Erstsemesterstudenten, die gezeigten Gesichter einstuften. «Es gibt Gesichter, die sehen liebenswert aus. Andere machen Angst oder wecken Misstrauen», sagt der schlanke, dunkelhaarige Professor mit den großen Ohren und der gleichermaßen prägnanten Nase. Der menschliche Geist hat sich um des Überlebensvorteils willen auf Stereotypen festgelegt, nach denen sein Radar Ausschau hält. Eines dieser typischen Muster hat Todorov aufgedeckt. Es ist das des Babygesichts.

Charakteristisch sind eine runde Gesichtsform, große Augen, kleine Nase und ein schmales Kinn. Menschen mit einer solchen Physiognomie gelten in den Augen ihres Gegenübers als weniger vertrauenswürdig und kompetent als jene mit einem markanten Kinn und kantigem Gesicht vom Typ Arnold Schwarzenegger. Todorov konnte mit den Fotos verschiedener Kandidaten für die Wahlen zum US-Senat nachweisen, dass nur eine Sekunde ausreicht, bis seine Probanden ein Urteil über die Kompetenz der Politiker gefällt hatten. Nicht nur die Versuchspersonen, sondern auch ganz offensichtlich die Wähler hatten das Babygesichtsmuster für ihren Entschluss herangezogen. In 71,6 Prozent aller Fälle entschieden sich die Versuchspersonen für jenen Senatsbewerber, der auch tatsächlich in das US-Parlament gewählt worden war.[81]

Ist der erste Eindruck also nicht mehr als ein Klischee, dem der menschliche Geist aufsitzt? Ein gefährliches obendrein? Denn was ist mit all den rassistischen, diskriminierenden Mustern, die im menschlichen Unterbewusstsein herumgeistern? Es könnte schließlich sein, dass sich hinter einem intuitiven Impuls nichts anderes als ein Vorurteil verbirgt.

Wer wissen will, welche Dämonen in seinem eigenen Unterbewusstsein lauern, der kann einen einfachen Versuch machen. Ersonnen haben ihn Forscher der Harvard University. Mittlerweile bietet ihn aber auch das Institut für Psychologie der Humboldt-Universität in Berlin in Kooperation mit den amerikanischen Eliteforschern an. Der Implizite Assoziationstest (IAT) steht im Internet, jeder kann ihn dort machen. Denn genau das ist auch das Ziel der Erfinder. Sie wollen an möglichst viele Daten von Personen aus verschiedenen Kulturen, Bildungsschichten und Religionen kommen, um deren geheime Einstellungen gegenüber Frauen, Homosexualität, anderen Ethnien oder alten Menschen zu erfahren.[82] Ziel des Gesinnungs-TÜVs ist, «Zugang zu den automatischen Prozessen im Gehirn zu bekommen, die nur eingeschränkt kontrolliert werden können», sagt Konrad Schnabel, der die Versuche in Deutschland leitet. Die Idee des Tests: Je schneller die Testperson negative Worte wie Qual und Tod mit einem Bild von einem dicken Menschen assoziiert, desto eher entspricht es auch ihrer Einstellung zu Dicken. Ganz praktisch sieht das so aus: Auf dem Monitor erscheint ein Bild und ein Begriff. Stimme ich zu, drücke ich die Taste E, stimme ich nicht zu, drücke ich die Taste I auf der Tastatur. Der Server in Harvard misst die Reaktionszeit und spuckt am Ende des ganzen Testlaufes eine Auswertung aus.

Schon auf der Homepage wird davor gewarnt, dass die Ergebnisse einen möglicherweise schockieren könnten. Was die Harvard-Forscher aufdeckten, ist in der Tat ernüchternd. Drei von vier weißen Amerikanern, die sich nicht für Rassisten hielten, hatten versteckte Vorurteile gegen Schwarze. Selbst einer von fünf Schwarzen hatte gegen seine eigene ethnische Gruppe Ressentiments. Ähnliches gilt auch für Deutsche und ihre Haltung zu Türken. Vorurteile in Millisekunden zu messen, dieses Prinzip hat etliche Kritiker auf den Plan gerufen. Sie halten das Schwarz-Weiß-Schema, nach dem die Einstellungen der Menschen abgefragt werden, für falsch. Schlimmer noch: So würden Klischees sogar verstärkt oder gar neu in den Menschen angelegt. Indes, Konrad Schnabel und der eigentliche Erfinder, Psychologieprofessor Anthony Greenwald, erhoffen sich einen Lerneffekt: Wer den Test durchgeklickt hat, weiß besser über seine Stereotypen Bescheid und kann sein Verhalten in der Zukunft besser einschätzen. Sie berufen sich außerdem auf den Erfolg ihres Verfahrens. Mittlerweile setzen es auch Marktforschungsunternehmen ein, die wissen wollen, welche Berufsgruppen welche Markenprodukte bevorzugen.

Der innere Berater

Ist der Mensch also nicht mehr als eine Marionette seines verborgenen Selbst? Nach all diesen Befunden drängt sich der Verdacht auf, dass die Vorfahren doch recht gehabt haben: Beurteile ein Buch nicht nach dem Einband! So lautet ihr weiser Spruch. Benutze deinen Verstand und mach dich nicht zum Sklaven deiner Gefühle. Doch so negativ sind die Erkenntnisse nicht, die Hirnforscher zusammentragen. Wer die magische Grenze von 100 Millisekunden verlässt, der wird feststellen, dass der Mensch seine Umgebung recht zuverlässig einschätzen kann. Dabei geht es auch um die Frage, wie schnell er durch sein Verhalten verrät, welche Persönlichkeit er ist. Zählt er zu den extrovertierten oder den in sich gekehrten Zeitgenossen? Ist er gewissenhaft oder lax, ist er offen und psychisch stabil oder neigt er dazu, neurotisch zu sein?

Der Mensch scheint kein guter Lügner zu sein, wenn es um seine

Selbstdarstellung geht. «Ich glaube, dass der Mensch nach dreißig Sekunden durch sein Verhalten verraten hat, welche Persönlichkeit er besitzt», sagt der Psychologe Frank Bernieri von der Oregon State University. Halten wir einmal kurz inne und rufen uns vor Augen, welche Bedeutung dieser Satz hat. Nach einer halben Minute soll der Mensch also ein komplettes Psychogramm seines Charakters offenbart haben. Er könnte nervös mit den Augenbrauen gezuckt oder rechthaberisch das Kinn nach vorne geschoben haben. Vielleicht hat er mit einer einladenden Geste seiner Hände signalisiert, dass er offen für die Meinung des anderen ist. Oder aber er hat seinen Oberkörper ein paar Grad vom Gegenüber weggedreht und will damit sagen: Verschone mich mit deinen Kommentaren. «Das heißt nicht, dass wir automatisch auch dazu in der Lage sind, diese Informationen akkurat zu empfangen», relativiert Bernieri. Und dennoch bedeutet seine Aussage nichts weniger, als dass die Sensoren in unserem Unterbewusstsein eine riesige Menge an Signalen analysieren und wichtige Einsichten in den Charakter des anderen gewinnen können.

Mit dieser Gabe scheint der Mensch offensichtlich gut gesegnet zu sein. Dies legen Versuche nahe, wie sie die amerikanische Psychologin Nalini Ambady nun schon seit über einem Jahrzehnt unternimmt. Die Professorin von der amerikanischen Tufts University zeigte Versuchspersonen Videos. Darauf sind Universitätsdozenten zu sehen, wie sie Studenten unterrichten. Die Sequenzen dauerten nur jeweils zehn Sekunden; danach wollte sie von den Probanden wissen, wie kompetent, selbstbewusst, aktiv und nachsichtig sie den Lehrer fanden. Die Schnelleinschätzungen verglich sie später mit den Noten, die die Studenten den Dozenten am Ende des Semesters – also nach zig Stunden Lehrunterricht – gaben. «Wir waren schockiert, wie hoch die Übereinstimmung war», sagt Ambady. Der Wert, der bei dem Abgleich zwischen Spontanurteil und der Note am Semesterende herausgekommen war, lag bei 0,76. Jedes Ergebnis über 0,6 gilt in der Sozialpsychologie bereits als «sehr stark». Ambady glaubt, dass die Versuchspersonen ein großes Talent haben, die kurze Filmsequenz in Bezug auf den Informationsgehalt «in dünne Scheiben zu schneiden». Damit meint sie das Talent, auf die Schlüsselszenen zu achten, charakteristische Mimiken zu entziffern.

Kritiker warfen Ambady vor, der Vergleich zwischen den Spontanurteilen und den Noten, die die Studenten später ihren Lehrern gaben, könnten so wunderschön übereinstimmen, weil alle Probanden auf dieselben Klischees hereingefallen seien. Deshalb machte sich Ambady die Mühe und konstruierte einen Versuch, bei dem am Ende tatsächlich die Qualität der Dozenten, nicht nur die Urteile über sie, geprüft wurde. Die Lehrer bekamen eine Lehraufgabe gestellt, und anschließend maß Ambady, wie viel bei den Studenten hängengeblieben war. Auch hier bestätigten sich ihre Ergebnisse: Die Versuchspersonen erkannten anhand von zehn Sekunden langen Filmsequenzen zielgenau jenen Lehrer, der den Lernstoff am besten an seine Studenten weitergegeben hatte. Die Videosequenzen liefen übrigens ohne Ton. Die Versuchskandidaten verfügten also nur über Gesten und Mimik des Lehrers, um ihr Urteil zu fällen.

Tore zur Seele

Wenn Paul Ekman seine Gäste ins Wohnzimmer führt, dann scheint seine Aufmerksamkeit nur dem spektakulären Blick über die Bucht von San Francisco zu gelten. Wir stehen vor der riesigen Glasscheibe und schauen hinab auf das bunte Puzzle von Häuserdächern, den Kränen unten am Hafen von Oakland und dem blauen Wasser der Bucht. In der klaren Herbstsonne strahlt San Francisco am anderen Ende der Lagune. Mit sonorer Stimme erzählt Ekman von den vier großen Brücken, die von seinem Anwesen aus zu sehen sind. Er nimmt sich Zeit, sie alle aufzuzählen. Allen voran die berühmte Golden Gate Bridge, von der ein Bildband auch auf dem Couchtisch liegt.

Das Geplauder scheint harmlos. Viel zu harmlos für einen Mann, dem der Ruf vorauseilt, Gefühle im Gesicht der Menschen lesen zu können. Wegen dieser Eigenschaft war ich ja eigens zu ihm gekommen, und wohl deshalb bemerkte ich, wie seine wachen braunen Augen mich observierten. Ekman setzt nach. Angeregt erzählt er von dem großen Waldbrand, der auf dem steilen Hang oberhalb von Oakland vor einigen Jahren gewütet hat. Dreihundert Menschen seien dabei gestorben. «Die Flammen haben ihnen den Fluchtweg über die einzige Straße versperrt», erzählt er. Damals habe er noch in San Francisco gewohnt, erst nach dem Brand das Grundstück gekauft. «Das Bauland hier war natürlich sehr, sehr günstig», sagt Ekman. Kein Wunder, es hat noch nach verkohlten Bäumen gestunken, als die Bagger anrückten.

Warum ist er auf einmal so zynisch?, denke ich, eben war er doch noch ein netter, gebildeter, etwas älterer Herr. Aber dann wird mir klar, dass seine Worte kalkuliert sind. Ich sehe, wie seine buschigen Augenbrauen sich zusammenziehen. Der Professor fixiert mich. «Sie studieren mich doch gerade psychologisch», sage ich ihm, und zunächst wiegelt er ab. «Alle meine Gäste denken das», brummt der 72-Jährige. «Die glauben: Klar, der Typ erforscht doch das Lügen. Nimm dich bloß in Acht!» Dann gibt er doch zu, etwas im Schilde zu führen, während wir nett miteinander plaudern. «Ich erfasse den entspannten Gesichtsausdruck. Quasi das Normalgesicht, das nicht durch Gefühlsausdrücke verzerrt ist.»

Ekman hat mein Gesicht also gerade kalibriert. Kennt er erst das «Normalgesicht» eines Menschen, dann kann der Professor aus der Mimik seines Gesprächspartners lesen wie aus einem offenen Buch. Wegen dieser Fähigkeit besuchten ihn schon vor einiger Zeit Herren aus dem mächtigen Sicherheitsapparat Washingtons. Sie waren gekommen, weil Ekman behauptet, die Feinde Amerikas erkennen zu können: Terroristen, in deren Gesichtern eine Lüge geschrieben steht, wenn sie durch die Sicherheitskontrollen der Flughäfen wollen. Den Beamten hat er damals gesagt, dass er vier Jahrzehnte über Täuschung geforscht habe. Wie jemand aussehe, der lügt, darüber wisse die Wissenschaft eine Menge: «Genug, um nach Terroristen Ausschau halten zu können.»

Der Besuch blieb nicht ohne Folgen. Seit vergangenem Jahr stehen uniformierte Lügen-Detektoren an vierzehn US-Flughäfen. Die Beamten spähen nach verräterischen Hinweisen im Strom der vorbeiziehenden Gesichter. «Spot», so heißt die Technik Ekmans, nach der sie ausgebildet sind, und das steht für «Screening Passengers by Observational Techniques». Das Spot-Programm ist nicht Ekmans erste Kooperation mit staatlichen Behörden. Etliche Dutzend Polizeieinheiten hat er bereits trainiert. Wir laufen durch den Flur seines Hauses, vorbei an den diversen Wappen der Ordnungshüter, die ihm ihren Dank bezeugen. Ekman ist ein Vertreter von Law and Order. «Ich will, dass Unrechtstäter bestraft werden», sagt er.

An den Wänden hängen aber auch alte Fotos, teils in Farbe, teils in Schwarzweiß. Sie sind Zeugnisse davon, wie er seine Forschung begann. Nicht im warmen Kalifornien, sondern in den kühlen, feuchten Bergwäldern Papua-Neuguineas. Als junger Wissenschaftler wollte er testen, ob die Mimik der beiden weitgehend isoliert lebenden Urvölker der Kukuku und der südlichen Fore denselben Gesetzmäßigkeiten unterliegt wie die der Menschen in den westlichen Kulturen. Ständig in Gefahr, von den aggressiven Kukuku aufgespießt zu werden, gelang Ekman der Nachweis, dass die menschliche Mimik tatsächlich universell ist.[83] In mühsamer Puzzlearbeit setzte er eine Art Atlas der Gefühlsausdrücke zusammen: 43 Aktionseinheiten entdeckte er im Gesicht, die jeweils aus der Bewegung eines oder mehrerer Muskeln bestehen. Diese Module sind frei kombinierbar – 10 000 potenzielle Ausdrücke gibt es, 3000 davon ergeben einen emotionalen Sinn.

Viele von ihnen kann Ekman auf Kommando vorführen, und ihm scheint das Spaß zu machen. An meinem Gesichtsausdruck kann er das Staunen erkennen über die Fratzen, die er mir zwischen Küche und Arbeitszimmer zuwirft. «Ich habe sie damals vor dem Spiegel geübt», sagt Ekman. «Und wenn es mal nicht klappte, dann half ich den Muskeln mit einer Elektrode nach.»

«Ein sicher schmerzhaftes Verfahren», sage ich. Doch er ist zu stolz, um das zuzugeben. Er meint nur: «Heute würde ich das nicht mehr machen.»

Der Lohn des Einsatzes: das «Facial Action Coding System» (FACS), das bis heute gültige Nachschlagewerk für sämtliche Facetten der Mimik.[84] Angehende Psychologen büffeln den Stoff des Buchs mit den vielen Porträtfotos, Trickfilmfirmen nutzen es, um die Gesichtsausdrücke von animierten Charakteren realistischer wirken zu lassen, Schauspieler verfeinern mit seiner Hilfe ihr darstellerisches Geschick, und Kriminalisten wollen bei Ekman lernen, Verdächtige beim Verhör zu durchschauen. 35 000 Euro kostet ein fünftägiges Seminar. Dort lehrt er seine Schüler zum Beispiel, dass die Aktionseinheiten sechs und zwölf Glück signalisieren: Der Muskel Orbicularis oculi bewegt dazu die Wangenknochen, während zugleich der Zygomaticus major die Mundwinkel hebt. Die Aktionseinheiten eins, zwei und vier wiederum setzen sich zum Ausdruck der Angst zusammen: FACS gleicht einem 500 Seiten dicken Grammatikbuch der Gefühle. «Das Gesicht ist das Fenster des Geistes», sagt Ekman – und die Mechanik der Gefühle lasse sich ebenso studieren wie der Bewegungsablauf beim Golfspiel.

«Das Gesicht ist ehrlich und verrät ständig den Gemütszustand», sagt Ekman und macht jetzt das Gesicht eines Jungen, den der Nachbar beim Kirschenklauen erwischt hat. «Der Mensch kann das einfach nicht bewusst unterdrücken.» Ich beobachte ihn bei seinem Schauspiel und wundere mich, was für manipulative Kräfte seine Mienen haben. Die nächste Frage fällt mir nicht ein, und ich bin froh, dass Ekman weiter doziert: Der geübte Beobachter könne das nutzen. «Der bemerkt einen Widerspruch zwischen dem, was sein Gegenüber sagt und welchen Gesichtsausdruck er dazu macht.» Das sei doch eine wahrhaft wertvolle Information. «Überlegen Sie mal, Sie sitzen mit dem am Verhandlungstisch», sagt Ekman: «Und Sie können in seinem Gesicht lesen, der Kerl ist nicht vertrauenswürdig.»

Wir sind in seinem Arbeitszimmer angekommen. Einerseits

erkenne ich das wohlvertraute Chaos eines Gelehrtenzimmers wieder. Andererseits hat es auch das Beklemmende eines Überwachungsraumes, wie ihn heutzutage schon jedes Kaufhaus hat. Obwohl Ekman längst emeritiert ist, setzt er seine Forschung von hier aus fort. Dazu hat er Schreibtische in U-Form aufgebaut und auf jeden einen Monitor gestellt. Auf ihnen spielt er Filmsequenzen in extremer Zeitlupe ab, von denen er mittlerweile ein gewaltiges Archiv zusammengetragen hat: von Prominenten ebenso wie von einfachen Leuten. Alle sind sie irgendwann in Nachrichtensendungen oder bei Prozessübertragungen über den Fernseher geflimmert. Die Bilder geben Auskunft über die Brüche in der Fassade dieser Menschen, die glauben, sie könnten ihren wahren Seelenzustand verbergen.

Den größten Verrat begeht das Gesicht oft mit nur einem winzigen Zucken. Das reicht. Die sogenannten Mikroausdrücke können dem Eingeweihten die wahre seelische Verfassung des Gegenübers zeigen. Ekman hat sie wie kein anderer studiert. Osama Bin Laden ist bei seiner Bilderauswahl, über Jahre hinweg hat er ihn in höchstem Auftrag studiert. Seine Diagnose: Anfangs wirkten der Hass und die Entschlossenheit in Bin Ladens Videobotschaften teilweise geschauspielert, inzwischen aber erkennt Ekman echte und offene Wut. Dann zeigt er die Aufnahme einer jungen Frau, die vor Gericht eine Zeugenaussage zu Protokoll gibt. Sie präsentiert sich freundlich und kooperationsbereit dem Richter gegenüber, doch innerlich verabscheut sie es, aussagen zu müssen. «Schauen Sie!», ruft Ekman. «Jetzt hat sie es gemacht.» Er spult das Band zurück. In extremer Zeitlupe wird sichtbar, wie sich die Nasenflügel der Frau kräuseln, die Innenseiten der Augenbrauen ziehen sich nach oben. «Das ist Ausdruck von Ekel und Ablehnung.»

Warum die Frau ihr Innerstes nicht verbergen kann, liegt an der besonderen Verdrahtung im Gehirn eines jeden Menschen. Während die Worte der Frau von bewussten Arealen gesteuert werden, gehorcht die Gesichtsmotorik einem unbewussten Areal und zeigt den Bruchteil einer Sekunde lang ihre wahren Gefühle.[85]

Die Folgen dieser Aufgabenteilung hat wohl jeder schon einmal an sich selbst erlebt. Da will man einen guten Witz erzählen und fängt mittendrin an zu lachen. Der Kontrollverlust der Mimik zerstört ganz unweigerlich die Pointe.

Ekman hatte mit seiner Mimik noch ein eigenes, skurriles Heureka-Erlebnis. Als er vor dem Spiegel saß und Gesichtsausdrücke einstudierte, fiel ihm an seiner Stimmung plötzlich auf, dass sie genau jenes Gefühl angenommen hatte, das er trainierte. Machte er eine traurige Mine, verdüsterte sich auch sein Gemüt. Übte er eine fröhliche Gesichtshaltung, hellte seine Laune sich wieder auf. «Für mich war das ein Hinweis darauf, dass die Gesichtsmotorik unmittelbar mit den emotionalen Zentren im Gehirn verbunden sein muss», sagt er.[86]

Das Phänomen ist immer wieder nachgewiesen worden. Auch, dass dies keine Einbahnstraße ist, sondern in beiden Richtungen funktioniert. Beim Betrachten eines Fotos mit glücklichen Gesichtsausdrücken verziehen sich die Gesichtsmuskeln der Probanden zu einem Lächeln. Schon Edgar Allan Poe hatte schließlich bemerkt, dass Gefühle ansteckend sind. Im 19. Jahrhundert schrieb der amerikanische Schriftsteller: «Wenn ich herausfinden möchte, wie gut oder wie böse jemand ist oder was er gerade denkt, versuche ich, möglichst genauso dreinzuschauen wie mein Gegenüber; und dann warte ich, welche Gefühle und Gedanken, die mit dieser Miene in Einklang stehen, in meinem eigenen Verstand oder Herzen aufsteigen.»[87] Hat Poe ahnen können, dass man 150 Jahre später im menschlichen Gehirn Belege dafür finden wird, was er an sich selber beobachtet hatte?

Ekman hat die verräterischen Gesichtsausdrücke mit Schauspielern nachgestellt und eine Übungs-CD aufgenommen. Die Sicherheitsbeamten der Flughäfen trainieren jetzt mit diesem Programm, Mikro-Ausdrücke zu erkennen. Aber nicht nur die. «Microsoft hat gleich 400 Stück für seine Manager bestellt», erzählt er treuherzig. «Am Ende der Übung sollte jeder Teilnehmer die Gefühle seines Gegenübers besser registrieren können», sagt Ekman.

«Ob wir uns jetzt noch mehr vor Microsoft fürchten müssen?»,
will ich von ihm wissen. Doch er taucht hinter einem Pokerface ab.
Das kann er sehr gut, der Gesichtsleser.

Die Bedeutung der anderen

Der Mensch ist ein soziales Wesen. Er verbringt eine beachtliche
Zeit des Tages damit, ein Geflecht aus Beziehungen zu Gleichgesinnten aufzubauen und zu unterhalten. Er ist dafür bereit, große
Mengen Kaffee und Alkohol zu trinken, schlechte Luft in über-
füllten Räumen einzuatmen. So schmiedet der Mensch Koalitionen
aus willigen Mitstreitern gegen jene, die er nicht ausstehen kann.
Das Dreieck aus Freund, Feind und Verbündetem erfordert, jeden
Artgenossen, dem er neu begegnet, einer bestimmten Kategorie zu-
zuordnen. Die Menschen, die ihn umgeben, sind ihm nie gleichgültig, beispielsweise der Mitbewerber um die Stelle des Abteilungs-
leiters, von dem er nie behaupten würde, ein Konkurrent zu sein.
Wahr ist aber genau das Gegenteil.

Eine der wohl am häufigsten verwendeten Formulierungen,
um intuitives Sozialverhalten zu beschreiben, lautet: «Zwischen
uns stimmt die Chemie» (oder auch nicht). Mittlerweile wissen wir
mehr, als diese schwammige Ausdrucksweise vorgibt. Die emotionale Intelligenz des Menschen greift auf ein neuronales Instrumentarium zurück. Dazu zählen die Spiegelneuronen genauso wie
die emotionalen Bewertungszentren für die Gesichter der anderen.
Möglicherweise fällt es dem Menschen manchmal schwer zu beschreiben, warum er sich dafür entscheidet, eine Person der anderen vorzuziehen. Sein Unbewusstes weiß da in jedem Falle besser
Bescheid.

Sozialpsychologen wie Susan Andersen haben dazu eine erstaunliche Theorie entwickelt. Vielleicht nicht ganz zufällig ge-
schah das im Gebäude des Psychologischen Institutes der New York
University. Denn das Hochhaus am Washington Square erinnert

mit seinen engen, niedrigen Räumen, dem Dämmerlicht und der stickigen Luft ein bisschen an eine steinzeitliche Höhle. Hier forscht Susan Andersen am Phänomen des «bedeutenden Anderen». Etwas pauschal könnte man ihren Ansatz etwa so beschreiben: Zwischen zwei Menschen stimmt die Chemie, wenn das Gegenüber einen an eine andere Person erinnert, die einem bedeutend ist. «Das sind natürlich vor allem Mutter, Vater und andere nahestehende Verwandte», sagt Andersen, aber im Prinzip kommen genauso gut Freunde, Arbeitskollegen oder Sarah Jessica Parker aus der Fernsehserie «Sex and the City» dafür in Frage. Andersen ist überzeugt davon, dass wir von diesen Personen ein ziemlich detailliertes Psychogramm mit uns im Gehirn tragen. Wie weit die eigenen Vorstellungen von diesem Alter Ego mit dem wahren Ich des anderen übereinstimmen, ist dabei eigentlich gar nicht so wichtig. Zum Einsatz kommen diese Vorstellungen, wenn wir neue Menschen kennenlernen. Bewundere ich also einen mir nahestehenden Menschen für sein Geschick, philosophisch zu argumentieren, die zwanglose Art, den Körper beim Tanzen zu bewegen oder die Wärme, mit der er sein Kind in die Arme schließt – dann werde ich mich zu einer Person, bei der ich ein vergleichbares Verhalten beobachtet habe, stärker hingezogen fühlen als zu anderen.

Andersen hat dazu eine ganze Reihe von Versuchen konstruiert. Dabei ließ sie Probanden die Attribute von bedeutsamen Anderen in ihrem Leben notieren. Einige Wochen später präsentierte sie ihnen verschiedene Charaktere und konnte sogleich erkennen, wie jene gespeicherten Vorstellungen aktiv wurden. Andersen konnte einerseits zeigen, dass ihre Probanden viel stärker auf jene Personen zugingen, bei denen sie bekannte charakterliche Muster wiederzuerkennen glaubten. Sie hatten viel weniger Angst davor, von diesen Menschen zurückgestoßen zu werden. Andersen beobachtete sogar, wie ihre Versuchspersonen Gesichtsausdrücke eines bedeutenden Anderen nachahmten, während sie eine Aufzählung von Charaktereigenschaften lasen, die sie mit jener Person in Verbindung brachten. Das ganze System funktioniert aber auch umgekehrt, also mit Personen aus dem eigenen Umfeld, denen man negative Attribute zugeschrieben hat. Trifft man also auf einen Typ von Mensch, dessen Verhalten einen an den des Konkurrenten um den Abteilungsleiterjob erinnert, dann wird man diesen Menschen weitgehend meiden. Aus Furcht, von diesem Menschen bei einem Annäherungsversuch abgewiesen zu werden, wird man ihm gar nicht erst nahekommen wollen.

«Eine Vielzahl dieser Verhaltensweisen läuft vollkommen automatisch ab», sagt Andersen. Wir sind uns ihrer nicht bewusst. Es kann allerdings vorkommen, dass wir uns selbst staunend dabei beobachten, wie wir einer Person, die wir kaum kennen, in positiver oder negativer Weise begegnen. Andersen hat das Verhalten ihrer Probanden auf Video aufgezeichnet und konnte anschließend studieren, wie sich die Körperhaltung, der Gesichtsausdruck und die Gestik justierten – entsprechend den Positionsbestimmungen jenes sozialen Navigationsinstruments.

Sind Menschen anwesend, die positive Assoziationen von anderen Personen aufkommen lassen, beeinflusst das auch den eigenen Gefühlshaushalt. Bin ich also von mir gewogenen Personen umgeben, dann ist meine Stimmung automatisch besser. Das ist ungefähr so wie mit gutem Wetter: Man möchte sprichwörtlich die Welt umarmen. In der Gesellschaft von unsympathischen Menschen übernimmt eine negative Grundstimmung die Kontrolle über das eigene Selbst. «Wir nehmen das als ein Signal dafür wahr, dass etwas im eigenen Leben schief liegt und eine Kurskorrektur nötig ist», sagt Andersen.

Dass Frauen auffallend häufig Partner haben, die den gleichen Vornamen wie ihr eigener Vater tragen, ist ein moderner Mythos. Könnte aber doch etwas dran sein, dass Männer sich eine Frau suchen, die so ist wie Mutti? Leider hat Andersen ihre Theorie noch nicht in Zusammenhang mit der Partnerwahl getestet. Deshalb muss diese Vermutung weiter in der Kategorie Küchenpsychologie verbleiben. Dafür hat die Intuitionsforschung aber allerhand andere Sachen herausgefunden zum Thema Liebe auf den ersten Blick.

«Mademoiselle Albertine ist fort!»

Wenn die Beamten des Statistischen Bundesamtes recht haben, dann steht es äußerst schlecht um die Liebe. Jedes dritte Paar in Deutschland wird derzeit von einem Richter und nicht durch den Tod getrennt. Soziologen und Psychologen untersuchen penibel die Gründe für diese hohe Fluktuation in den zwischengeschlechtlichen Bindungen. Der Scheidungsforscher Michael Wagner von der Universität Köln etwa wertete 42 große Ehestudien aus. Mit sogenannten Regressionsmodellen hat er seinen Computer ausrechnen lassen, welche Merkmale einer Beziehung dabei das höchste Spaltpotenzial besitzen. «Es ist möglich, Risikoprofile zu erstellen», sagt er. Wohnt das Paar etwa in seinen eigenen vier Wänden, hat es ein um 45 Prozent vermindertes Scheidungsrisiko im Vergleich zu einem Paar in einer Mietwohnung. Leben die Ehepartner in einer Millionenstadt, sind konfessionslos und bei der Eheschließung jünger als 21 Jahre, dann dürfen sie sich das zweifelhafte Etikett einer Hochrisiko-Ehe an ihre Hochzeitskleidung heften. Jedes Lebensjahr, das die beiden dann in der Ehe verbringen, senkt statistisch gesehen das Scheidungsrisiko des Bräutigams um zwei und das der Braut um sieben Prozent. Ein Ehevertrag wirkt übrigens so ähnlich wie eine sich selbst erfüllende Prophezeiung. Er steigert das Scheidungsrisiko erheblich.

Offensichtlich ist die wohl wichtigste Entscheidung im Leben zugleich auch bei den meisten Menschen die schlechteste. Liegt das daran, dass die Liebe eine der größten Krisen für die geistige Gesundheit darstellt? Immerhin sind im Zustand vollkommener Verliebtheit neuronale Netzwerke im Gehirn aktiv, wie sie auch bei Zwangsgestörten, Drogensüchtigen, Manischen, Durstigen und Hungrigen angeschaltet sind. Ganz so blind scheint die Liebe indes nicht zu machen. Das lässt sich aus den Versuchen schließen, die Timothy Wilson an seiner Universität in Virginia gemacht hat. Der Psychologe teilte Studenten, die sich gerade Hals über Kopf verliebt hatten, in zwei Gruppen ein. Die eine sollte eine Liste mit

Gründen erstellen, warum sie mit dem Partner zusammen war. Anschließend mussten die Probanden einschätzen, wie zufrieden sie mit dem anderen sind. Die zweite Gruppe hingegen sollte keine Gründe benennen, sondern nur kurz und spontan sagen, wie zufrieden sie mit der Gespielin oder dem Gespielen sind. Dann beobachtete Wilson über Monate hinweg den tatsächlichen Erfolg der Romanzen. Wer hatte die beste Einschätzung gegeben über den Zustand der Beziehung: Jene, die penibel über die Gründe für ihre Liebe befragt wurden? Stellen wir uns einmal kurz vor, wie es im Kopf dieser bedauerlichen Vernunftwesen zugegangen sein könnte: Ich liebe dich zu 43 Prozent, weil du so gut auf meine Interessen eingehst, zu 13 Prozent, weil du die gleichen politischen Ansichten vertrittst, zu acht Prozent, weil du dir immer so niedlich die Haare aus dem Gesicht streichst, und den Rest machen vermutlich die Pheromone. Die intuitive Gruppe war eigentlich nur als Kontrollgruppe geplant. Denn Wilson wollte sich ursprünglich anschauen, wie sich die Gründe für die Hingabe verändern, wenn sich die Leute dieser Gründe bewusst sind. Doch dann ergab sich quasi nebenbei ein anderes, eindeutiges Ergebnis, was den Einsatz von Intuition zur Bewertung der eigenen Seelenlage betrifft: Die Probanden, die aus dem Bauch heraus erklärt hatten, sie seien mit dem Partner glücklich, waren auch tatsächlich am längsten mit ihm zusammen. «Zu viel Analyse verwirrt die Leute darüber, was sie tatsächlich fühlen», sagt Wilson.

Die innere Selbstbeschau des Menschen offenbart erstaunliche Schwächen. Das hat sich auch in Versuchen gezeigt, bei denen die Probanden Kunstwerke beurteilen sollten.[88] Was für Bilder gilt, die man sich an die Wand hängt, gilt aber genauso für den Menschen, den man sich ins Bett holt. Die Ratio kann sich als eine regelrechte Entscheidungsfalle entpuppen, wie die armen Studenten aus der Untersuchung bezeugen, deren Beziehung alsbald in die Brüche ging.

Diese Erfahrung mussten allerdings schon ganz andere Menschen machen. Selbst solche, die einen siebenbändigen, über 5000

Seiten langen Bildungsroman geschrieben haben wie der französische Schriftsteller Marcel Proust. In seinem Großwerk «Auf der Suche nach der verlorenen Zeit», das etliche autobiographische Passagen enthält, schildert er die Liebe des jungen Marcel zur geheimnisvollen Albertine. Eine tragische Liaison, wie sich schon bald herausstellen soll. Marcel denkt schon seit geraumer Zeit darüber nach, wie er sich von Albertine trennen soll. Zuletzt schmiedet er den Plan, sich in ihrer Abwesenheit nach Venedig zu begeben, um auf diese Weise von ihr wegzukommen. Da platzt seine Haushälterin in den Raum und ruft: «Mademoiselle Albertine ist fort!»

In diesem Moment begreift Marcel, wie sehr er sie eigentlich liebt. «Kurz zuvor hatte ich bei meiner Selbstanalyse geglaubt, eine solche Trennung, ohne daß wir uns wieder gesehen hätten, sei gerade das, was meinen Wünschen entspräche, und beim Vergleich der mäßigen Vergnügungen, die Albertine mir verschaffte, mit der Fülle der Sehnsüchte, um deren Befriedigung sie mich betrog, hielt ich mich für sehr scharfsinnig, als ich schloß, daß ich sie nicht mehr sehen wollte, daß ich sie nicht mehr liebte.»

Marcel muss erkennen, dass ihn sein Verstand nicht in die unzulänglichen Gefilde des Unbewussten vordringen lässt. Dort, wo ganz offensichtlich das Wissen um die Liebeslage verborgen ist. Der Dichter analysiert seine törichte Selbsttäuschung. Folgen wir seinen schonungslosen Gedanken, die sich durch seinen Geist winden wie eine verwunschene Allee in der Normandie: «Ja, eben noch hatte ich geglaubt, ich liebte Albertine nicht mehr und als exakter Analytiker gemeint, dabei keinen Umstand zu übersehen; ich hatte vielmehr gedacht, mein Herz bis auf den Grund zu kennen. Aber unser Verstand, so klar er auch sei, kann nicht deutlich erforschen, aus welchen Elementen sich dieser Herzensgrund zusammensetzt.»[89]

Timothy Wilson hat gewissermaßen den experimentellen Nachweis der Proust'schen Geistestheorie geliefert. Mit dem neurophysiologischen Wissen des 21. Jahrhunderts lässt sich sogar qualifiziert darüber spekulieren, was bei dem schlagartigen Bewusstseinswandel im Kopf Marcels vorgegangen ist. Das emotionale System straft ihn für seine Ignoranz mit einem dermaßen harten Dopaminentzug ab, dass sich der Schmerz binnen weniger Augenblicke über sein gesamtes Nervensystem verteilt. Ein somatischer Marker von einer Stärke, wie ihn nur ein solches Liebesbeben verursachen kann, sorgt dafür, dass sich die unbewusste Einschätzung über die wahre Hingabe zu Albertine gegen den Verstand durchsetzt. Wie sehr hat wohl der Verstand den einfühlsamen Dichter in dieser Situation gekränkt?

Timothy Wilson hingegen möchte nicht so verstanden werden, dass man in Fragen der Liebe einfach blind seinem Bauchgefühl hinterherrennt. Über die möglichen negativen Auswirkungen einer solchen Aussage ist er sich erstmals klargeworden, als ihn eine Reporterin darauf ansprach. «Also, Herr Dr. Wilson, Sie sagen demnach, dass die Menschen am besten nicht darüber nachdenken sollten, wie sie fühlen, und einfach nach ihren ersten Impulsen handeln?!» Wilson erschrak. Für den Fall, dass ihr Artikel tatsächlich mit dieser Botschaft herüberkäme, schossen ihm plötzlich jede Menge Horrorvisionen vors geistige Auge. «Ich musste an Bilder von schwangeren Teenagern, Drogenexzessen und Faustkämpfen denken.» Nein, so wollte er seine Ergebnisse nicht interpretiert haben. «Wir müssen schon zwischen einem uninformierten und einen informierten Bauch unterscheiden», sagt er. In einer Liebesbeziehung gehe es darum, möglichst viel über den anderen zu lernen. Das geschehe zu einem großen Teil unbewusst. «Wenn wir eine ganze Menge Zeit mit einem Menschen verbringen und ihn sehr gut kennenlernen und immer noch ein positives Bauchgefühl haben, dann ist das ein gutes Zeichen», rät Wilson.[90]

Der Psychologe nennt diesen Mechanismus der Intuition das «lernfähige Unbewusste». Was dabei im Gehirn passiert, entspricht ziemlich genau der Theorie Antonio Damasios von den somatischen Markern. Das Unbewusste formt aus dem Erlebten zuverlässige Gefühle, die sich nicht mit Worten fassen lassen. Dennoch kann man diesen emotionalen Signalen trauen, wenn sie einen in eine Beziehung hinein- oder aus ihr hinausmanövrieren.

Auf welche Indizien soll das «lernfähige Unbewusste» in einer Beziehung aber achten? «Alle glücklichen Familien gleichen einander, jede unglückliche Familie ist auf ihre eigene Weise unglücklich», so beschrieb Leo Tolstoi in seinem Roman «Anna Karenina» die Tragödie einer adligen, verheirateten Frau und ihrer Liebe zu einem jungen Grafen. Auf die heutige Zeit bezogen könnte man sagen: So bunt wie die Lebensentwürfe der Menschen sind, so mannigfaltig dürften auch die Gründe sein, warum die Bindungskräfte ausreichen. Den zweiten Teil von Tolstois Weisheit wischt John Gottman kurzerhand vom Tisch: «Ich kann Ihnen nach fünf Minuten sagen, ob eine Beziehung hält oder nicht», sagt der emeritierte Beziehungsforscher von der University of Washington, «und ich liege da in neunzig Prozent aller Fälle richtig.» Der Psychologe behauptet, es gebe in der Tat eine riesige Anzahl von Symptomen für eine angeschlagene Ehe. Aber es seien eigentlich nur ganz wenige, die zum Kollaps führen.[91]

Ähnlich wie Paul Ekman mit seiner Videoanleitung zum Gedankenlesen hat auch Gottman ein Video parat, um seine tiefenpsychologischen Erkenntnisse an die Öffentlichkeit zu transportieren. Darauf sind Filmausschnitte von zehn Paaren zu sehen, die sich über ein typisches Konfliktthema ihrer Beziehung unterhalten.[92] Eines etwa debattiert über den Hund. Die Frau hat den Vierbeiner in die Beziehung mitgebracht, der Mann mag keine Haustiere. Es kommt, wie es kommen muss. Nach nur wenigen Minuten streiten sie sich darüber, ob das Tier neulich roch oder nicht, als er ihm durch das Fell gestreichelt hat. Die Spirale der Eskalation beginnt sich zu drehen. «Pass auf du! Mein Hund riecht nicht!», fährt es aus der Frau heraus. «Nein, pass du auf!», erwidert der Mann.

Gut 3000 Paare haben Gottman, seine Frau und die Mitarbeiter des Gottman-Institutes bereits analysiert. Dazu verwendeten sie ein Kodierungssystem namens SPAFF, was für «spezifischer Affekt» steht. Zwanzig verschiedene Kategorien für den seelischen

Zustand der jeweils beiden Akteure hat Gottman dafür ersonnen: Ziffer 1 etwa steht für Abscheu, 2 für Verachtung, 7 für Ärger, Gejammer ist die Nummer 11 und 14 ein neutrales Gefühl. Für jede Sekunde bestimmen die Psychologen dann die mentale Verfassung der Probanden. Aus der Kolonne von 1800 Zahlen sowie Informationen von Handflächensensoren, die Schweißabsonderungen und Temperatur des Paares aufzeichnen, errechnet der Computer dann das Risikoprofil der Ehe. Gottman ist schließlich nicht nur Psychologe, sondern auch Mathematiker, und deshalb hat er vor Jahren diese komplizierte Stochastik für seine Vorhersagen ersonnen. Dabei müssen die positiven Gefühle, die in der Unterhaltung sichtbar wurden, im Verhältnis fünf zu eins zu den negativen Gefühlen stehen. Mittlerweile sagt Gottman: «Ich kann im Restaurant fünf Minuten das Gespräch eines Ehepaars belauschen und dann sagen, ob sie sich besser mal nach einem guten Anwalt umschauen sollten.»

In gewisser Weise verkörpert Gottman die Arbeitsweise des lernfähigen Unbewussten. Er hat gelernt, eine Menge von Informationen aus dem Verhalten der beiden Menschen herauszulesen. Er erkennt, wann der eine nach Bestätigung sucht oder der andere in eine Angriffshaltung verfällt. Natürlich spürt auch Gottman die nonverbalen Hinweise aus der Körperhaltung und dem Gesicht auf. Er hört auch, ob sich die Beziehung in einem der beiden möglichen Stadien bewegt: dem Positiven und dem Negativen. Nehmen wir an, die Frau kommt an einem Regentag vom Gassigehen nach Hause, und der Hund schüttelt sich im Wohnzimmer trocken. Sagt der Mann: Das kann ja mal vorkommen, heißt das, er ist der Frau gegenüber positiv eingestellt. Sagt er: Das macht dein Köter schon zum dritten Mal diese Woche, bedeutet das für die Beziehung der beiden das Gegenteil. Alles keine uninteressanten Entdeckungen über den Wasserstand dieser Ehe. Aber nicht das, auf was es wirklich ankommt.

Gottman kann die Situation auf dem Video in noch viel dünnere Scheiben schneiden. Wir erinnern uns: Das ist jene Technik, wie sie auch Psychologin Ambady bei ihren Versuchen mit den Universitätsdozenten angewendet hat – und genauso funktioniert auch das Unbewusste. Es ist in der Lage, sich aus der Vielzahl der Informationen die relevante herauszusuchen, oder besser gesagt: herauszufühlen. Für den Paarforscher Gottman sind das die, wie er sie nennt, vier apokalyptischen Reiter einer Ehe, bestehend aus Verteidigungshaltung, Blockade, Kritik und ganz besonders: Verachtung. Spitzt sich eine Ehediskussion also nicht nur bis zum Vorwurf zu: «Du hörst mir einfach nicht zu. Du weißt ja gar nicht, was in mir vorgeht!», sondern eskaliert mit dem verbalen Bauchstoß: «Du bist doch das Allerletzte!», dann ist zwischen den beiden Partnern das Stadium der Verachtung erreicht. Dann stellt sich der eine über den anderen. Dann hält er sich nicht mehr nur für im Recht, sondern für überlegen und besser. Verachtung liegt ganz nah am Ekel, der wohl stärksten und instinktivsten aller Formen der Ablehnung. Ekel wirkt so intensiv, dass der Körper sich automatisch von der Quelle dieses Gefühls zu entfernen versucht. Die Person, vor der man sich ekelt, wird aus der Gemeinschaft ausgeschlossen. Eine Ehe im Stadium der Verachtung befindet sich in einem geradezu unentrinnbaren Sog zum Abgrund. Gottman bleibt eine Erklärung schuldig, ob auch das Unbewusste der beiden betroffenen Akteure selber die Lage ihrer Ehe «in dünne Scheiben schneiden» kann. Wenn jemand dazu eher in der Lage ist, dann ist das die Frau. Sie bringt jedenfalls ein höheres Maß an Empathie mit.

Die Frau – ein emotionaler Düsenjäger

Intuition gilt als eine typische weibliche Domäne. Nur wenige Stereotype sind weiter in unserer Kultur verbreitet als jenes, dass Frauen doch angeblich so verständig, einfühlsam und vorausahnend sind. Mit kaum einer Eigenschaft können sie Männern indes mehr auf die Nerven gehen als mit jener Gefühligkeit, die sie als Intuition verklären und sogleich ausnahmslos für das eigene Geschlecht reklamieren. «Intuition ist der eigenartige Instinkt, der einer Frau sagt, daß sie recht hat, ganz gleich, ob das stimmt oder nicht», stöhnte der irische Lyriker Oscar Wilde. Tatsache ist jedoch: Die Frauen haben recht, und sie bekommen das derzeit von der Wissenschaft auch reichlich bestätigt.

Forscher, die sich in das verminte Feld der Geschlechterstudien wagen, gehen ein hohes Risiko ein. Sie werden gleichermaßen von feministischen Eiferern wie von machohaften Besitzstandswahrern angegriffen. Eine, die einmal quer durch dieses Minengebiet geprescht ist, heißt Louann Brizendine. Getan hat sie das mit einem Bestsellerbuch, dessen Titel «Das weibliche Gehirn» noch relativ neutral klingt. Auf dem Buchumschlag jedoch warnt sie die Männer vor der Lektüre vorsorglich davor, dass sie anschließend von einem Gehirn-Neid erfasst werden dürften. Ist das nun das psychologische Äquivalent zum vermeintlichen Penis-Neid der Frauen?[93]

An einem sonnigen, klaren Wintermorgen treffe ich Louann Brizendine in ihrem kleinen Büro im zweiten Stock der Women's Mood & Hormone Clinic, einer Einrichtung der Universität von San Francisco. Das von Eukalyptus und Zedernbäumen umstandene Gebäude befindet sich auf einem der vielen Hügel der Stadt. Über die Berge ziehen Nebelschleier. Es ist einer dieser Tage mit dem so typisch widersprüchlichen Wetter San Franciscos: Die Sonne ist warm, der Wind unerbittlich kalt und feucht. Drinnen bekommt man von dem spektakulären Blick und dem wankelmütigen Klima nichts mit. Die Fenster gehen in einen Innenhof, eine Klimaanlage passt die Raumtemperatur auf die immergleichen Werte an. Mit einiger Verspätung stürmt Brizendine durch den Flur. Die kleine Frau trägt ein braunes Kleid mit modischen Pailletten, das gut zu ihren roten Haaren passt und betont feminin wirkt. Mit einem kräftigen Druck umschließt sie meine Hand und zieht mich ein wenig zu sich heran. Brizendine versteht es, den entscheidenden psychologischen Moment für sich zu nutzen und die Distanz zu ihrem Gesprächspartner abzubauen. Sie erkundigt sich neugierig danach, wie sich unsere Bundeskanzlerin so schlägt. Dabei lächelt sie, hört aufmerksam und geduldig zu.

Mit dieser Taktik begegnet sie Menschen, die unter schwersten Persönlichkeitsstörungen und krankhaften Hormonschwankungen leiden. Mit ihrem Charme zieht sie aber auch jene erfolgreichen Anwältinnen, Filmproduzentinnen und Geschäftsfrauen an, mit denen sie deren ganz normalen oder eingebildeten Neurosen bespricht. All jene also, die sich von der Hysterie dieser zwanghaft kreativen, bunten und stets auf Andersartigkeit bedachten Metropole zu sehr haben treiben lassen. Der Reichtum an therapeutischer Erfahrung ist ihr größtes Kapital – und bietet dennoch viel Angriffsfläche bei Wissenschaftlern, die nicht therapieren, sondern forschen. «Bei der Partnerwahl schauen Männer auf Attraktivität, Frauen auf das Portemonnaie», sagt sie zum Beispiel und provoziert damit alle: Männer, Frauen und die Forschung.

Was sie über die Windungen des weiblichen Gehirns zu berichten hat: Schon im Mutterleib imprägnieren es die Hormone so heftig, dass es eine vom männlichen Geschlecht höchst abweichende Form annimmt. Mit weitreichenden Folgen: Das weibliche Gehirn ist darauf ausgerichtet, den emotionalen Gehalt seiner Umgebung viel feiner auszuloten. «Frauen richten ihre Entscheidungen danach aus, ob die Folgen ihren Gefühlshaushalt in der Balance belassen», sagt Brizendine. Frauen und Männer hätten eine ganz andere Auffassung davon, was eine wünschenswerte Konsequenz ihres Handelns sei. «Nehmen Sie die Frage, auf welche Schule das Kind geschickt werden soll», sagt die Therapeutin. Männer würden zu einer Eliteschule tendieren, die dem Spross anschließend den größtmöglichen Karrierevorsprung verschafft. Ein Mann denke an Hierarchien, an die Hackordnung. So wie er eben von seiner evolutionären Geschichte geprägt worden sei. «Die Frau spürt viel eher, ob das Kind mental gegen den Leistungsstress gewappnet oder aber zu fragil und verletzlich ist.»

Wenn sie so redet, dann könnte man als Mann wirklich neidisch werden. Das weibliche Hirn könne sich regelrecht mit einem anderen Gehirn synchronisieren, sagt sie, und als Mann fallen einem da eigentlich nur jene Momente geschlechtsspezifischer Seelenübereinstimmung ein, wenn sich Männer über Frauen unterhalten. Bevorzugt natürlich über deren äußerliche Merkmale. Die emotionale Hochleistungsmaschinerie der Frau hingegen könne jederzeit «manövrieren wie ein F-15-Kampfjäger», warnt Brizendine, und dann erzählt sie von Sarah und Nick, einem ihrer Paare, das vor einiger Zeit auf jenen Stühlen gesessen hat, wo ich jetzt sitze.

Nicht lange nach der Geburt ihrer Tochter machte sich in Sarah der Gedanke breit, dass Nick sie mit einer fremden Frau hintergeht. «Sie hatte dieses Bauchgefühl von Betrug, und es wurde immer stärker.» Zunächst war sie sich ihres Gefühls noch unsicher, dann stieg plötzlich Ärger in ihr hoch. Ärger darüber, dass er sie betrügt. Daraufhin knipste sie jegliche Form zwischenmenschlicher Wärme zwischen ihnen aus. Sarah hörte auf zu lachen, sie pirschte durch die Wohnung wie ein verwundetes Tier. Nick war ihr Ein und Alles gewesen, sie hatte ihn stets bewundert und angestrahlt. Sicher, er war auch damals schon nicht der Stärkste, wenn es darum ging, sein Herz zu öffnen oder aber ihre seelische Verfassung zu erspüren. So war Nick auch völlig perplex, als Sarah eines Abends am Esstisch plötzlich in Tränen ausbrach.

«Jetzt stellen Sie sich mal vor, Sarah würde statt auf ihrem Stuhl zu sitzen, in einem Kernspintomographen liegen», bittet mich Brizendine, und ich stimme ihr innerlich zu: Für die Neuropsychologie wäre das sicherlich eine Sternstunde. «Wir könnten sehen, wie ihr visuelles System Nick geradezu abscannt, als sie ihn mit ihrem Verdacht konfrontiert.»

Sarah hält Ausschau nach verdächtigen Hinweisen in seinem Gesicht. Hat da nicht sein Mundwinkel gezuckt, während er empört sagte, das sei einfach nicht wahr? Entspannt sich sein Gesicht, oder verhärtet es sich unter dem emotionalen Stress, den ihm sein Lügen bereitet? «Was auch immer seine Gesichtsmuskulatur in diesem Augenblick tut, ihre wird es ihm gleichtun», sagt Brizendine.

«Ihr Herzschlag nimmt seine Frequenz an. Allmählich schließen sich ihre neuronalen Schaltkreise mit seinen zusammen.» Sie kann jetzt genau messen, ob seine Stimmlage sich verändert. Die Höhe muss übereinstimmen mit dem, was er sagt. Tut sie das nicht, verrät sich hier sein Druck, die Wahrheit zu leugnen. Sarah hat erkannt, dass Nick lügt. Die Gesichtspartie um seine Augen, seine Stimme. Das alles hat nicht zusammengepasst. Hätte Nick in diesem Moment eine ähnlich sensible Gefühlssensorik, dann würde er schon kommen sehen, dass Sarah gleich vollkommen in Tränen aufgeht. Stattdessen tut er regelrecht konsterniert.

Ihre Intuition sollte recht behalten. Nicht, wie sie es sich in ihren schlimmsten Phantasien ausgemalt hat. Aber dennoch: Eine Arbeitskollegin hatte es ihm angetan. Sie haben miteinander geflirtet, haben sich getroffen. Zum Äußersten war es dabei noch nicht gekommen.

Das sei sehr beeindruckend, sage ich am Ende ihrer Geschichte, woraufhin sie eine Sekunde lang innehält. Dann sagt sie: «Tja, jetzt fühlt ihr Jungs euch wohl ganz schön entblößt.» – «Einverstanden», erwidere ich, «aber ganz so einfach lebt es sich für Sarah dann auch nicht mit ihrem emotionalen Horchgerät.» Nick hätte nämlich besser in dem Kernspintomographen liegen sollen. Dann hätte Sarah vielleicht gesehen, dass er wirklich die Wahrheit sagte, als er erklärte, mehr laufe nicht zwischen ihm und der Kollegin. Stattdessen nahm Sarahs Misstrauen so überwältigende Züge an, dass sie ihm nicht geglaubt hat, er habe keinerlei Kontakt mehr mit der Dame außer dem normalen beruflichen Umgang. Am Ende landen sie wegen Sarahs zu fein eingestelltem Radargerät bei Brizendine im Behandlungszimmer.

«Es ist wie mit so vielem im Leben», sagt die Psychologin, «alles hat seine Vor- und seine Nachteile.» Das schlägt sich auch im Alltag nieder. Weibliche Chefs würden bei Verhandlungen mehr Hinweise auf die Psyche ihrer Kontrahenten empfangen. «Das ist sicher ein echter Vorteil.» Weil Frauen in ihren Entscheidungen aber viel mehr emotionale Informationen berücksichtigen und dadurch auch mehr Risiken erkennen, seien sie nicht so schnell in ihren Entschlüssen. Als sie das sagt, fällt mir ein, was ich in einer Untersuchung über Fondsmanagerinnen gelesen habe. Forscher aus Köln haben sich angeschaut, wie die Bankerinnen ihre Assets verwalten. Dabei stellte sich heraus, dass sie weniger häufig ihre Aktien abstoßen und in andere Werte investieren, als ihre männlichen Kollegen das tun. Dieser mangelnde Aktionismus ist gar nicht so schlecht auf den internationalen Aktienmärkten, weshalb der Rendite-Erfolg ihrer Fonds denen der Männer in nichts nachsteht. Aber männliche Anleger mögen das defensive Verhalten der Frauen nicht. Sie investieren weniger in die von Frauen verwalteten Fonds. Das geringere Kapital hemmt dabei deren anlegerische Möglichkeiten.[94]

Manchmal klingt Brizendine so, als spiele sie den Männern in die Hände, indem sie ihre Klischees über Frauen bekräftigt. So einfach ist es mit ihr aber nicht. Die Tochter eines protestantischen Missionars und einer Menschenrechtsaktivistin beherrscht auch die Sprache der Emanzipation. «In unserer Gesellschaft gilt der Verstand als gut, und den Verstand assoziiert man mit den Männern. Alles, was nach Emotionen und Intuition klingt, gilt automatisch als weiblich und negativ», sagt sie und verdreht ihre Pupillen nach hinten, so als würde sie nach neuen Gedanken Ausschau halten. «Es geht mir nicht darum, die Andersartigkeit zu leugnen, wie das andere Frauen tun», setzt sie wieder an und klimpert, Aufmerksamkeit heischend, mit ihren Wimpern. «Der Unterschied zwischen Mann und Frau hat sich über Millionen von Jahren über die genetische Selektion entwickelt.» Es waren eben aus biologisch ganz nahe liegenden Gründen die Frauen, die bei den Kindern geblieben sind und sie aufgezogen haben, und die Männer zogen zur Jagd aus. Frauen haben die Wünsche und Bedürfnisse der Neugeborenen erkennen müssen, die noch nicht sprechen konnten. Die Männer haben draußen gejagt und das Territorium verteidigt. Was heute immer noch durchschlage: «Sie können Angst im Gesicht anderer viel schneller lesen als Frauen.» Sähen sie eine niedergeschlagene oder unglückliche Person, dann würden sie auch heute noch automatisch einen großen Bogen um sie herum machen. Unterschiede zu verleugnen, sei geradezu absurd. Sie habe ihrem Sohn, von dem eine ganze Fotokollektion an der Wand neben ihrem Schreibtisch hängt, mit sechs Jahren eine Barbiepuppe und auch Autos zum Spielen gegeben. Damals sei sie naiv gewesen. «Vergessen Sie es», winkt sie ab, «Millionen Jahre Evolution können Sie so einfach nicht ungeschehen machen.»

Wie viel der weiblichen Empathie ist angeboren, wie viel wird dem Kind durch die Gesellschaft antrainiert? Diese häufig gestellte Frage ist nur schwer zu beantworten, und selbst für die moderne Naturwissenschaft, die das Dogma eigentlich besiegen wollte, ist die Antwort häufig eine ideologische. Auch die Forschung unterliegt geistigen Strömungen, und da galt es lange Zeit als ausgemacht unter den Wissenschaftlern, dass der Geschlechterunterschied gar nicht so große Folgen für das Verhalten hat. «Das Aufkommen von bildgebenden Verfahren wie der Kernspintomographie hat das Bewusstsein für die Unterschiede der Geschlechter geweckt, indem diese Techniken Einflüsse des Geschlechts auf die Gehirnfunktionen aufgedeckt haben, die früher als wenig bedeutsam, wenn nicht gar als völlig unwichtig angesehen wurden.» Das schreibt, etwas sperrig und um wissenschaftliche Nüchternheit bemüht, Lawrence Cahill, ein Entwicklungsbiologe von der University of California in Irvine.[95] Und ein wenig weiter kritisiert er sogar, dass lange Zeit wichtige Fortschritte versäumt wurden, weil man an der alten Überzeugung festgehalten habe. Gerade also schlägt das Pendel wieder in die andere Richtung aus. Louann Brizendine weiß sich also voll im neuen wissenschaftlichen Zeitgeist. Mit der Kritik, die ihr von vielen Rezensenten in Fachzeitschriften entgegenschlug, kann sie ganz gut leben. Nicht wenige ihrer Kollegen pflichten ihr bei, dass die generelle These ihres Buches stimme, auch wenn es mitunter zu holzschnitzartig daherkomme.

Gehirne von Venus und Mars

Die Hormon-Expertin hat in Wissenschaftlerkreisen ein männliches Alter Ego, und zwar Simon Baron-Cohen. Der Professor von der englischen Cambridge University gilt als einer der führenden Autismus-Experten und stützt Brizendines These von der großen Kraft pränataler Hormon-Prägung. Auffällig ist, dass auf vier männliche nur eine Autismus-Patientin kommt. Beim Asperger-Syndrom, der milderen Verlaufsform der Gefühlsblindheit, beträgt das Verhältnis gar neun zu eins. «Autismus könnte demnach das Extrem eines männlichen Gehirns sein», sagt Baron-Cohen. Diese These hatte bereits Hans Asperger 1944 vertreten.

Baron-Cohen vermutet, dass die Konzentration des Sexualhormons Testosteron im Mutterleib darüber entscheidet, wie stark das Ungeborene später jene Gehirnstrukturen ausbildet, die für die Empathie verantwortlich sind. Um seine Behauptung zu belegen, untersuchte er Mitte der 1990er Jahre die eingefrorenen Fruchtwasserproben von Schwangeren, die zur Amniozentese an die Universitätsklinik gekommen waren, auf ihre Testosteron-Konzentration. Er nahm mit diesen Frauen Kontakt auf, als ihre Kinder zwölf Monate alt waren, und filmte siebzig der Kinder, wie sie in seinem Büro mit ihrer Mutter spielten. Dann zählte er, wie häufig die Kinder ihre Mutter anschauten. Als die Kinder 18 und 24 Monate alt waren, schickte er den Eltern Fragebögen, um den Sprachschatz der Kinder zu erfassen. «Als wir die Ergebnisse zurückbekamen, hatte ich so ein seltsames Gefühl, wie ein Schütteln, das mein Rückgrat hinunterlief», erinnert sich Baron-Cohen. Der Vergleich förderte tatsächlich einen Zusammenhang ans Licht. Die untersuchten Kinder litten zwar nicht unter Autismus. Aber dennoch konnte Baron-Cohen den Testosteron-Level im Fruchtwasser der Mutter mit dem Sozialverhalten der Kinder in Verbindung bringen. «Je höher die fötale Testosteron-Konzentration gewesen war, desto seltener suchten die Kinder Augenkontakt mit der Mutter und desto kleiner war ihr Vokabular.» Kinder mit Autismus, so vermutet er, haben die wohl höchsten Konzentrationen von Testosteron in der Gebärmutter abbekommen.

In seinem Buch «Vom ersten Tag an anders» teilt Baron-Cohen deshalb die Menschheit in E-Hirne und S-Hirne ein. E steht für Empathie und beschreibt das weibliche Gehirn, das gleichsam der Venus entspringt. S steht für Systematik und beschreibt das männliche Gehirn, das vom Mars zu stammen scheint. «Männer denken in Systemen, Frauen erfassen die Welt mit Hilfe der Empathie, also der Kunst, sich in andere hineinzuversetzen», erläutert Baron-Cohen seine charakterliche Kategorisierung der Geschlechter. Der Gelehrte aus Großbritannien betont zwar, dass es sich hier stets um Durchschnittsverteilungen handelt. Man fände auch Männer mit E-Hirnen und Frauen mit S-Hirnen. Aber diese seien jeweils in ihrem Geschlecht die Minderheit.[96]

Männer durchdringen also schneller die Funktionsprinzipien von Systemen. Sie zerlegen die Vorgänge in kausale Wenn-dann-Beziehungen. Stellen wir uns ein rollendes Auto vor. Durch das Betätigen des Gaspedals erzeugt der Motor Kraft, der Wagen beschleunigt. Die Bewegung des Wagens ist demnach der Eintrag (input) in das System, das Drücken des Gaspedals ist der Arbeitsgang (operation), und die Beschleunigung des Wagens ist die Folge (output) davon. Der gesamte Vorgang lässt sich beobachten und in eine Ursache- und Wirkungskette einteilen, woraus sich Regeln ableiten.

Das gilt nicht nur für die Welt der Technik. Ein anderes Beispiel wäre der Zusammenhang von Alter und Fortpflanzungsfähigkeit, der sich auf höchst systematische Weise betrachten lässt. So kann man beobachten, dass bei unter 20-jährigen Schwangeren nur eine von zehn eine Fehlgeburt erleidet, während bei unter 35-jährigen das Verhältnis schon eins zu fünf, im Alter von 42 Jahren sogar eins zu drei beträgt. Andere Systeme sind komplexer politischer oder gesellschaftlicher Natur, etwa wie der Deutsche Bundestag gewählt wird, wie ein Überhangmandat zustande kommt oder wann die Parlamentarier zum Hammelsprung gebeten werden. «Der Systematisierer findet intuitiv heraus, wie Dinge funktionieren oder extrahiert die zugrunde liegenden Regeln, die das Verhalten des Systems steuern», sagt Baron-Chohen: «Das geschieht, um das System zu verstehen, die vom System produzierten Folgen vorherzusagen oder aber, um ein neues System zu erfinden.»

Weiß man erst einmal, wie das System funktioniert, dann sind die Entscheidungen viel einfacher zu treffen, die das System einem abverlangt. Man kann sich Strategien für die Stimmabgabe überlegen. Versteht man das Funktionsprinzip eines Autos, lässt sich besser abschätzen, was passiert, wenn man zu spät einen Gang höher schaltet. Man muss sich dann gar nicht groß die vielen tausend Zündungen im Motorraum vorstellen, die bei 5000 Umdrehungen in der Minute nötig sind. Der Fahrer wird ganz automatisch einen Gang höher schalten und die Anzahl der Umdrehungen halbieren, auch um Sprit zu sparen. Erinnern wir uns noch einmal kurz an Neil Armstrong kurz vor der Mondlandung. Warum entschied er sich dafür, trotz fast leerer Tanks weiter nach einer guten Landestelle zu suchen? Er kannte das Mess-System im Tank der «Eagle» und wusste, dass die Sonde wegen der Konstruktionsweise des Tanks ab einer bestimmten Füllhöhe nicht mehr weiter messen konnte. Das aktivierte das Warnlicht, obwohl sich noch Treibstoff in den Behältern befand.

So regelmäßig, wie sich die Gestirne am Nachthimmel bewegen oder das Erbgut im Zellkern teilt, so widersprüchlich und schwer vorhersehbar verhalten sich die Menschen. Versetzen wir uns in die Lage eines jungen Mannes, der seiner Freundin einen Heiratsantrag machen will, den Moment aber immer weiter hinauszögert. Sie waren jetzt schon lange zusammen. Er ist erfolgreich, wirtschaftlich abgesichert und lebt in einer stilsicher eingerichteten Eigentumswohnung. Sie nähert sich dem Ende ihres Studiums. Beide mögen die gleichen Bands und besuchen deren Konzerte. Sie lieben Italien, dieselbe Rotweinsorte und die gleiche Art von Humor. Dennoch nimmt die Beziehung krisenhafte Züge an, ohne dass einer der beiden diese Einsicht offen ausgesprochen hätte. Er hat den Eindruck, sie baue eine Distanz zu ihm auf. Dann will sie für ihre erste Arbeitsstelle ins Ausland wechseln, ohne dass dafür zwingende Gründe vorgelegen hätten. Gäbe es Gesetzmäßigkeiten, auf die man sich im Verhalten des Gegenübers verlassen könnte, dann würde man annehmen: Hätte sie den Wunsch zu heiraten, dann würde sie sich auf mich zubewegen, anstatt sich von mir zu entfernen. Dass sie den Abstand zu ihm suchte, weil sie ihn liebte, auf diese Möglichkeit ist er gar nicht gekommen. Für ihn schien ihr Verhalten vollkommen widersprüchlich. Sie aber zog sich zurück, weil er ihr die entscheidende Frage nicht gestellt und die so sehr herbeigesehnte Zukunftsperspektive verweigert hatte. Hier also versagt die männliche Systematik.

Systematisieren bringt selbst in Alltagssituationen nur selten weiter. Einige Menschen fühlen sich zum Beispiel nach einem harten Arbeitstag nicht schlaff, sondern ganz besonders agil. Die vielen hundert möglichen emotionalen Zustände zu erkennen hilft den mehrheitlich empathischen Frauen, bessere Vorhersagen menschlichen Verhaltens zu treffen. Männer mit Autismus oder Asperger-Syndrom neigten in einer extremen Form zum Systematisieren, so Baron-Cohen. Er erzählt gerne von dem Mathematiker Richard Borcherds, Träger des höchsten Preises in der Mathematik, der Fields-Medaille. Eines Tages kam Borcherds zu ihm, weil er vermutete, am Asperger-Syndrom zu leiden. Andere Menschen seien für ihn komplizierte, geheimnisvolle Wesen, deren Gedanken er nicht deuten könne. Borcherds vermag es nicht, Scherz von Ernst zu unterscheiden oder Gleichgültigkeit von Zuneigung. Kollegen stößt er vor den Kopf. Er brüskiert sie mit taktlosen Bemerkungen. Sitzen sie bei ihm im Zimmer, steht er manchmal einfach auf, wenn ihn das Gespräch langweilt. Borcherds kam zu Baron-Cohen, weil er sich nicht vorstellen konnte, warum dieses Verhalten den anderen Menschen negativ aufstößt. Und der Mediziner musste ihm seinen Verdacht, an Asperger zu leiden, auch bestätigen. «Er besaß keinerlei Empathie – ein ganz einseitiges S-Gehirn», konstatiert Baron-Cohen. So ließ er den Patienten einen Test machen,

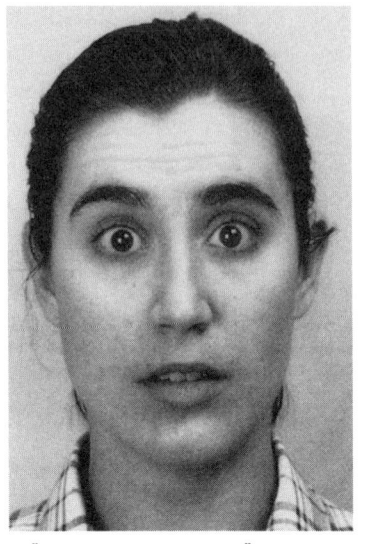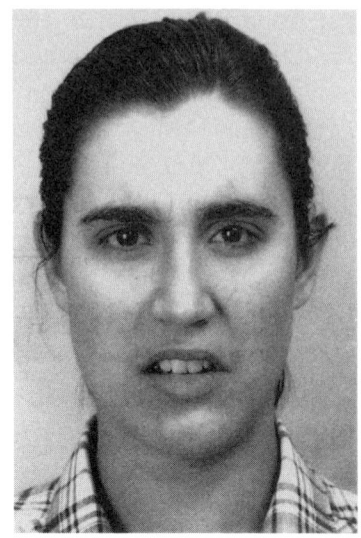

GLÜCKLICH　　　　**ÜBERRASCHT**　**ANGEWIDERT**　　　　**TRAURIG**

Empathietest von Simon Baron-Cohen
(www.autismresearchcentre.com/docs/tests)

den er eigens entwickelt hat, um den Grad der Empathiefähigkeit zu bestimmen. Dazu zeigt er Porträts von Männern und Frauen, die einen ganz bestimmten Ausdruck haben. Zwei Möglichkeiten bietet er den Probanden an, die Begriffe stehen in den Ecken des Bildes. Testen Sie es doch selber einmal aus. (Zutreffend sind: rechts/links/links/rechts.) Schneiden Sie schlecht ab, verzweifeln Sie nicht sogleich. Menschen mit mangelndem Einfühlungsvermögen haben dafür analytische Fähigkeiten. Asperger-Patienten gelten als überdurchschnittlich begabt in Ingenieursberufen und naturwissenschaftlichen Disziplinen.

Baron-Cohen muss seine Thesen nicht nur gegen die Einwände von Wissenschaftlerkollegen, sondern auch gegen den Zorn von Frauenrechtlerinnen verteidigen. Deshalb schickt er sein Forscherteam auf die Suche nach Unterschieden. Seine Doktorandin

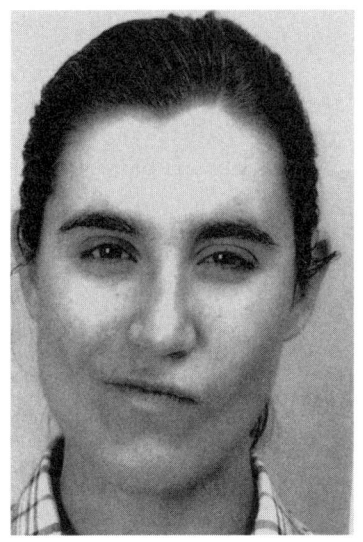
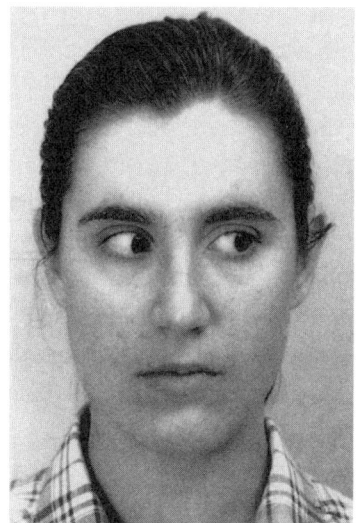

| INTRIGANT | ARROGANT | ARROGANT | SCHULDBEWUSST |

Jennifer Connellan testete bei Neugeborenen, die gerade erst 24 Stunden auf der Welt waren, ob die Babys länger in ihr Gesicht schauen oder auf einen an einer Stange befestigten Ball. Die Buben betrachteten die Bälle länger, die Mädchen die Gesichter. Dann führt Baron-Cohen auch das Beispiel einer seltenen Krankheit bei Mädchen an, das sogenannte Androgenitale Syndrom. Diese Kinder sehen äußerlich meist weiblich aus, haben aber eine extrem hohe Testosteron-Produktion. Sie verhalten sich tatsächlich eher so, wie man es bei einem Jungen erwarten würde: raubeinig.

Auch andere Forschergruppen finden Hinweise, die Baron-Cohens These Nahrung geben. Eine Spur, die die Wissenschaftler bei der Ursachenklärung für Autismus verfolgen, führt zu den Spiegelneuronen. Das liegt auf der Hand: Wer keine Gefühle lesen kann, dem fehlen die Nervenzellen dazu. Einiges spricht dafür, dass es wirklich so simpel sein könnte. Die taiwanesische Neuroforscherin Ya-Wei Cheng schob zehn Männer und zehn Frauen in den Kernspintomographen und zeigte ihnen zwei verschiedene Filmsequenzen: Eine mit einem Leuchtpunkt, der sich bewegte, die andere mit einer Hand, die eine Geste machte. Dann schaute sie sich auf den Tomographenbildern an, bei welchem der Filmausschnitte sich die Spiegelneuronen der zwei Geschlechter stärker rührten. Die Frauen, so zeigte sich, interessieren sich stärker für die Hand, vermutlich weil sie nach einer Symbolik in den Bewegungen suchen. Die männlichen Spiegelneuronen waren beim Leuchtpunkt aktiver, vermutlich weil sie nach Gesetzmäßigkeiten fahndeten, nach denen er sich bewegte.[97]

Eine andere spannende Hypothese rankt sich um das Hormon Oxytocin, das zunächst in der Medizin dadurch aufgefallen war, dass es beim Stillen das Neugeborene und die Mutter zusammenschweißt. Mittlerweile ist die Rolle des Botenstoffs bei allen möglichen sozialen Bindungen bekannt. Von den Präriewölfen weiß man, dass es die Männchen monogam macht. Und von den Menschen ist bekannt, dass sie sich unter hohem Oxytocin-Einfluss ihren Nächsten stärker hingeben. Der Lockermacher für das Gehirn heißt deshalb in den Medien oft auch schlicht: das Kuschelhormon. Bei Autisten scheint die Konzentration von Oxytocin gering, auch die Anzahl der Rezeptoren, an denen der Stoff im Körper andockt und die gewünschte Wirkung entfaltet, ist auffallend niedrig. Deswegen schlagen manche Mediziner vor, Autisten mit künstlichem Oxytocin von ihrer Gefühlsblindheit zu heilen. Frauen sind indes von Natur aus bestens gegen Autismus geschützt, weil sie über ein dickes Polster aus Kuschelhormonen verfügen.[98]

Kann es da noch verwundern, wenn es die Frauen sind, denen das Knüpfen sozialer Netzwerke obliegt? Zumindest die Durchschnittsfrau im Vergleich zu dem an Empathiemangel leidenden Durchschnittsmann? Es gibt Studien, die darauf hindeuten, dass Frauen in der Geschäftswelt andere Entscheidungsstrategien verwenden. Elizabeth Maynes von der York University in Kanada hat in einem Spielexperiment Frauen und Männer Firmenübernahmen anbahnen lassen. Männer vertrauten dabei vor allem auf einen Berater – sich selbst. Sie entschieden individuell und allein, während Frauen sich daran orientierten, wie sich die anderen Spielteilnehmer verhielten. Sie antizipierten also das komplexe soziale Geschehen um sie herum und hatten mit dieser Strategie, man muss es leider sagen, weniger Erfolg.[99]

Noch steht die Wissenschaft am Anfang der vergleichenden Geschlechterstudien. Eifrig trägt sie anatomische Unterschiede der beiden Gehirne zusammen, etwa in der Amygdala und dem Hippocampus, die unter anderem mit der Verknüpfung von Emotionen und Erlerntem betraut sind. Was das für das Verhalten von Mann und Frau zu bedeuten hat, ist noch gar nicht abzuschätzen. Beobachtet haben Forscher, dass sich Frauen emotional aufgeladene Bilder von Giftschlangen, Verletzten oder einer Hand mit Pistole wesentlich besser merken können als Männer. Als dagegen der Versuchsleiter Turhan Canli von der Stanford University den Männern Bilder von Steckdosen oder Hydranten zeigte, regte das ihre Neuronen viel mehr an.[100]

Wir erinnern uns daran, wie wichtig eine emotionale Erinnerung dafür ist, dass eine alte Erfahrung in eine Entscheidung einfließen kann. Könnte es also sein, dass Frauen über eine lebendigere Intuition verfügen als Männer? Haben sie einen höheren Intuitionsquotienten, weil sie ein besseres emotionales Gedächtnis besitzen? Das Geschlecht ist wichtig, sagt Neuropsychologe Lawrence Cahill: «Es beeinflusst das Verhalten auf Weisen, die wir noch gar nicht begonnen haben, uns vorzustellen.» Er selber hat bei einem Versuch mit 72 Männern und Frauen beobachten können, wie sehr Frauen in einer Ruhephase ihren Blick nach innen richten. Ihre Amygdala, eine Hirnregion, die Gefühle verarbeitet, baute dabei Kontakte mit dem Hypothalamus auf, der Signale aus den Körperregionen erhält. Es könnte mithin gut möglich sein, dass Frauen besseren Zugriff auf ihr unbewusstes Wissen haben und dabei mehr auf den inneren Berater hören. Die männliche Amygdala suchte viel mehr den Kontakt mit dem visuellen Cortex, also mit der Außenwelt. Liegt dort eine weitere Erklärung, warum Frauen die Gefühle der anderen besser verstehen? Sie können das übrigens auch viel besser, wenn sie anderen Menschen zuhören, wie Annett Schirmer am Max-Planck-Institut für Kognitions- und Neurowissenschaft in Leipzig entdeckt hat. Sie lauschen der Prosodie, dem Sprachklang, und filtern daraus den emotionalen Zustand des Sprechenden.[101]

Ein wichtiger anatomischer Unterschied zeigt sich direkt in der Kommandozentrale des Gehirns, dem ventromedialen präfrontalen Cortex, jener ominösen Entscheidungsregion, durch die sich bei Phineas Gage die Eisenstange gebohrt hatte. Das Gehirn unterteilt sich in eine linke und eine rechte Hemisphäre, auch der präfrontale Cortex hat eine linke und rechte Hälfte. Hanna Damasio nahm sich aus der großen Patientenkartei voller pathologischer Kuriositäten Fälle von Männern und Frauen heraus, die eine Schädigung nur in der einen oder in der anderen Hälfte des ventromedialen präfrontalen Cortex aufwiesen. Dann ließ sie die Patienten den Iowa Gambling Task machen. Dabei zeigte sich, dass Frauen bei dem Intuitionstest scheiterten, wenn ihnen die linke Seite des präfrontalen Cortex fehlte oder wenn sie beschädigt war. Bei den Männern war es genau umgekehrt. Sie kamen mit ihrer Aufgabe nicht zurecht, wenn ihnen die rechte Hälfte fehlte.[102] Man kann also etwas vereinfacht sagen: Die Männer entscheiden mit der rechten Gehirnhälfte, die Frauen mit der linken. Was dieser anatomische Unterschied im Verhalten der beiden Geschlechter bewirkt, darüber wird seit dieser Entdeckung im Jahre 2004 wild spekuliert. Aus einem Versuch mit gesunden Probanden weiß das Damasio-Team: Die Frauen schneiden im Iowa Gambling Task schlechter ab als die Männer, was wohl daran liegt, dass sie weniger systematisch an den Test herangehen. Eine Erklärung könnten die unterschiedlichen Funktionen bieten, die den beiden Gehirnhälften zugesprochen werden.

Linkshemisphärisch befindet sich das Sprachzentrum, eine bei der Frau besser ausgebildete Gehirnfunktion. Dass Frauen aber generell schlechter entscheiden würden, das geben die Experimente beileibe nicht her. Es kommt eher auf die Sorte von Entscheidung an. Bei der einen sind Männer besser, bei der anderen Frauen. Weil das weibliche Geschlecht weniger stark mit nur einer Gehirnhälfte entscheidet, besitzt es einen Vorteil gegenüber den Männern. Sollte die eine Seite wie bei den Testpersonen von Hanna Damasio ausfallen, dann scheint ihre Entscheidungskraft nicht so stark gestört zu sein wie bei Männern.[103]

Im neurologischen Geschlechterkampf scheint sich ein Unentschieden abzuzeichnen. Dass Frauen generell das intuitivere Geschlecht seien, lässt sich so einfach nicht behaupten. Judith Hall von der Northeastern-University in Boston behauptet: «Frauen sind besser, wenn sie nonverbale Hinweise decodieren, Gesichter erkennen oder aber über nichtverbale Kanäle Emotionen kommunizieren.»[104]

Mal ist das eine Geschlecht das stärkere, mal das andere. Und wenn beide wollen, dann können sie auch gleich gut abschneiden. Das behaupten die Psychologen Tiffany Graham und William Ickes. Sie konnten zeigen, dass Männer weniger motiviert waren, in den Gesichtern anderer zu lesen. Gaben sie sich einen Ruck und strengten sich an, schnitten sie sogleich auch besser ab. Außerdem können sie auch ihr Einfühlungsvermögen schulen.[105] Ein Weg, das zu tun, kennen wir bereits: Es sind die Übungs-CDs, wie sie Paul Ekman herausgibt. Und auch mit dem Bildertest, den Autismus-Forscher Baron-Cohen mit seinen Studiensubjekten macht, kann der aufgeschlossene Betrachter üben. Frauen sollten sich ebenfalls nicht auf ihre vermeintlich angeborenen Gefühlslesekünste verlassen. Graham und Ickes haben herausgefunden, dass Frauen sich so manches Mal in den Gesichtern der anderen verlesen und einem irreführenden emotionalen Hinweis aufsitzen. Männer nehmen also seltener ein Gefühl wahr, dafür liegen sie dabei aber häufiger richtig. Deshalb sollte sich niemand auf seiner genetischen oder anatomischen Ausstattung ausruhen. Die unterschiedliche Veranlagung von Venus und Mars könnte unser soziales und kulturelles Leben bereichern. Außerdem lässt sich das Wissen um die

Andersartigkeit dazu nutzen, dass sich die beiden Geschlechter entsprechend ihrer Veranlagung die Talente der jeweils anderen, besseren Hälfte aneignen.

Vielleicht ist dieser Lernprozess schon weiter fortgeschritten, als die Forscher in ihren Laboren glauben. Richard Wiseman, ein exzentrischer britischer Psychologe und Tausendsassa, hat im Jahre 2005 auf dem Edinburgher Wissenschaftsfestival ein Experiment gestartet. Er ließ 15 000 Besucher, Männer wie Frauen, Gesichter betrachten, von denen einige ein falsches Lächeln und die anderen ein echtes Lächeln zeigten. Frauen, so die landläufige Überzeugung, müssten mit ihrem eingebauten Lügendetektor ganz schnell das falsche Spiel durchschauen. Seine Ergebnisse, wissenschaftlich nicht über jeden Zweifel erhaben, zeigten allerdings ein ganz anderes Bild: Die Männer erkannten in 76 Prozent aller Fälle, wenn eine Frau falsch lächelte. Frauen erkannten nur in 67 Prozent aller Fälle, wann ein Mann falsch lächelte. «Vielleicht haben die Männer inzwischen gelernt, auf ihr Bauchgefühl zu hören», versuchte Wiseman das unkonventionelle Resultat zu erklären.

Hat am Ende doch George J. Nathan, der große amerikanische Theaterkritiker recht? «Die vielgerühmte weibliche Intuition ist nichts anderes als die große Durchschaubarkeit der Männer.»

DIE INTUITION ALS EINKAUFSBERATER

«Soll ich mich umbringen oder eine Tasse Kaffee trinken?»

ALBERT CAMUS

Geschmack lässt sich nicht berechnen

Stellen wir uns für einen Moment Christiane vor, eine junge Frau, wie sie in vielen deutschen Großstädten leben könnte. Sie arbeitet in einer großen Direktkundenbank als Marketingmanagerin. Für die Annehmlichkeiten eines Dienstwagens und einer wöchentlichen Massage sitzt sie freiwillig und hochmotiviert acht Stunden in einem Bürostuhl. Nach der offiziellen Arbeitszeit schließen sich häufig noch ein Empfang oder ein Kundenessen an. Manchmal schafft sie es am Wochenende, hastig ins Fitnessstudio zu rennen, oder sie trifft sich mit einer Freundin zum Rotweinabend, wo sie beide Klage darüber führen, kein Privatleben mehr zu haben.

Christiane erwartet mit Sehnsucht die vierzehn Tage Urlaub im Frühsommer, noch bevor die Schulferien angefangen haben und die Flughäfen verstopft sind mit Eltern und deren schulpflichtigen Kindern. Sie hat zwei Wochen Urlaub beantragt und zu ihrer Freude auch genehmigt bekommen. Den Nachmittagsblues nach der Pause nutzt sie schon seit geraumer Zeit dazu, das Internet nach Urlaubszielen abzusurfen. Sie weiß nicht so recht weiter. Soll sie sich einen Flug nach Verona reservieren und mit dem Mountainbike durch die Dolomiten radeln? Oder doch lieber das Clubhotel auf Mykonos buchen und mit einem guten Buch und einigen Fruchtcocktails am Pool den Tag wegdämmern? Einerseits spürt sie förmlich das weiche, frische Gefühl in ihrem Mund, wenn sie in der Mittagssonne an einem Bergbach anhält und mit den Händen das kalte klare Wasser an ihre Lippen führt. Am Ende eines langen Tages, das sieht sie schon vor dem geistigen Auge, sinkt sie verstaubt und verschwitzt auf ein kariertes Bett in einem netten kleinen Berggasthof. Glücklich, ihren Körper zu spüren, das Pulsieren des Blutes in den Adern, die Wärme auf ihrer gebräunten Haut. Andererseits zählt Christiane zu jenem Typ Mensch, der nach einem verbummelten Tag am Pool kein schlechtes Gewissen hat. Sie sieht sich unter der Dusche stehen und über das sinnieren, was sie am Tag im Buch gelesen hat. Sie denkt an die vielen Gleichgesinnten aus ganz Europa, die sie am Abend auf der Tanzfläche unter freiem Himmel treffen könnte. Sie ist völlig hin- und hergerissen.

Nach der ökonomischen Nutzentheorie lässt sich das Entscheidungsproblem von Christiane sehr viel systematischer beschreiben. Sie muss die Option wählen, die ihr den größten Nutzen verspricht. Das lässt sich angeblich ganz simpel ausrechnen. Fällt ihre Wahl auf die Berge, dann muss sie sich der Opportunitätskosten bewusst sein, die sie zu bezahlen hat für die Alternative, gegen die sie sich entschieden hat. In diesem Falle wären das die durchtanzten Nächte, auf die sie zugunsten der ruhigen Berge verzichtet. Sie kann also, gewissenhaft wie sie ist, an ihrem Computer das Excel-Programm starten und alle Opportunitätskosten untereinander aufschreiben.

Bei Option A, dem Mountainbiking-Urlaub, werden demnach unter anderem fällig: die entspannte Zeit am Pool, die weisen Einsichten ihres Buches. Entscheidet sie sich für Option B, den Griechenlandurlaub, dann muss sie zu den 1500 Euro, die sie das Pauschalpaket kostet, noch eine ganze Reihe von Opportunitätskosten dazuaddieren: Das Frühstücksbuffet im Hotel könnte sie gegen die Spiegeleier im Berggasthof aufrechnen. Die unrasierten Mountainbiker in ihren Funktionsjacken, die sie am Gipfelkreuz treffen würde, gegen die durchgebräunten Strandschönlinge in ihren weißen Bodyshirts. Und so weiter.

Das Verfahren funktioniert schon nicht, wenn Betriebswirte überlegen, ob sie eine Firma übernehmen oder ein großes Aktienpaket ihres Konzerns zurückkaufen sollen. Entscheidungen, bei denen bezifferbares Geld und Vermögen auf dem Spiel steht. Kann man es da dem japanischen Hersteller von Fernsehtechnik übelnehmen, der sich entschied, lieber den Zufall entscheiden zu lassen? Im April 2005 ging es bei ihm um die Frage, ob er seine zwanzig Millionen Euro teure Kunstsammlung bei Sotheby's oder Christie's versteigern lassen sollte. Der Mann ließ die Vertreter der beiden Auktionshäuser eine Runde «Schere, Stein, Papier» gegeneinander spielen. Christie's gewann.[106] Und dennoch halten Ökonomen noch immer an ihrem nutzlosen Nutzenmodell fest. Hilfreich ist es den Menschen jedenfalls nicht bei Fragen wie: Berge oder Strand, Wohnung kaufen oder mieten, Auto A oder Auto B anschaffen.

Die Entscheidungen, mit welchen Dingen man sich umgeben, welche Aktivitäten man auswählen und wie man sein Geld anlegen will, stellen den Menschen stets von neuem vor die Wahl. Schließlich verraten solche Entscheidungen viel über uns: Da geht es nicht nur um wirtschaftliche und technische Fragen, sondern um die eigenen Vorlieben, mithin um die eigene Identität. In der Postmoderne, so sagen es die Kulturwissenschaftler, definiert der Mensch sich über die Frage, ob er zum Ökoladen oder in den Supermarkt geht, ob er das Shampoo kauft, für das keine Tierversuche gemacht wurden, ob er sich einen Computer von Apple bestellt oder einen von Dell. Ich kaufe, also bin ich. Aber was? Man kommt sich dabei vor wie Sisyphos. Fast scheint es, als wäre man in einen ewigen Kreislauf solcher Entscheidungen hineingeraten. Ist gerade eine erledigt, kommt auch schon die nächste – oder schlimmer noch: Der Eindruck drängt sich auf, dass die eine Entscheidung sogleich zwei neue gebiert, wie eine Hydra. Das scheint der Preis für die angenehmen Seiten unseres wohlhabenden Lebens zu sein. Was den Entscheidungsnotstand noch weiter zuspitzt: Es stehen so viele Alternativen zur Auswahl.

Diese Situation hat wohl jeder schon mal erlebt. Da geht man durch eine fremde Stadt auf der Suche nach einem Restaurant.

Hungrig und wild entschlossen liest man die Speisekarte, die neben der Tür des ersten Lokals leuchtet. Sie gefällt einem. Aber man kann doch nicht in das erstbeste Restaurant gehen. So schaut man sich eine Karte nach der anderen an, liest ein Dutzend Menüs und hat immer weniger Hunger und immer weniger Entschlossenheit, in einen der Läden wirklich hineinzugehen. Die Opportunitätskosten sind im Verlauf der Odyssee ins Unermessliche gestiegen. So hoch, dass keine noch so lecker klingende Speisekarte sie jetzt noch aufwiegen könnte. Es ist einfach emotional unbefriedigend, an Opportunitätskosten zu denken und die Verluste, die sie nach sich ziehen.

Psychologen und Hirnforscher haben diese Schwäche des Menschen in Experimenten entschlüsselt. Schon wenn zwei Produkte vermeintlich gleichrangig zur Auswahl stehen, streikt das Entscheidungszentrum. Offerierte man den Probanden einen Sony-CD-Spieler zum Angebotspreis von 99 Dollar, dann griffen 66 Prozent der Käufer zu. Stellte man ihnen aber noch einen Aiwa-Player, ebenfalls heruntergesetzt, zum Preis von 169 Dollar als Alternative ins Schaufenster, dann sah das Ergebnis so aus: 27 Prozent nahmen den Sony, 27 Prozent den Aiwa und 46 Prozent stiegen unentschlossen aus. Es reicht also schon, eine Alternative hinzuzufügen, die einen Konflikt zwischen Qualität und Preis kreiert, und fast die Hälfte der Leute gibt auf. Bei einem anderen Versuch bot man den Testkandidaten entweder als kleines Dankeschön 1,50 Dollar an oder aber wahlweise einen Kugelschreiber im Wert von zwei Dollar. 75 Prozent nahmen den Kugelschreiber, der Rest das Geld. Stellte man sie vor die Alternative: 1,50 Dollar in bar oder zwei Kugelschreiber im Wert von je einem Dollar, wählten nur noch 50 Prozent die beiden Kugelschreiber. Bevor die Leute sich mit der Alternative, den beiden Kugelschreibern und ihrem Wert, auseinandersetzen, meiden sie die Entscheidung und wählen den einfachen Weg. Sie nehmen das Geld. Nach der Lehre vom Homo oeconomicus, dem stets rational und rationell denkenden Menschen, ein echter Fehlgriff.

Weniger harmlos ist schon jenes Experiment mit Medizinern. Da präsentierte man Ärzten den Fall eines Arthrose-Patienten und stellte sie vor die Wahl, entweder ein neuartiges, wirkungsvolles Medikament zu verschreiben oder aber den Kranken zu einem Spezialisten zu schicken. 75 Prozent wählten das Medikament. Dann stellte man eine Kontrollgruppe vor die Wahl: Entweder zwischen *zwei* neuen Medikamenten entscheiden oder den Patienten zum Spezialisten schicken. Jetzt entschied sich nur noch die Hälfte für die pharmakologische Möglichkeit und der Rest für den Spezialisten. Eine Option, die natürlich bedeutet: Sie wollen nicht selber entscheiden, sondern es dem Spezialisten überlassen.

Marketing-Experten kennen diese Versuche, und so ist es kein Zufall, dass mittlerweile technische Hilfen für die Auswahl aus dem Dschungel der Warenwelt existieren. Da gibt es im Internet Webseiten, auf denen Preise und Angebote verglichen werden. Der Computer hilft bei der Suche nach der besten und günstigsten Videokamera, Autoversicherung oder Bauhypothek. Sogar den eigenen Buch- oder Musikgeschmack lassen sich die Menschen bereitwillig vorbestimmen, wenn sie denn nur selber keine Entscheidung mehr zu treffen brauchen: Amazon oder iTunes bieten bei jeder Bestellung sogleich vergleichbare Produkte an, die eine ausgeklügelte Software aus dem Einkaufsverhalten des Kunden, respektive dem der anderen Kunden herausgefiltert hat. Man entscheidet sich für den Kauf einer CD, weil sich andere Menschen dazu entschlossen haben. Eine digital organisierte Konformitätsmaschinerie hätten die Online-Verkaufshäuser da an den Start gebracht, warnen die Kritiker. Der Erfolg des Onlinehandels lässt allerdings keine andere Antwort zu als jene, dass die Kunden wohl ganz zufrieden sind, ihre Geschmacksentscheidungen an diese anonyme Instanz abgegeben zu haben.

Die Kraft des unbewussten Denkens

Nicht alle Entscheidungen kann uns der elektronische Assistent abnehmen. Fragt sich nur: Kann uns die Intuition an seiner Stelle helfen?

Erinnern wir uns an Ap Dijksterhuis, den Sozialpsychologen, wie er in der Wohnung am Amsterdamer Zoo stand und ein Kaufgebot abgab. Hat sein Gehirn die Opportunitätskosten genau berechnet, die er für die Alternative, eine kleine verwinkelte Wohnung im Jordaan, dem Szeneviertel westlich des Grachtengürtels, hätte bezahlen müssen? Ap Dijksterhuis hat mit seiner Forschung einen Nerv getroffen. Er greift ein Problem auf, dem sich viele Menschen konfrontiert sehen. Vielleicht hat ihn deswegen 2005 die American Psychological Association mit ihrem Nachwuchspreis ausgezeichnet. Ein Grund dafür mag auch sein, dass er die Experimente, mit denen er seine Theorie vom unbewussten Denken belegen will, mitten aus dem Leben herausgreift.[107]

Da legte er Autokäufern eine Liste mit zwölf Eigenschaften eines Autos vor. Kraftstoffverbrauch, Versicherungskosten, oder Beschleunigung von null auf hundert. «Das sind eine Menge Faktoren, die nur schwer zu einer Entscheidung zusammengebunden werden können», sagt Dijksterhuis. In dem Dickicht von Vor- und Nachteilen zeigte sich aber dennoch ein Fahrzeug allen anderen eindeutig überlegen. Eine Gruppe von Probanden forderte er auf, sich die Pros und Contras eine Viertelstunde lang ganz genau anzuschauen und dann zu entscheiden. Die Teilnehmer der anderen Gruppe ließ er den Text nur kurz lesen, dann lenkte er sie mit einem Puzzlespiel ab. Anschließend fragte er sie, welches Auto sie kaufen würden. Diese Probanden entschieden sich im Gegensatz zu den Genau-Lesern zumeist für das richtige Auto. Geschickt hatte Dijksterhuis ihren bewussten Teil des Gehirns mit dem Puzzlespiel beschäftigt. «Ihr Unbewusstes dachte aber über das Auto nach», sagt er, «und das Ergebnis war verblüffend gut.»

So ähnlich erging es auch Fußballfans, die er vor der Fußball-

weltmeisterschaft in Deutschland Spielergebnisse aus der Vorrun-
de tippen ließ. Sie alle waren Experten, kannten die Teams gut.
«Sogar die Position auf der Weltrangliste», betont Dijksterhuis. Das
hatten sie in einem Vortest unter Beweis gestellt. Doch fast alle,
denen man viel Zeit zum Nachdenken gegeben hatte, schnitten
schlechter ab als die Spontanentscheider. Anschließend befragte
Dijksterhuis sie nach den Gründen für ihre falschen Entscheidungen und kam so den Fehlern, denen sie aufgesessen waren, auf die
Spur. Ganz offensichtlich hatten sie nämlich begonnen, sich seltsame Argumente zurechtzulegen. Von der Sorte: Das Team aus Tu-
nesien spielt in Berlin, dort leben viele Muslime, die die Spieler im
Stadion anfeuern. Folglich werden sie gewinnen. «Das ist natürlich
vollkommener Quatsch», sagt Dijksterhuis. Viel verlässlicher sei
die Weltrangliste, um das Ergebnis richtig vorherzusagen. «Das Unterbewusstsein greift sich das entscheidende Argument zielsicher
heraus, ohne sich ablenken zu lassen, wie der bewusste Verstand es
tut.» Man könne das gerne selber ausprobieren. Ganz einfach gehe
das mit jenem schon erwähnten Experiment: Man sucht sich das
eine Mal ganz spontan ein Bild aus und hängt es auf. Das andere
Mal denkt man ganz intensiv nach, bevor man ein Bild auswählt.
Wie lange bleiben die beiden Bilder wohl an der Wand hängen?
Dijksterhuis ist sich über das Ergebnis sicher. Er preist seine radikale Abkehr vom Prinzip der reinen Vernunft an und resümiert:
«Es ist eben besser, mit seiner Intuition zu denken.»

Ein Detail, das sich bei den Befragungen der Testkandidaten ergeben hat, ist besonders erhellend. Die Probanden, die sich mit Hilfe des Unterbewussten für ein Produkt oder ein Poster entschieden
hatten, gaben an, mit ihrem Urteil besonders zufrieden zu sein. Ihre
Entscheidung steht also nicht nur im Einklang mit den ökonomischen und technischen Gegebenheiten. Sie sind auch davon überzeugt, dass diese Entscheidung gut für sie ist. Wir dürfen also getrost Rückschlüsse darauf ziehen, wie sie zu ihrer Wahl gekommen
sind. Im Sinne von Antonio Damasio muss man davon ausgehen,
dass ihr Unbewusstes nicht nur Sachverstand bewiesen, sondern

auch einen emotionalen Impuls ausgesendet hat in Form eines eindeutigen Votums. Ihre Gefühle haben grünes Licht signalisiert für das richtige Auto, das richtige Poster – vermutlich hätten sie auch Christiane eine Lösung für ihr Dilemma, Strand oder Berge, gegeben. Damasio selber hat seine Somatic-Marker-Theorie daraufhin untersucht, wie gut sie ökonomische Entscheidungen erklärt und welche Rolle Gefühle in der Welt des Geldes spielen.

INTUITION IM ARBEITSLEBEN

«Das, was du weißt, aber nicht weißt, dass du es weißt, beeinflusst dich mehr, als du weißt.»

DAVID MYERS, PSYCHOLOGE[108]

Verlustängsten auf der Spur

Zugegeben: Realistisch ist der Versuchsaufbau nicht. Aber lehr-reich. Lassen Sie uns deshalb für einen Moment das Ultimatum Game spielen. Ich gebe Ihnen zehn Dollar unter folgender Bedin-gung: Sie müssen das Geld mit einem zweiten Spieler teilen. Sie kennen diese zweite Person nicht. Können ihr jede mögliche Sum-me geben: Neun Dollar, wenn Sie ein sehr guter Mensch sein wol-len. Die Hälfte, wenn Sie sehr gerecht sein wollen. Aber ein Dollar tut es auch. Sie müssen nur eines bedenken: Der andere Spieler kann den Betrag ablehnen, und das bedeutet dann, dass beide nichts bekommen. So weit also die Regeln. Sollten Sie ein öko-nomisch denkender Mensch sein, der sich nach den Vorhersagen der Wirtschaftswissenschaftler verhält, dann wäre klar, wie viele Dollar Sie dem anderen Spieler geben müssen: genau einen. Der andere müsste schließlich freudestrahlend annehmen: «Hey, da schenkt mir jemand einen Dollar. Den lasse ich mir nicht ent-gehen.» Und Sie hätten volle neun gewonnen

Aber genau das passiert nicht. Jonathan Cohen hat den zweiten Spieler dabei mit einem Kernspintomographen beobachtet, um herauszufinden, was in seinem Gehirn passiert.[109] Sicher haben Sie die psychologische Gemeinheit des Ultimatum Game erkannt. Sie müssen sich vorstellen, welche Summe der zweite Spieler bereit ist zu akzeptieren, und bei welcher Summe sein Gerechtigkeitssinn und sein Stolz ihm verbieten, das Geld anzunehmen. Die Versuche wurden mittlerweile in allen Kulturkreisen wiederholt. Dabei zeigt sich ein beständiges Bild: Die meisten Menschen geben die Hälfte des Geldes ab. Mit gutem Grund. Denn jeder zweite Mitspieler lehnte einen Betrag von einem Fünftel ab. Bei einem Zehntel der Geldsumme steigt die Wahrscheinlichkeit, dass er ablehnt, noch weiter an.

Sogar bei Beträgen, die die Höhe von Monatsgehältern erreichten, verhielten sich die Menschen auf gänzlich unökonomische Art und Weise.[110] Jonathan Cohen konnte bei seinen Versuchen einmal mehr Gedanken lesen. Er musste sich nur anschauen, welche Aktivität in der vorderen Insel herrscht, wenn dem Spieler eine zu niedrige Summe geboten wurde. Das kleine Areal, tief im Hirn verborgen, ist so etwas wie das neuronale Korrelat der Fairness. Es unterhält gute Verbindungen zur Amygdala und kann auf diesem Wege offensichtlich mächtige emotionale Signale in die Entscheidungszentren des Gehirns funken. Das Individuum ist bereit, für sein Gerechtigkeitsgefühl zu bezahlen. Demnach verhält es sich doch nicht so einfach, wie die Propagandisten der Wirtschaftstheorie es gerne hätten. Neuroforscher reißen auf diesem Wege ein sicheres Gedankenhaus nach dem anderen ein, mit denen bislang ökonomische Entscheidungen beschrieben wurden. Ihre Disziplin heißt Neuroökonomie, und sie wird in den kommenden Jahren die Wirtschaftswissenschaftler das Fürchten lehren.[111]

Einer der Pioniere der Neuroökonomie ist Daniel Kahneman, Psychologe an der University of Princeton, der für seine Arbeit im Jahr 2002 den Nobelpreis für Wirtschaft erhalten hat. «Kann ich meinen Intuitionen trauen?», fragt der 73-jährige Gelehrte auf seiner Website, und er antwortet abwägend: «In manchen Situationen ja, in manchen nein. Vor allem, wenn es um Geld geht.»

Kahneman sitzt in einer schwarzen Limousine und ist gerade auf dem Weg dorthin, wo sich alles ums Geld dreht. Vor seinem idyllischen Haus, malerisch unter Bäumen direkt mit Zugang zu einem See gelegen, habe ich ihn getroffen. Statt ins Haus zu gehen, steigen wir zusammen in die Limo. Er ist ein vielbeschäftigter

Mann und gefragter Redner, weswegen er ein- oder zweimal die Woche seine Idylle in der Parklandschaft von Princeton verlässt. Wir fahren an den Hafenanlagen New Jerseys vorbei, unter dem auf Stelzen verlaufenden Highway schwappt das ölverdreckte Wasser der Lagune.

In der Ferne zieht die Skyline von Manhattan am Autofenster vorbei. Hinter den Stahlfassaden der Wolkenkratzer sitzt eine seltsame Spezies Mensch. Sie scheint sich von Zahlen zu ernähren. Statistiken, Analysen, Charts und Portfolios sind der Nährstoff ihres hektischen Treibens. Der dünne Strich der Kursverläufe, das ewige Auf und Ab, bestimmt den Pulsschlag ihres Lebens. Nirgendwo sonst auf der Welt, denkt man, regiert eine rigorosere Rationalität. Jede noch so kleine Gefühlsregung wird von der kalten Luft der Klimaanlagen sofort durch die Abluftrohre nach draußen geblasen. Aber Kahneman kennt das Innenleben der Kathedralen des Kapitalismus. Er weiß, welche bizarren Rituale das Handeln dieser Menschen bisweilen bestimmt. Richard Freeman, ein erfolgreicher Fondsmanager der Wall Street, hat die letzten Jahre mit seinem Portfolio 13,9 Prozent Wertzuwachs erwirtschaftet. Eine beachtliche Zeit seines Tages verbringt der Mittfünfziger damit, Gegenstände auf seinen Regalen in eine ganz bestimmte Ordnung zu bringen. Darunter einen West-Highland-Terrier aus Plüsch, der die Uniform der New Yorker Baseballmannschaft Mets trägt. Nur so bringe ihm seine Sammlung von Talismanen satte Gewinne, sagt er: «Ich mag eine gute Intuition haben, doch die ist gepaart mit jeder Menge Glück.» Alan Palmer, der Anleihenhändler, geht zum Beispiel nur auf eine ganz bestimmte Toilette bei sich im Büro. Brett Gallagher, Händler beim Bankhaus Julius Bär, glaubt fest daran, dass seine Fonds schlechter abschneiden, seit die Zierfische in seinem Aquarium eingegangen sind. Und der Fernseh-Börsenguru Jim Cramer trug in seiner Zeit, da er noch einen aggressiven Hedge-Fonds verwaltete, jeden Tag dasselbe grüne T-Shirt unter seinen teuren Donna-Karan-Hemden.

Kahneman hat Verständnis für die Marotten dieser High Net

Individuals. Wie kaum ein anderer hat er die chaotischen Verhältnisse studiert, in denen die hochbezahlten Geldjongleure jeden
Tag operieren. Vor allem aber kennt er die psychologischen Gründe für dieses Durcheinander, das sich Marktgeschehen nennt und
einen fatalen Hang zum Totalabsturz hat.[112] Eine Bank hat ihn zum
Lunchvortrag eingeladen. Dort soll er seine gerade für Banker oft
wenig schmeichelhaften Thesen vortragen. «Ein ganz charakteristisches Verhalten des Menschen», so doziert der Psychologe, «ist
seine Scheu vor Risiken.» Ein Test mache das deutlich. Man stellt
Probanden vor die Alternative, entweder einen sicheren Gewinn
von 900 Euro einzustreichen oder aber einen Gewinn von 1000
Euro, den sie allerdings nur mit einer Wahrscheinlichkeit von 90
Prozent erhalten würden. Obwohl der Gewinn beim zweiten Angebot in den meisten Fällen höher ausfällt, entscheidet sich die
Mehrzahl der Teilnehmer für die risikofreie Alternative.

Die Angst vor einem Verlust sei ungefähr doppelt so stark wie
die Freude über einen Gewinn. Beim Spekulieren mit Aktien führe
das zu einem Problem: Bei steigenden Wertpapierkursen neigt der
Anleger dazu, zu früh den Gewinn mitzunehmen. Bei fallenden
Kursen dagegen erliegt der Mensch einem anderen Intuitionsdefekt. Sollen sich Probanden zwischen einem sicheren Verlust
von 900 Euro und einer 90-prozentigen Wahrscheinlichkeit entscheiden, 1000 Euro zu verlieren, dann wählen sie die zweite Alternative. Sie klammern sich an die Hoffnung, mit zehn Prozent
Wahrscheinlichkeit einen Verlust abzuwenden. «Plötzlich sind sie
aus Angst vor Verlusten bereit, alles zu riskieren», urteilt Kahneman, der zusammen mit seinem Kollegen Amos Tversky die sogenannte «Prospect Theory» als Gegenentwurf zum Rationalismus
der Ökonomenzunft entwickelt hat.

Ein großer Anhänger dieser Theorie ist Antonio Damasio. Er
lobt Kahneman und Tversky für ihre «genialen Ideen», weil sie «As-
pekte ökonomischer Entscheidungen des Menschen eingefangen
haben, die den konventionellen Weisheiten zuwiderlaufen». Die
große Angst vor einem Verlust erklärt Damasio mit den emotiona-

len Steuerimpulsen im Gehirn. Bei einem starken negativen Reiz, etwa einem Kurssturz an der Börse, löst die Amygdala ohne große Reaktionszeit eine kurze, heftige Antwort aus: Kämpf oder flieh. Dieser Reflex existiert noch aus den evolutionären Frühtagen des Menschen und war damals, vor Erfindung der Börsen, eine sinnvolle Sache. Beim Anblick eines Schlangenkörpers schaltete das Gehirn sofort in den emotionalen Ausnahmezustand. Selbst wenn sich die vermeintliche Schlange nur als krummer Stock herausstellte, waren die Folgen des falschen Alarms gering. «Die Amygdala wurde zum Zwecke des Überlebens geschaffen und nicht für die Börsen», verteidigt Damasio die Evolution. Eine Panikreaktion im Angesicht fallender Aktienkurse kann sich als ein falsches Verhalten entpuppen. Ganz verteufeln sollte man die Amygdala, jenes mandelförmige Areal im Temporallappen und Hauptbestandteil des limbischen Systems, dennoch nicht. Patienten mit einer Schädigung jenes Warninstruments, das hat Damasio in seiner medizinischen Praxis häufig beobachten können, landen über kurz oder lang meist im wirtschaftlichen Ruin.

Der Neurologe pflichtet Kahneman bei in seiner Beobachtung, dass der Aktionär gerade in Zeiten sinkender Kurse bereit ist, enorme Risiken einzugehen, um dem drohenden Verlust zu entgehen. Schuld daran ist jener Impuls, der sich immer dann einstellt, wenn der Mensch ein bekanntes Muster wahrnimmt. Verarbeitet wird es im ventromedialen präfrontalen Cortex. Ein solches Muster könnte für einen Börsenbroker etwa eine besondere Konstellation aus Konsumdaten, Konjunktur und bestimmten Vorgängen an den internationalen Währungsmärkten sein, bei der er in der Vergangenheit ein Sinken der Aktienkurse beobachtet hat. Freeman, der abergläubische Händler, etwa glaubt fest an ein alle vier Jahre wiederkehrendes Tief, das immer mitten in der vierjährigen US-Präsidentschaftszeit seinen tiefsten Stand erreicht. Solche Muster lösen bei Bankern wie Freeman ein negatives Gefühl aus, das im präfrontalen Cortex in seine Entscheidungen einfließt. Aus neuropsychologischen Studien ist bekannt: Macht sich so ein negativer somatischer Marker bemerkbar, während sich der Mensch in einer negativen Grundstimmung befindet, dann verstärkt eines das andere. Damasio spricht von einem «starken somatischen Zustand im Hintergrund». Aus Angst vor Verlusten ist der Mensch in dieser schlechten Grundstimmung bereit, ein großes Risiko einzugehen. Das Äquivalent im wahren Börsenleben wäre ein allgemein negatives Klima auf dem Handelsparkett, das sich mit dem bestimmten Muster einer ganz konkreten negativen Beobachtung paart – der Broker entscheidet sich für ein risikoreiches und potenziell verhängnisvolles Verhalten. Ist die Grundstimmung positiv und erwartet der Händler wegen positiver Botschaften aus den Aktienmärkten steigende Kurse, dann nimmt seine Risikobereitschaft ab – ein Verhalten, das zunächst einmal dem gesunden Menschenverstand zuwiderläuft. Doch Damasio besteht darauf: «Nach einer ganzen Serie harter Verluste am Aktienmarkt steigt die Risikobereitschaft weiter an.»[113]

Das scheinbar paradoxe Verhalten erklärt sich mit der Art, wie der präfrontale Cortex verschaltet ist. Dort werden sicher erwartbare Belohnungen oder Bestrafungen, zum Beispiel ein unmittelbar erwarteter Börsencrash, in einem der eher hinten liegenden Teile der Entscheidungszentrale verarbeitet, von denen bekannt ist, dass sie stärkere somatische Signale auslösen. Ein Gewinn oder Verlust, der weniger sicher erscheint, wird in einem vorderen Bereich des präfrontalen Cortex verarbeitet, der allerdings schwächere emotionale Impulse auslöst. Liegt in diesem Intuitionsdefekt der Grund dafür, dass die Börsenkurse immer mal wieder zusammenrasseln? Leicht vorstellbar sind auch andere Situationen, in denen die Risikospirale sich in dieser Weise nach unten dreht. Man denke an Manager, die ein kriselndes Unternehmen führen sollen, oder an Politiker, die in einem Konfliktfall mit einem anderen Staat plötzlich zum Einsatz des untauglichsten aller Mittel bereit sind: zum Krieg.

Bevor meine Gedanken zu weit abschweifen, holt mich Kahneman mit dem Hinweis auf eine weitere Intuitionsfalle zurück in unser Gespräch. Fatal kann sich auch eine weitere Neigung des Menschen auswirken: Er überschätzt seine Fähigkeit, die Zukunft zu überblicken. Für die Volkswirtschaft, lehrt Kahneman, sei das ein ziemlich starker Motor. Achtzig Prozent aller Firmengründer glauben daran, dass sie sich am Markt behaupten werden – tatsächlich sind drei Viertel nach fünf Jahren wieder vom Markt verschwunden. «Ohne diesen angeborenen Optimismus gäbe es das Unternehmertum und die wirtschaftliche Dynamik wohl kaum in diesem Maße», sagt Kahneman.

In diesem Verhalten unterscheidet sich der Mensch nicht sonderlich vom Affen. Es scheint ein evolutionärer Vorteil zu existieren, der darin besteht, Risiken einzugehen. Bei Primaten haben Forscher entdeckt, dass ihr Dopamin-Ausstoß wesentlich stärker ausfiel, wenn sie eine unerwartete Belohnung bekamen.[114] Ohne diesen Mechanismus, der zu riskantem Verhalten motiviert, würde ein Tier wohl kaum nach neuen Nahrungsquellen suchen – und Anleger würden ihr Geld lieber unter das Kopfkissen legen. Das Phänomen führt aber auch häufig dazu, dass Unternehmer wie Privatleute in ihren Planungen das Risiko des Scheiterns zu gering einschätzen. Folglich zahlen Konzerne zu viel Geld bei der Übernahme anderer Firmen. Und Privatleute geraten in die Schuldenfalle, weil sie ihre künftigen Einnahmen zu hoch veranschlagen. An der Börse bewirkt dieser Optimismus stete Geschäftigkeit. «Ständig glauben die Aktionäre, irgendeine großartige, hundertprozentige Idee zu haben, wie sie satte Gewinne einstreichen könnten», sagt Kahneman. Die Analyse von mehreren zehntausend Transaktionen eines Discount-Brokers aber habe ergeben: Je mehr die Leute handeln, desto weniger Erfolg haben sie an der Börse.

Ein anderer Grund für den Aktionismus der Aktienanleger liegt in der regelrechten Sucht nach Prognosen. Die Ungewissheit, wohin sich die Kurse entwickeln, erzeugt in den Anlegern das negative emotionale Signal der Furcht, dem sie am liebsten entkommen wollen. Prognosen sind da so etwas wie Lösungen, die ein gutes Gefühl verursachen, und deshalb sind sie bereit, an diese

Vorhersagen zu glauben.[115] Fjodor Dostojewski, der tiefgläubige russische Schriftsteller, hat diesen Hang zum Glauben einmal so beschrieben: «Wenn irgendjemand mir bewiese, dass Christus außerhalb der Wahrheit stand, und es wirklich so war, dass die Wahrheit außerhalb von Christus war, so würde ich lieber bei Christus bleiben als bei der Wahrheit.» Das will für das weltliche Geschehen an den Handelsplätzen heißen: Auch wenn ich weiß, dass Marktprognosen häufig nicht stimmen, folge ich ihnen dennoch. Denn sonst gibt es ja nichts, woran ich glauben kann. Und woher soll ich wissen, wohin die Kurse gehen? Handele ich nach einer Prognose, dann fühlt sich dieser Ausweg aus der Unwägbarkeit der Finanzmärkte einfach besser an. Das Gehirn sucht schließlich die ganze Zeit nach vermeintlichen Regelmäßigkeiten in der Umwelt. Selbst dann, wenn es keine Strukturen gibt. Wenn ein Unternehmen drei Jahre hintereinander stets einen steigenden Gewinn und eine Dividende verkündet und im vierten Jahr auf einmal einen geringeren Gewinn und eine ausbleibende Dividende, dann heißt das nicht automatisch, dass es dem Unternehmen schlechtgeht und die Aktien verkauft werden sollten. Und dennoch verhält sich der Mensch intuitiv so, weil er eine Regelmäßigkeit erkannt zu haben meint, die durch die ausbleibende Dividende jäh zerstört worden ist.

Kahneman hat eine ganze Reihe Irrtümer aufgedeckt, denen der Mensch beharrlich aufsitzt, ohne sich dessen bewusst zu sein. Eine Autofahrt in New York ist da gar nicht genug, um sie alle in der gebotenen Sorgfalt zu besprechen. An der Ausfahrt des Lincoln-Tunnels stehen wir im Stau. Ich denke daran, dass er für seinen Vortrag gleich Tausende Dollar einstreichen wird, ich dagegen bekomme die Privataudienz umsonst. Mein Belohnungssystem jubiliert. Und jetzt bleibt auch noch Zeit für ein weiteres Schmankerl aus dem Schwarzbuch der grauen Masse. Manchmal hat der chaotische Verkehr New Yorks auch seine guten Seiten.

Geld etwa ist dem Menschen mehr wert im Hier und Jetzt als in irgendeiner fernen Zukunft. Discount Forwarding, so nennt Kahneman dieses Phänomen, das unter anderem daran schuld ist, dass der Mensch nicht aus eigenen Stücken genug für seine Rente tut. Die meisten Menschen greifen bei 1000 Dollar zu, die man ihnen am folgenden Tag geben wird, und verschmähen 2000 Dollar, die man ihnen in einem Jahr geben will. Genauso schmerzt es den Menschen mehr, wenn man ihm heute 1000 Dollar abnimmt, als wenn er 2000 Dollar in einem Jahr abtreten soll.[116] Es ist wie mit dem Grashüpfer und der Ameise in der Fabel von Äsop, dem griechischen Dichter. Der Grashüpfer liegt in der warmen Sommersonne und verschwendet keinen Gedanken an den nahenden Winter, während die Ameise bereits emsig Vorräte anlegt. Damasio erklärt auch diese Unvernunft des Grashüpfers mit der Anatomie des präfrontalen Cortex. Der sei so organisiert, dass er der Reihe nach naheliegende und danach später stattfindende, meist eher abstrakte Ereignisse verarbeitet. Die nahe, unmittelbare Zukunft findet in der Kommandostelle weiter hinten, die fernere Zukunft weiter vorne statt. Wie wir schon zuvor für das Risikoverhalten gelernt haben, ist das somatische Signal aus dem hinteren Teil stärker. In grauen Vorzeiten mag das ein Vorteil gewesen sein: Über Leben und Tod wurde im Augenblick entschieden, die Riester-Rente stand damals noch nicht zur Debatte.[117] Das kurzfristige Denken des präfrontalen Cortex kollidiert heutzutage allerorten mit den Verlockungen des Finanzmarktes. «Es erklärt womöglich auch, warum die Leute leichter ihr Geld mit einer Kreditkarte ausgeben als mit Bargeld», so Damasio. Es tut ihnen einfach weniger weh, das Plastikding durch den Kartenleser zu ziehen und am Ende des Monats eine Abrechnung zu erhalten, die unangenehm hoch ist, als an der Kasse gleich die Scheine hinblättern zu müssen.

Kahneman sagt, dass vor allem «die Institutionen» davon profitieren würden, und meint damit Banken und Investmenthäuser. Vielleicht laden sie ihn wegen dieser Erkenntnis auch so gerne zu Lunchvorträgen ein? Die Unternehmen seien zwar auch nicht gegen die falsche Intuition ihrer Mitarbeiter gefeit. Sie können auch kollektiv einer dieser unbewussten Fußangeln zum Opfer fallen.

Doch in der Regel sind sie besser gewappnet, weil sie klug genug organisiert sind, um menschliche Schwächen häufiger zu vermeiden. Die Bank gewinnt immer, will Kahneman sagen. Wir sind an einem der Türme des World Finance Centers angekommen. Einen Steinwurf entfernt klafft die Wunde vom Ground Zero. Bevor wir uns verabschieden, bemerkt Kahneman noch: «Der private Anleger fällt ständig auf seine Intuition herein.» Dann bekennt der Nobelpreisträger: Auch er selber sei ein lebendes Beispiel dieses Unverstandes. Nach einer Autofahrt mit Daniel Kahneman möchte man das Depot bei seiner Internetbank am liebsten gleich kündigen.

Revolutionen aus dem Bauch heraus

Zum Bewerbungsgespräch für seinen ersten Job kam der junge Mann barfuß. Gewandet war er in lumpenartige Klamotten. Sein Haar war lang und wirr. Doch der 18-Jährige weigerte sich, das Gebäude zu verlassen, ehe man ihn nicht eingestellt habe. Dem Personalchef blieb nichts anderes übrig, als zum leitenden Ingenieur zu gehen und ihm zu sagen: «Wir müssen entweder die Polizei rufen, oder wir stellen ihn wohl oder übel ein.» Al Alcorn, der damalige Chefingenieur von Atari Computer, erinnert sich noch gut an jenen seltsamen Bewerber, der das College abgebrochen hatte, keine Referenzen vorweisen konnte, bei dem nur «irgendein Funke spürbar war».

Alcorn gerät regelrecht ins Schwärmen: «Den Funken in diesem Mann konnte ich wirklich erkennen, diese innere Energie, den Willen, sein Ziel zu erreichen. Und außerdem hatte er eine Vision.» Deshalb stellte er ihn ein. Doch der Abteilungsleiter, dem dieser ungewöhnliche Mitarbeiter zugewiesen wurde, stöhnte nur: «Wieso drehst du mir diesen Typen an? Er stinkt, er ist nicht wie die anderen. Er ist ein gottverdammter Hippie!» Alcorn musste den Abteilungsleiter mit einem Kompromiss besänftigen. Der junge Hippie sollte nachts arbeiten. «So konnte sich niemand an ihm stören.»

Es war eine sonderbare Zeit, Mitte der 1970er Jahre. Damals waren viele Computer noch so groß, dass sie einen eigenen Raum brauchten. Computer für den Heimgebrauch bestanden lediglich aus Platinen, integrierten Schaltkreisen und blinkenden Leuchtdioden. Sie waren allein von verschrobenen Technikliebhabern zu bedienen und wurden infolgedessen auch nur in rumpeligen Geschäften verkauft – als Bastelsatz.

Der junge Hippie, der zunächst noch bei Atari arbeitete, hatte für dieses Arbeitsgerät ganz andere Vorstellungen – von denen einige allerdings auch heute noch nicht bei allen Computern zum Standard zählen. Es sollte kompakt sein, mit Bildschirm und Tastatur, er sollte gut aussehen, weswegen er selber noch mit einer Plastikfeile den Prototypen des Gehäuses zurechtschliff. Außerdem dürfe der Computer keines dieser lauten, säuselnden Luftgebläse besitzen. Schließlich meditierte er gerne und konnte es einfach nicht ausstehen, wenn es dann in seiner Umgebung laut war. Er war überzeugt, dass alle Menschen so dachten, und glaubte an ein Milliardengeschäft für den Computer, den er mit seinem Kompagnon ersonnen hatte. Auch beim ersten Investor, den er um Risikokapital für sein eigenes Unternehmen bat, tauchte er barfuß auf. Dass er roch, lag daran, dass er als asketischer Mensch nur Früchte aß und irrigerweise glaubte, man entwickle bei dieser Ernährung keinen Körpergeruch. Auch dieses Mal verließ er nicht das Büro, ehe er bekam, was er wollte: 20 000 Dollar.

Der Name des Unternehmens, das er damit gründete, geht auf eine Apfelplantage in Oregon zurück, wo er sich mit Gleichgesinnten traf. Es nennt sich Apple. Der junge Mann war Steve Jobs.

Sein Wille, der sich bis zur Egomanie steigern kann, seine Weitsicht, die mitunter mehr als eine Dekade technischen Fortschritts vorwegnimmt, und sein Perfektionismus, der seine Ingenieure bisweilen in Heulkrämpfe und zur Aufgabe treibt: Diese drei Charakterzüge gelten als Grund dafür, dass Jobs dem digitalen Zeitalter drei Revolutionen bescherte. Zum einen entwickelte Apple den ersten von Laien zu bedienenden Computer. Dann gründete Jobs mit

Pixar ein Unternehmen, das Animationstechnik in Filme wie «Toy Story» umwandelte, mit denen Hollywooderfolge zu erzielen und Oscars zu gewinnen waren. Die dritte Revolution war der iPod, ein kleines weißes Abspielgerät für Musikdateien, das er im Oktober 2001 vorstellte. Gegen die posttraumatischen Depressionen, die Amerika nach den Anschlägen des 11. September erfasst hatten, und gegen die Depression, die das Platzen der Internetblase an den Börsen in den Köpfen der technologischen Elite auslöste, brachte Jobs das Gerät auf den Markt. Damit transponierte er ganz nebenbei den Musikmarkt in das Zeitalter, in dem Lieder nicht mehr auf Vinyl oder CD, sondern allein auf Festplatten existieren.

Jobs verstößt gegen Konventionen. In Bewerbungsgesprächen fragte er die Kandidaten schon einmal danach, wann sie das erste Mal in ihrem Leben Sex hatten und ob sie schon einmal LSD probiert hätten. Wer dann nicht impulsiv und schlagfertig reagiert, hat bei ihm keine Chance. Denn er verehrt diese Tugenden wie kaum ein anderer Unternehmer. Für ihn sind das Glaubenssätze, die er dem Zen-Buddhismus entlehnt hat. «Zen setzt gegen das rationale, analytische Denken Intuition und Spontaneität. Für einen jungen Mann, der im Grunde in keinem Bereich über eine formale Ausbildung verfügte, war dies wichtig», schreiben Jeffrey Young und William Simon in ihrer Biographie über den kalifornischen Unternehmer.[118] Nicht immer hatte er damit Erfolg. Ihm entglitt die Kontrolle über sein aufstrebendes Unternehmen, Ende der 1980er Jahre stand es fast vor dem Ruin. Zehn Jahre später führte er es zu neuen Höhen, und wer weiß, vielleicht ruiniert er es wieder, oder ihm gelingt noch eine Revolution.

Karrieren wie die von Jobs sind in den USA, mit ihrem unbedingten Glauben an den Vom-Tellerwäscher-bis-zum-Millionär-Traum, gar nicht so selten. Vielleicht liegt es auch an der Selfmade-Mentalität, dass dort die Intuition als unternehmerische Eigenschaft mehr zählt als in Europa und Deutschland, wo großbürgerliche Unternehmerdynastien das Wirtschaftsleben formen beziehungsweise das Denken über die Unternehmenskultur bestimmt haben.

Jack Welch, der legendäre Chef von General Electric, gab seiner Autobiographie den Titel: «Direkt aus dem Bauch», der leider in der deutschen Ausgabe durch «Was zählt» ersetzt wurde. Wer das Buch liest, der kommt zur Erkenntnis: Pragmatiker handeln nach den Fakten, Helden wie Welch nach der Intuition.

Ganz allmählich beginnt sich auch bei uns das Bild zu ändern. Mittlerweile entdecken Ökonomen die verborgenen Talente des Unbewussten und wollen herausfinden, wann der Bauch den Excel-Tabellen überlegen ist. Der Harvard-Professor Daniel Isenberg etwa macht fünf ganz bestimmte Arten aus, wie Führungspersönlichkeiten die Intuition in ihrem Unternehmen nutzen könnten. So könnten sie ihren siebten Sinn dafür verwenden, ein Problem zu erkennen. Verlangt es nach schneller Lösung, könnten sie auf in der Vergangenheit unbewusst erlernte Verhaltensmuster zurückgreifen. Dank intuitiver Erfahrung seien sie in der Lage, aus weit verstreuten, nicht miteinander verbundenen Informationen eine neue Erkenntnis zu knüpfen oder gar etwas vollkommen Neues zu schöpfen. Manager dürften auf die Intuition zurückgreifen, wenn sie ihre eher rational zustande gekommenen Entscheidungen darauf untersuchen, ob sie auch plausibel sind. Und letztlich könnten sie jegliche Tiefenanalyse umgehen, wenn es die Situation erfordere, und aus dem Hut entscheiden. «Intuition ist nicht das Gegenteil von Rationalität, es ist kein völlig zufälliger Prozess des Ratens. Sie basiert auf einem großen Erfahrungsschatz sowohl in der Analyse, beim Lösen des Problems sowie im Umsetzen», so Isenberg, der vor seiner Professur an der Elite-Uni als Unternehmer in Israel gearbeitet hat. In seinen Augen ist es wichtig, im Laufe seines Lebens die richtigen Lehren aus seinem Handeln gezogen zu haben, um das Bauchgefühl zu schärfen. Er behauptet: «Ist die Erfahrung logisch und wohl fundiert zustande gekommen, dann gilt das auch für die Intuition.»[119]

Entscheidungen – natürlich getroffen

Einer der wohl quirligsten Apologeten für die Intuition in der Arbeitswelt ist Gary Klein. Der Psychologe untersucht schon seit den 1980er Jahren dieses Phänomen. Zunächst tat er das bei Feuerwehrleuten, die er mit standardisierten Fragebögen zu ihren Entscheidungsstrategien interviewte. Dadurch wurden die US-Streitkräfte auf ihn aufmerksam und luden ihn ein, ihr Personal zu befragen. Aus diesem Erfahrungsschatz hat Klein eine Theorie destilliert, mit der er die in seinen Augen «wahre Art, wie der Mensch sich entscheidet» beschreibt. Die Theorie der Natürlichen Entscheidungsprozesse will sich bewusst von vielen Vorstellungen der Ökonomenzunft verabschieden, die für Klein nicht mehr als Wunschdenken darstellen. Sein Credo richtet sich bei weitem nicht nur an Wirtschaftsleute, sondern an alle Menschen, die in ihrem Beruf häufig wichtige oder schnelle Entscheidungen treffen müssen. Das können Ärzte und Krankenschwestern, Feuerwehrleute, Börsenhändler, Polizisten, Juristen oder eben auch Manager sein. Er sagt: «Intuition ist die Art, wie wir unsere Erfahrung in Urteile und Entscheidungen übersetzen.»[120] Man könnte Intuition im Sinne Kleins auch mit Expertenwissen vergleichen. «Experten haben aufgrund ihrer Erfahrung gelernt, alle möglichen Dinge zu sehen, die für andere Menschen unsichtbar sind.» Was sich hinter diesen Dingen verbirgt, ist in jedem Beruf verschieden. Im übergeordneten Sinne handelt es sich aber in allen Fällen um bekannte Muster.

Versetzen wir uns in Steve Jobs, der vor der Entscheidung steht, ob er die Investition für die Entwicklung und Markteinführung des iPod tätigen soll oder nicht. Für einen Berufsrevoluzzer wie ihn könnte so ein Muster wie folgt aussehen: Das Aufkommen des Musikdateien-Formats MP3 macht es für jeden Computerbesitzer möglich, Musikstücke zu kopieren. Auf Tauschbörsen im Internet zirkulieren diese «gerippten» Songs von einem Fan zum nächsten. Die Umsätze der Plattenlabels brechen auf breiter Front ein. Dennoch: Es ist umständlich, die Musikdateien zu kopieren, von CDs auf den Rechner zu importieren und später auf ein portables Abspielgerät wieder aufzuladen. Jobs erkennt auch, dass die ersten MP3-Player keine sinnlichen Geräte sind. Mit der Folge, dass nur Technikbegeisterte sie tatsächlich verwenden und die Liebhaber von Plattensammlungen sich angesichts solch stillosen Unterfangens mit Grausen abwenden. Es ist ein bisschen so wie vor zwanzig Jahren, als dem PC noch bevorstand, für die breite Masse zugänglich gemacht zu werden. Was Apple dann zu einem großen Anteil auch tat. Jobs mag also impulsiv gehandelt haben, als er gegen den gutgemeinten Ratschlag vieler Experten den relativ teuren iPod auf den Markt zu bringen beschloss. Aber intuitiv hat er wohl das alte Muster, jene Erfolgsmasche, wiedererkannt und darauf gedrängt, das Gerät einfach bedienbar und mit der eigenen Software namens iTunes leicht verwaltbar zu machen. Er wollte es optisch ansprechend gestalten und mit einer langen Batterielaufzeit versehen. Mit dem ihm eigenen Hang zum Pathos, der von seiner unbedingten Überzeugtheit kündet, sagte er bei der Vorstellung: «Mit dem iPod wird das Hören von Musik nie mehr so sein, wie es war.» Die CD-Sammlung werde man von nun an in der Hosentasche mittragen, und Jobs demonstrierte das, indem er das Gerät aus seiner Jeans hervorzog.

Gary Klein hat die geheimnisvollen Vorgänge des Unbewussten in einem Kreisdiagramm dargestellt. Eine Situation erzeugt demnach ganz bestimmte Zeichen, die Hinweise auf den besonderen Charakter des betreffenden Ereignisses geben. Die menschliche Wahrnehmung registriert jene Zeichen und gleicht sie mit vergleichbaren Situationen aus der Vergangenheit ab. Ganz schnell erkennt der Experte dabei Muster, die in ihm eine Handlung auslösen. So nimmt der Mensch Einfluss auf die Situation, die sich vor seinen Augen gerade zuträgt. Von der Wahrnehmung zur Reaktion läuft im Gehirn ein zweiter Kreislauf ab. Bevor der Mensch nämlich handelt, stellt er mentale Simulationen an, welche Folgen seine Reaktion haben wird. Hierbei bedient er sich bestimmter Modelle, die

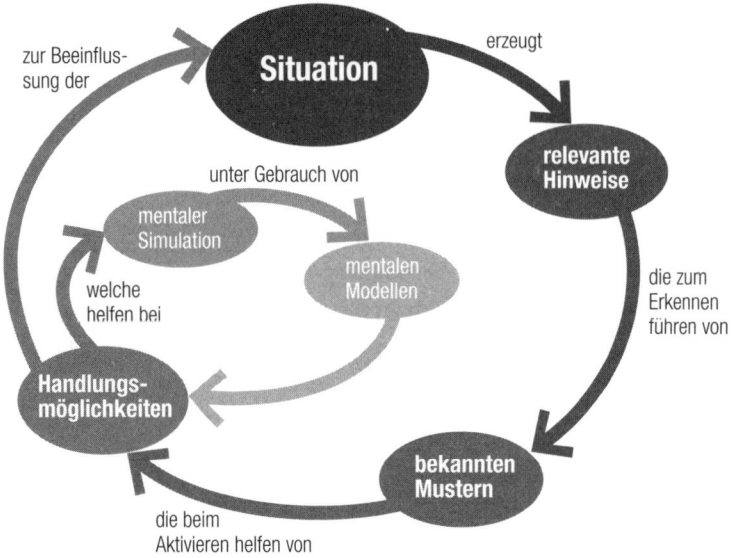

Das auf Wiedererkennen basierende Entscheidungsmodell nach Gary Klein

er in langjähriger Erfahrung durch Versuch und Fehler ausprobiert hat. Es sind so etwas wie Routinen, die sich tief in sein Gehirn eingebrannt haben.

Bleiben wir bei der Metapher vom Einbrennen. Vor einiger Zeit hatte ich ein Gespräch mit dem Leiter der Hamburger Landesfeuerwehrschule, Jörg Schallhorn. Wir unterhielten uns über die psychologischen Anforderungen, die an junge Feuerwehrleute gestellt würden, und er erzählte davon, dass man bei jedem Einsatz neu mit sich verhandeln müsse, wie weit man seinem Eid, Leben zu retten, folgen kann. Oder wann man an sein eigenes Leben denken und sich zurückziehen müsse. Zu 10 000 Brandeinsätzen im Jahr rücken seine Leute aus, sagte mir der sportliche Mann mit dem Oberlippenbart, der im Dienstgrad eines leitenden Oberbranddirektors steht. «Wenn ich an diese Zahl denke, dann haben wir glücklicherweise wenig tote Kameraden zu beklagen.» Ihn fasziniere es immer wieder, wie doch unter hohem Zeitdruck überwiegend die richtigen Entscheidungen getroffen werden. Da brennt in einer Garage ein Auto, und hinten in der Ecke steht noch eine Kiste mit Feuerwerkskörpern. Wer kann so was ahnen? Werden seine Mannschaften zu einem Einsatz gerufen, dann haben sie noch im Löschwagen Gelegenheit, am mobilen Computer in einer Datenbank nachzuschauen. Manche Gebäude sind da verzeichnet, in denen Gefahrengüter lagern, und auch, wo das Zeug sich genau befindet. Schiffe, die in den Hafen einlaufen, geben der Brandwehr die Lage von explosiven Containern automatisch durch. Aber all das kann eine Feuerwehrfrau oder einen Feuerwehrmann nicht vor den Unwägbarkeiten des riskanten Berufes schützen. Insbesondere wenn es sich um Privathäuser handelt.

Schallhorn selber kann sich noch an einen Einsatz ganz zu Beginn seiner Karriere erinnern, der für ihn eine Art Erweckungserlebnis war. Er eignet sich ganz gut dafür, das Klein'sche Entscheidungsmodell zu erläutern. Schallhorn und seine Einheit hatten einen Brand im Hamburger Alsterhaus gemeldet bekommen, dem prächtigsten Kaufhaus der Stadt, ein Wahrzeichen an der Binnenalster. Das Gebäude war bedeutend. Indes, Brandalarm wird dort ständig ausgelöst, und nachher war es dann doch nur ein brennender Mülleimer vor der Eingangstür oder, noch ärgerlicher, ein Fehlalarm. Doch dieses Mal war es ein richtiges Feuer. Die Flammen waren nur schwer unter Kontrolle zu bekommen, und was das Schlimmste war: Sie züngelten auch am imposanten hölzernen Treppenaufgang. Mit einigen Kameraden stand er schwitzend vor den Treppen, und sie fragten sich, ob sie da noch hoch sollten. Er war noch jung, motiviert, bereit, mehr zu riskieren, und er wollte auch schon losstürmen. Da hob der alte Oberbrandmeister, der schon weit über sein silbernes Dienstjubiläum hinaus war, abwehrend seine Hand. Einige Sekunden später krachte die Holzkonstruktion, funkensprühend, in sich zusammen. «Wären wir hochgerannt, hätte das eine Katastrophe gegeben», erinnert sich Schallhorn. Das Ereignis ließ ihn lange Zeit nicht los. Auch heute noch erzählt er es den jungen Anwärtern, die bei ihm die Schulbank drücken. Die Tragfähigkeit von Holz unter Hitzeeinwirkung ist ein physikalisch und chemisch hochkomplexer Prozess. «Einer, der die Hirnkapazität extrem fordert», sagt Schallhorn, «vor allem, wenn es um Sekunden geht.» Eine brennende Treppe hochzurennen, Innenangriff nennen sie das, kommt im Einsatz eines Feuerwehrmanns durchaus häufig vor. «Wir können ja nicht sogleich kehrtmachen. Stellen Sie sich vor, da oben liegt eine Familie mit zwei Kindern und ist bewusstlos vor Rauch.» Was hatte der alte Oberbrandmeister bemerkt? Was hat sein siebter Sinn gewittert? Der Schlüssel zur Entscheidung «Hochrennen oder Zurückziehen?» liegt in dem Geräusch, das das Holz beim Brennen verursacht. Zunächst platzen die einzelnen Faserschichten ab und verursachen ein charakteristisches Geräusch. Es unterscheidet sich von dem dumpfen Knacken, wenn die Holztreppe zusammenbricht, das sich anhört wie das Knacken von Eis auf einem zugefrorenen See. Das Abplatzen hört sich auch anders an, je nachdem, um welche Baumsorte es sich handelt. Entscheidend ist die Intensität, mit der es knackt. «Man muss das einfach schon mal gehört haben, um zu wissen, dass es zu spät ist, diese Treppe noch zu betreten», sagt Schallhorn. Gary Klein würde hier von jenem Muster sprechen, das die Intuition aufzuspüren vermag. Vor dem geistigen Auge läuft ab, was den Oberbrandmeister in die Lage versetzt, das richtige Handeln abzuleiten. Sein Gehirn simuliert die künftigen Ereignisse, etwa den Fall, dass seine Leute das Feuer im Stockwerk drüber erreichen und bekämpfen können, oder aber das Gegenteil: Was es bedeutet, wenn sie dort oben nicht löschen können, weil die Treppe bereits unpassierbar geworden ist. Alles das vollzieht sich in Bruchteilen von Sekunden, ohne dass der erfahrene Brandmeister es sich wirklich ins Bewusstsein rufen könnte. Dazu lassen ihm die Flammen keine Zeit. Der Oberbrandmeister erzählte ihm damals auch etwas, das Schallhorn bei sich selber kennt: Bei ihm stelle sich in solchen Situationen ein kribbelndes Gefühl ein. «Sein Erfahrungsschatz machte sich bemerkbar durch ein körperliches Symptom», sagt Schallhorn.

Gary Klein hat viele solcher Situationen, wie sie Schallhorn erlebt hat, analysiert und versucht, den rationalen Grundlagen der Intuition auf die Spuren zu kommen – und fast immer war er erfolgreich. Er hat es mit Krankenschwestern auf der Intensivstation durchexerziert, die an der Hautfarbe von Frühchen lebensbedrohliche Blutvergiftungen erkannt haben. Auch ein Offizier an Bord des britischen Zerstörers HMS Gloucester im Persischen Golf entfachte Kleins Interesse. Schon ziemlich zum Ende des Ersten Golfkrieges, im Februar 1991, sah er auf den Radarschirmen ein Flugobjekt aus feindlicher Richtung auf eine Reihe von amerikanischen Schiffen zufliegen, die sich der von irakischen Truppen besetzten kuwaitischen Küste näherten. Jene Schiffe zu beschützen war die Aufgabe der HMS Gloucester. Es hätte eine irakische Silkworm-Rakete sein können, wie sie schon häufig aus küstennahen Stellungen abgefeuert worden waren. Doch so einfach war die Entscheidung für den Kommandanten nicht: Aus der gleichen Richtung kehrten auch amerikanische A-6-Bomber von ihrem Einsatz in Feindesland zurück. Sie hatten ähnliche Geschwindigkeiten und Flughöhen wie die Raketen. Das Erkennungssignal, das sie auf den Radarschirmen identifiziert hätte, schalteten die meisten US-Piloten über feindlichem Territorium aus. Für Luftabwehroffizier Michael Riley war es also eine vollkommen undurchsichtige Situation – sollte man meinen. Dennoch gab Riley nach wenigen Augenblicken den Befehl zum Abschuss einer Abfangrakete. Und nach bangen Minuten des Wartens sollte sich herausstellen, dass es sich tatsächlich um eine Silkworm-Rakete gehandelt hatte.

Keiner im Radarraum der HMS Gloucester wusste zu dem Zeitpunkt, warum Riley sich seiner Sache so sicher war. Auch Experten, die bei einer anschließenden Untersuchung die Radaraufzeichnungen ausgewertet haben, fanden keine Erklärung. Klein setzte sich mit Riley hin und versuchte, mit ihm zusammen eine rationale

Erklärung für seine intuitive Entscheidung zu finden. Denn Riley selber konnte sich auch nicht erklären, warum er damals so gehandelt hatte. «Er glaubte an eine außersinnliche Wahrnehmung», so Klein – was für einen Offizier, der seinen Vorgesetzten Rede und Antwort stehen musste, eine denkbar schlechte Erklärung war. Schließlich fanden sie tatsächlich einen ballistischen Grund, der begreifbar machte, wie Riley aufgrund der typischen Beschleunigung und Flughöhe die Silkworm-Rakete auf dem Radarschirm identifiziert hatte. Ihm war es innerhalb weniger Sekunden gelungen, Höhe und Geschwindigkeit in einen Zusammenhang zu bringen. Hochkarätige Experten waren darauf erst nach Wochen gekommen. Sein Entschluss fußte allerdings nicht nur auf diesem Muster, das er auf dem grünen, kreiselnden Bildschirm entdeckt hatte, sondern auch auf einer mentalen Simulation. Riley wusste, dass zur gleichen Zeit US-Truppen an der Küstenlinie in Richtung Kuwait-Stadt vorrückten. Am folgenden Tag, vielleicht schon in den nächsten Stunden hätten die irakischen Kommandeure die Abschussrampen der Silkworm-Raketen von ihren Stellungen abziehen müssen. «Wenn sie ihre Raketen nicht jetzt abfeuerten, würden sie gar keine Gelegenheit mehr dazu haben», schreibt Klein. Riley versetzte sich in ihre Lage. «Wäre er irakischer Soldat gewesen, hätte er in genau dieser Situation seine Raketen auch abgefeuert.»[121]

So mysteriös das Verhalten von Riley uns immer noch anmutet – Vielentscheider suchen nicht nach der besten Entscheidung, sondern sie nehmen die erste. Und wenn sie erfahren sind, dann ist das auch die richtige Wahl. Klein hat das bei Schachspielern untersucht. Es wäre falsch zu glauben, dass gute Spieler vor dem nächsten Zug stets verschiedene Handlungsoptionen vergleichen, dabei versuchen, die Reaktion des Gegners möglichst genau vorherzusagen und sich dann für den idealen Zug zu entscheiden. Selbst Deep Blue, der legendäre Schachcomputer, der sich tagelange Duelle mit den Großmeistern dieser Welt liefert, funktioniert nicht so. Klein interessierten vor allem die Blitzschachturniere. Durchschnittlich alle sechs Sekunden sind die Spieler da gezwungen, eine Figur zu ziehen. Damit ist es ein ideales Betätigungsfeld für die Intuition. Kleins Team richtete ein Schachturnier aus und ließ amerikanische B-Spieler gegen Schachmeister antreten. Die eine Gruppe hatte sechs Sekunden pro Zug, die andere Versuchsgruppe 2,15 Minuten pro Zug. Großmeister sollten dabei die Qualität der Züge begutachten. Dabei stellte sich heraus, dass die versierten Schachspieler in der Tat bei schnellen wie auch langsameren Entscheidungen ziemlich konstant sieben Prozent fehlerhafte Züge tätigen. Bei B-Spielern jedoch steigt die Fehlerquote dramatisch, je weniger Zeit man ihnen gibt. «Erfahrene Entscheider erkennen praktikable Handlungsmöglichkeiten auf Anhieb, also ohne vorher zahlreiche Alternativen zu prüfen», resümiert Klein.[122] Auch ein weiterer Versuch konnte diese Erkenntnis belegen. Dabei konfrontierte das Klein-Team Schachmeister und B-Spieler mit vier verschiedenen Spielsituationen, ausgewählt von einem Großmeister aus dem südlichen Ohio, und baten sie, einen spontanen Vorschlag für den nächsten Zug zu geben. Anschließend sollten sie laut darüber nachdenken, welche alternativen Züge sich ihnen böten und was für Aussichten sie diesen gäben. Auch hier war die Qualität der ersten Idee die beste, wie das Urteil von Großmeistern bestätigte. Außerdem waren die Testkandidaten mit diesem Zug auch am zufriedensten.[123]

Sein Entscheidungsmodell nutzt Klein als Berater großer Konzerne. Seine Botschaft an die Unternehmensbosse lautet, das Wissen und die Erfahrung der Mitarbeiter so zu nutzen, dass sie intuitiv richtige Entscheidungen treffen können. Daher gilt es zunächst, die Experten zu identifizieren, deren Kompetenzen für die unterschiedlichen Aufgaben im Unternehmen am besten passen. Ihr Wissen muss auch für andere nutzbar werden. Die hellsten Köpfe des Betriebes sollen gewissermaßen transparent werden und ihre Expertise verfügbar. Dabei geht es immer darum, möglichst viele Mitarbeiter in die Lage zu versetzen, Muster zu erkennen, aus denen ihre Intuition eine Handlung ableiten kann. Man muss sich das ein wenig vorstellen wie bei Flugzeugpiloten, die ständig in einen Flugsimulator gehen müssen. Das Gerät ist nichts anderes als der Versuch, Anfänger in Experten zu verwandeln. Damit müssen sie, zur Sicherheit aller Passagiere, ihre Erfahrungen nicht allesamt in der Luft machen. Klein fordert daher, dass alle Mitarbeiter nicht nur fachlich auf die Abläufe in der Firma trainiert, sondern dass ihnen auch Wahrnehmungsfähigkeiten vermittelt werden sollten.

Wenn es um das Erlernen der Intuition geht, werden wir noch einmal zu Klein zurückkommen und sein Modell, Analyse und Intuition zu verbinden, besprechen.

Das Überraschungszentrum im Gehirn

Erstaunliche Parallelen bestehen zwischen den Klein-Befunden und dem Modell, das Antonio Damasio über das unbewusste Entscheiden in der Wirtschaft entwickelt hat. «Die Hypothese von den somatischen Markern kann erklären, warum Ahnungen und Bauchgefühle häufig die besseren Propheten sind als Marktanalysen und Datenblätter», glaubt Damasio.[124] Zwei Gehirnregionen hat er dabei ins Auge gefasst: das Corpus Striatum, auch Streifenhügel genannt, das ein bedeutsamer Bestandteil des Großhirns ist, weil es Emotionen, Motivation und Denken miteinander verknüpft, und den anterioren cingulären Cortex, der am oberen Ende des Frontallappens sitzt und dort vergangene Erfahrungen mit neuen Umwelteindrücken zusammenpuzzelt. Forscher nennen diese Funktionseinheit des Gehirns auch das «Überraschungszentrum», weil es so etwas wie der sechste Sinn für riskante Situationen und bevorstehende Schwierigkeiten ist. Manche gehen sogar so weit, diese Hirnregion als den Sitz der Vorahnung zu bezeichnen. So lasse sich erklären, warum manche Urvölker bei dem Tsunami in Asien im Dezember 2004 das Zurückgehen des Wassers an den Stränden als ein Muster für aufkommende Gefahr gesehen haben und sich rechtzeitig in höher gelegene Regionen geflüchtet haben.[125]

Striatum und anteriorer cingulärer Cortex reagieren schnell und zuverlässig, sobald sie ähnliche oder aber widersprechende Muster erkannt haben. Die beiden Regionen sind außerdem in der Lage, die Wahrscheinlichkeit des Eintretens bestimmter Ereignisse zu kalkulieren – basierend auf den im Gedächtnis gespeicherten Erinnerungen an vergleichbare Ereignisse der Vergangenheit. Dazu muss ein ähnliches Muster nur einmal vorher wahrgenommen worden sein, und schon wird es wiedererkannt. Ein widersprechendes Muster ist etwas schwieriger zu erkennen. Bei entsprechenden Versuchen brauchte es sechs Wiederholungen, bis es vom Gehirn sicher entdeckt wurde.[126]

Diese mächtige Maschinerie arbeitet vermutlich, wenn ein Broker den Aktienmarkt beobachtet, sie dürfte auch bei Steve Jobs ziemlich glatt und geölt laufen, und sie hilft einem tüchtigen Feuerwehrmann wie Jörg Schallhorn, Leben zu retten und am Leben zu bleiben. Die Mustererkennung läuft auf der Ebene des Striatums weitgehend unbewusst ab. Das haben Versuche gezeigt, bei denen man Probanden die Aufgabe gab, das Wetter vorherzusagen. Man ließ gesunde Testkandidaten die Regeln dafür unbewusst lernen, und sie wendeten sie mühelos an. Nicht so bei Parkinson-Patienten, deren Unbewusstes jene Regeln nicht lernen kann. Man musste sie ihnen schon ganz bewusst beibringen, damit sie die ihnen gestellte Aufgabe richtig lösen konnten.[127] «Wenn die Informationen so komplex und die Muster unklar sind, dann hat unser Verstand Schwierigkeiten, die richtige Strategie auszuwählen. Unsere somatischen Marker jedoch drängen uns in Richtung der vorteilhaftesten Strategie», sagt Damasio: «Sie helfen, die Lösung zu finden, die sich am besten anfühlt.»[128]

Klein geht wie auch Damasio davon aus, dass emotionale Signale das Wiedererkennen von Mustern und das richtige Verhalten im Gehirn kommunizieren. Er gibt dafür ein Beispiel, das er am eigenen Leib erlebt hat. Damals hatte er mit seiner Beratungsfirma geschäftliche Probleme. Daher kam ihm die Idee, sie zu verkaufen, damit sich ein professionelles Management um die Geschäfts-

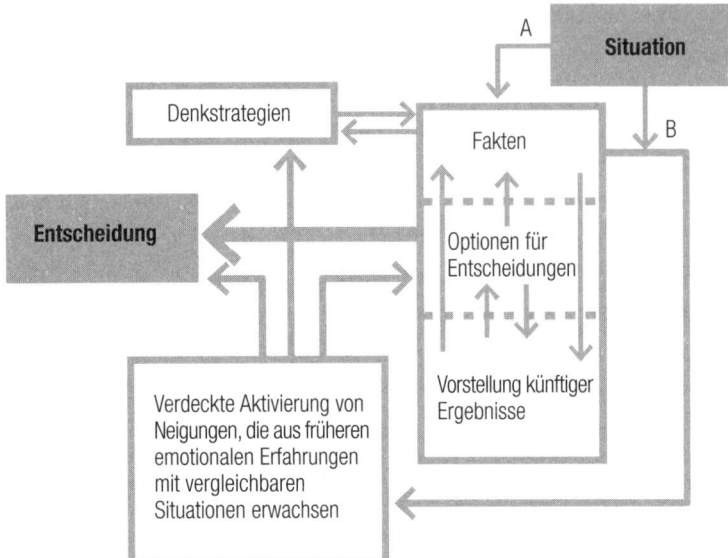

Entscheidungsmodell nach Antonio Damasio. Dem Menschen stehen zwei Wege zur Auswahl einer Handlung zur Verfügung: A bezeichnet den Weg einer Verstandesentscheidung und B den von einem somatischen Marker ausgelösten Weg einer intuitiven Entscheidung. In beiden Fällen wirken Gefühle auf den Beschluss ein. (Science, Vol. 275, Februar 1997)

belange kümmere und er genügend Zeit für seine psychologische Arbeit hätte. Mit einem Freund, der eine entsprechende Firma für den Kauf besaß, kam er ins Gespräch. Der entwarf sogleich große Pläne für Filialen im ganzen Land. Eine Kaufsumme stand im Raum, die Klein und seinen Finanzberater schlicht entzückte. Die Übernahme abwickeln sollte indes ein Manager des anderen Unternehmens. Klein traf sich mit ihm ein paarmal, um über die Details zu sprechen. «Aber immer wenn ich von den Verhandlungen zurückkam, fühlte ich mich angespannt und gereizt», erinnert er sich. Häufig musste er anschließend joggen gehen, um sich von den Gesprächen zu erholen. «Als ich anderen Leuten erzählte, wie erfreut ich über die Aussicht dieses Geschäftes sei, sagten sie mir, dass mein Tonfall aber gar nicht so erfreut klinge.» Klein schlug die Offerte aus. Einige Wochen später traf er sich mit seinem Freund und sprach über den Manager. Sein Freund gab zu, dass dieser Mitarbeiter dafür bekannt sei, eine eisige Atmosphäre in seinem Team zu verbreiten. Er hoffte, die Spannungen zwischen Klein und dem Manager ausräumen zu können. Doch Klein blieb bei seiner Entscheidung. Als er später darüber nachdachte, was da mit ihm passiert war, entdeckte er an dem Manager: «Selbst wenn er die richtigen Dinge sagte, bekam ich diesen Anflug von Konfrontation, Bestrafung und Druck.» Er habe das damals nicht wirklich in diese Worte kleiden können. «Ich merkte nur, dass mir diese Treffen etwas abforderten.» Nur wenige Jahre nachdem Klein die Verhandlungen abgebrochen hatte, musste die Filiale, die der Manager leitete, schließen.

Wiedererkennungsmuster spielen im Wirtschaftsleben mittlerweile auch eine nicht ganz unumstrittene Rolle. Muster, das können nämlich auch Marken sein. Die Intuition gezielt anzusprechen, dieser Aufgabe hat sich eine Allianz aus Forschern und Marketing-Experten unter der wissenschaftlich klingenden Rubrik des Neuromarketing verschrieben.

Mit Neuronen zu Millionen

Die Gralsstätten des Konsums riechen heutzutage nach Sandelholz. Geschäftsfördernd ist auch eine Mischung aus schottischen Hochlandkräutern. Besonders ist dieser Duft beliebt in solchen Läden, deren Kunden reiche Männer sind. Bei Frauen darf es nicht ganz so herb sein. Da sollte eine süßliche Brise aus der Klimaanlage wehen. Die olfaktorische Gehirnwäsche, wie sie mittlerweile im Einzelhandel üblich geworden ist, soll die Entscheidungszentren massieren. Mit dem Ergebnis, dass der Käufer seine Hemmungen fallenlässt.

Im Moment riecht es nicht nach Sandelholz, sondern nach Desinfektionsmittel und frischverlegtem PVC-Boden. Dennoch bin ich gerade dabei, Kaufentscheidungen zu treffen. Genauer gesagt werde ich gerade dabei beobachtet, wie ich sie treffe. Magnetwellen spionieren meine neuronalen Netzwerke aus. Ich spüre nichts davon. Ich liege in der engen Röhre des Kernspintomographen im Life & Brain Center der Universität Bonn und höre die Spulen des Magneten, wie sie ein unheimliches Grollen und Zirpen erzeugen. Vor den Augen trage ich eine klobige Brille mit einem eingelassenen Monitor. Darauf erscheinen in kurzer Folge Bilder bekannter Produkte wie Ritter-Sport-Schokolade. Daneben sind Preise zu sehen, mal günstig, mal überhöht. Auch ein gelbrotes Rabattschild leuchtet ab und zu über der Verpackung – allerdings nicht immer beim günstigsten Preis. «Würden Sie dieses Produkt kaufen?», fragt eine Stimme vom Band. Ich gebe mir wirklich große Mühe. Aber die nur kurz aufleuchtenden Preise und Produkte lassen meinem Verstand kaum Zeit, sich näher damit zu beschäftigen, ob es auch wirklich sinnvoll ist, bei diesen Sachen zuzugreifen. Langsam scheint es, als säßen mir die Magnetspulen direkt im Schädel. Es pocht, das ganze Brimborium um meinen Kopf herum kneift und tut weh. Ich schwitze, obwohl der Raum so kalt ist, als würde man in der Nacht Schweinehälften darin lagern. Aber die größte Demütigung steht mir noch bevor, wenn die Forscher mir nachher das Ergebnis verkünden werden. Denn etliche Male habe ich zum überteuerten Produkt gegriffen, nur weil ein Rabattschild dran gehangen hat.

Gestresst, die Adern voller Adrenalin, leicht schwankend von der klaustrophobischen Enge der Röhre, stehe ich kurze Zeit später im Kontrollraum. Dort erwartet mich Christian Elger, ein Arzt von einer Gestalt, dir mir als hypochondrischem Zeitgenossen leicht einen Schrecken einjagen könnte. Zum Glück geht es hier um ein wissenschaftliches Experiment und nicht um die Diagnose eines Gehirntumors. Elger, groß, kräftig gebaut, glatter Schädel, ist einer der Experten in Deutschland für Neuromarketing. Den Grund für meine intuitive Fehlentscheidung haben er und sein Team hinter der dicken Schutzwand bereits ausgemacht. Sie tippen mit ihren Kugelschreibern auf einen leuchtenden Fleck, der aussieht wie der Gluthrerd unter verbranntem Waldboden: Es ist das anteriore Cingulum, ein segensreicher Teil des Gehirns, der uns bereits begegnet ist. Es wirkt wie eine interne Kontrollstelle und unterdrückt impulsives, fehlerhaftes Verhalten, wenn die Vernunft gute Gründe gegen eine bestimmte Handlung ausgemacht hat. Doch in diesem Fall hat das Rabattschild die Vernunft ausgeschaltet. «Wir können sehr deutlich erkennen, dass im Fall des Rabattsymbols die Aktivität des anterioren Cingulums stark verringert ist», doziert Elger. Je mehr solcher Versuche er mache, so der Neurologe, desto mehr überrasche es ihn, wie gut das Konsumentenverhalten vorhersehbar sei.

Künftig wollen die Bonner Neuroforscher noch genauer im Hirn des Konsumenten nachschauen. Denn der Kernspintomograph beobachtet von außen nur ganze Verbände aus mehreren Millionen Nervenzellen bei der Arbeit. Elger und sein Team jedoch haben die Chance, mit Elektroden direkt dorthin zu gelangen, wo die Entscheidungen fallen. Der gesunde Proband einer Marketingstudie würde das kaum mit sich machen lassen. Doch Elger ist Chef der Universitätsklinik für Epileptologie. Auf seinen Stationen liegt stets ein gutes Dutzend Patienten, die unter schweren epileptischen Anfällen leiden. Die Krämpfe sind so mächtig, dass alle Medikamente nicht mehr helfen, das Ausrasten der Neuronen zu verhindern.

Elger führt mich in seine Beobachtungsstation. Fast scheint es, als würden hier die neuen Folgen einer Krankenhausserie für das Fernsehen gedreht. Am Fußteil der Betten filmt eine Kamera pausenlos den Patienten. In einem Kontrollraum, den wir betreten, laufen die Drähte zusammen. Eine Assistentin sitzt dort und beobachtet mehr als ein Dutzend Monitore, auf denen die Epilepsie-Patienten zu sehen sind. Der eine liest gerade gelangweilt Zeitung, die andere schält sich einen Apfel, ein dritter vertreibt sich die Zeit bis zum nächsten Anfall mit einem Gameboy. Es ist eine surrealistische Szene. Vor allem, weil den Menschen unter dem Verband an ihrem Kopf Drähte herausquellen. Wer hier an den Film «Matrix» denkt, braucht von Professor Elger keinen vorwurfsvollen Blick zu fürchten. Er weiß um die suggestive Wirkung der Apparatur in seinem Institut.

Der ganze Aufwand hat einen medizinischen Grund: Bei den Patienten versucht Elger, die betroffene Stelle im Gehirn herauszuoperieren: «Ansonsten zerstören die Anfälle immer weitere Bereiche noch gesunden Gehirngewebes.» Dazu muss er aber wissen, welche Funktionen die zu entfernenden Areale im Gehirn des Patienten innehaben. Deshalb setzt Elger ihnen eine Platte mit einigen hundert Elektroden ein und wartet auf einen Anfall, um bestimmte Tests vorzunehmen. Während die Patienten mit Kabeln im Kopf in ihren Betten liegen und sich ohnehin größtenteils langweilen, bittet Elger sie, bei hirnphysiologischen Studien mitzumachen. In der Vergangenheit konnte er so auf der Ebene einzelner Zellen die Sprachverarbeitung oder mathematisches Denken studieren. Die Reaktion auf Werbeinformationen zu studieren ist sein nächstes Ziel – und da kommen ihm die Eigenheiten der Krankheit besonders zupass. Denn epileptische Anfälle finden vor allem im Hippocampus und in der Amygdala statt. «Das ist gewissermaßen das Vorzimmer des Gedächtnisses», sagt Elger, «dort wird die Erinnerung mit den Emotionen verknüpft.» Zum Beispiel eine Branntweinmarke mit einer karibischen Schönheit oder eine Zigarette mit einem rassigen Pferd.

Der Neurologe ist ein zupackender Mediziner, aber sensibel genug, die Wirkung seiner Worte nicht zu unterschätzen. Deshalb versucht er, möglicher Kritik vorzubeugen: Seine Neuromarketing-Experimente kämen ja nicht nur der Werbeindustrie zugute, auch die Konsumenten würden schlauer: «Je mehr sie über die neurologischen Tricks Bescheid wissen, desto besser können sie sich vor den Verführungen schützen.»

Auch sonst erlebt das Neuromarketing derzeit einen Boom. Immer mehr Institute hoffen, mit Aufträgen aus der Industrie ihre millionenteuren Kernspintomographen finanzieren zu können.

Am Life&Brain-Center der Universität Bonn will man, wenn schon nicht den Kaufknopf im Gehirn, so doch wenigstens den Zugang zu unbewussten Ebenen des Denkorgans freilegen. Dazu messen die Forscher die Wirkung, die Markenlogos, Werbegesichter und Slogans auf die gefühlsverarbeitende Amygdala ausüben. «Je mehr basale Areale des Gehirns bei einer Entscheidung angesprochen werden, desto unbewusster ist sie» – so lautet die Faustregel, die Elger, der Direktor des im Jahre 2002 gegründeten Instituts, ausgibt.

Viele der Fernseh- und Kinospots ließen sich wirksamer gestalten, wenn sie die Erkenntnisse der Hirnforschung berücksichtigen würden, meint Elger. So belegen Experimente im Kernspintomographen, dass ein Markenname am zuverlässigsten im Gedächtnis haftet, wenn er gleich am Anfang eines Spots gezeigt wird. Stattdessen erscheint das beworbene Produkt häufig erst ganz am Ende – und entgeht dabei leicht der Aufmerksamkeit des Zuschauers. Auch wie sich das Belohnungssystem tief in den grauen Hirnwindungen am besten ansprechen lässt, glaubt der Hirnforscher inzwischen zu wissen. Wer den Konsumenten mit einem Preisrätsel ködern wolle, der solle ihm zunächst einen kleinen Gewinn geben, etwa einen Einkaufsgutschein, und ihm dann einen großen Gewinn in Aussicht stellen – etwa die Kreuzfahrtreise. Das rege die Synapsen im Nucleus accumbens zu einem elektrochemischen Feuerwerk an. «Extrovertierte Typen lassen sich übrigens noch lieber belohnen», fügt Elger hinzu.

Was soll ich von diesem Forscher halten? Einerseits ist er mir sehr sympathisch. So ein anpackender Typ, der assoziativ, humorvoll und auch allgemein verständlich über seine Forschung spricht. In seiner Disziplin ist er eine Koryphäe, ein exzellenter Netzwerker. Seine Worte verraten philosophische Überlegungen, die er sich über seine Arbeit am Zentralorgan der Persönlichkeit macht. Und er sammelt Oldtimer aus Leidenschaft, am liebsten Modelle von Porsche. Auf der anderen Seite scheint seine Forschung die schlimmsten Befürchtungen der linken Kapitalismuskritik zu bestätigen. Will er wirklich mit seinen Experimenten den Weg dafür ebnen, dass sich die düsteren Prognosen eines George Orwell bewahrheiten?

Nach meinem Besuch in Bonn steige ich in den Intercity nach Düsseldorf und suche eine Person auf, die von dem, was Elger herausfindet, profitieren könnte. Dass Neuromarketing Befürchtungen weckt, ist Björn Sander klar. «Wir wollen nicht manipulieren, sondern verführen», beeilt sich der Leiter des Markenmanagements der Unternehmensberatung BBDO deshalb zu versichern. Sander sitzt hinter dem weiten grauen Rund seiner Schreibtischplatte und will noch mit anderen Klischees über seine Zunft aufräumen: «Es ist eine Mär, dass Markenstrategien bei einer gemeinsamen Flasche Rotwein entwickelt werden.» Statt zum Rotwein greift BBDO lieber zu den Fakten – und die sollen schon bald aus dem Kernspintomographen kommen. Unter Sanders Leitung hat das US-Unternehmen mit deutschem Hauptsitz in Düsseldorf ein Neuromarketing-Programm gestartet, das er «Brainbranding» nennt. Hinter dem branchenüblichen Anglizismus verbirgt sich der Versuch, dem Konsumenten direkt in den Kopf zu schauen. Eine Wiener Werbeagentur hat es einmal zugespitzter formuliert: «Mit Neuronen zu Millionen.»

Denn gerade die Entscheidung für eine Marke ist eine höchst intuitive. Eindrucksvoll lässt sich demonstrieren, wie sehr davon zum Beispiel ein Unternehmen wie der Coca-Cola-Konzern profitiert: Gibt man Probanden, die in einem Kernspintomographen liegen, über einen Schlauch Pepsi- und Coca-Cola zu trinken, ohne die Marken dabei zu nennen, dann geben sie meist an, dass ihnen ersteres Getränk besser schmeckt. Und tatsächlich: In ihrem neuronalen Belohnungszentrum ruft die Brause des Coke-Konkurrenten eine fünfmal so starke Reaktion hervor. Wissen die Probanden hingegen, welche Brause ihnen gerade eingeflößt wird, schneidet plötzlich Coca-Cola besser ab. Auf dem Monitor leuchtet nun der mediale präfrontale Cortex auf, in dem Urteile gefällt und Selbstbilder des Menschen geschmiedet werden. Marken, für die sich der Mensch einmal entschieden hat, seien halt ein Teil seiner selbst, behauptet der Münchner Hirnforscher Ernst Pöppel: «Eine Firma, deren Marketing es bis zu diesem Punkt gebracht hat, hat die Schlacht erfolgreich geschlagen.» Und Sander sagt: «Die Loyalität des Kunden kennt dann keine Grenzen mehr.»

Sander und Pöppel, der Markenmann und der Hirnforscher, sind eine Kooperation eingegangen. Pöppel glaubt an ein ganz spezielles Muster, das eine starke Marke im Hirn hinterlässt. Mit seinem Wissenschaftlerteam sucht er nun nach diesem «Metamaß» für Marken. Und Sander will von ihm lernen, wie er möglichst gezielt dieses Muster im Hirn der Konsumenten erzeugen kann. Hat Antonio Damasio mit seinen Hypothesen recht, dann sind die beiden, der Werber und der Wissenschaftler, eine fruchtbare Verbindung eingegangen. Dann können sie somatische Marker dafür nutzen, eine Marke im Kopf des Menschen zu platzieren. Dann brauchen sie nur noch mit einem Schlüsselreiz, einem Muster, sein Gehirn anzusprechen, und die Mechanik der Intuition verrichtet ihr Werk. Ein Hersteller wie Henkel, einer der industriellen Kooperationspartner, erwägt bereits, Waschmittel, Shampoos und Cremes künftig im Kernspintomographen testen zu lassen. «Der Erfolg von Werbung und Marketing könnte damit objektiv messbar werden», glaubt Pöppel.

Ist Ich ein anderer?

Hockt in der Kommandozentrale etwa ein Fremder? Ist er taub und überhört die Rufe des Verstandes? Oder ist er bösartig und will sie gar ignorieren? John Bargh hat mit eigenen Augen erlebt, wie diese zweite Ebene des Geistes die Kontrolle über das Handeln übernommen hat. Der Psychologe an der Elite-Universität Yale ist Experte auf dem Gebiet des Priming. Dahinter verbirgt sich ein beängstigender Effekt. Scheinbar automatisch ruft das Unterbewusstsein Gedächtnisinhalte ab, die man ihm zuvor auf subtile Weise eingeflößt oder im Gehirn aktiviert hat.

An einem Frühsommermorgen auf dem Flughafen von San Francisco sprach sein Team wahllos Passagiere an, die auf ihren Flug warteten. Der einen Hälfte stellte man Fragen nach einem guten Freund, der anderen nach einem Kollegen im Büro, mit dem man nicht befreundet sei. Ohne es zu merken, waren die Probanden bereits manipuliert. Dann bat Barghs Truppe sie, bei einem weiteren Test mitzumachen. Mit einer Videokamera zeichneten sie die Reaktion der Passagiere auf. Fast ohne Ausnahme wollten alle, die zuvor an einen Freund erinnert wurden, an dem nächsten Experiment teilnehmen. Diejenigen, die über einen Kollegen nachgedacht hatten, lehnten zumeist ab.

«Der Gedanke an einen Freund ließ sie kooperativ sein, der Gedanke an einen Kollegen unkooperativ», erklärt Bargh. Als man den Probanden das erzählt habe, hätten sie das empört von sich gewiesen und allerlei Gründe vorgeschoben. «Ich war gestresst», sagten sie, oder: «Ich musste mein Flugzeug erreichen». Bargh hat Verständnis für diese Ausreden, keine Zeit für weitere Versuche zu haben. Er glaubt, dass die Probanden, als sie erfuhren, was man mit ihnen angestellt hatte, sich selber beruhigen wollten. «Es ist schon beängstigend, am eigenen Leib so eine Manipulation zu erfahren.»

Scheinbar mühelos lassen sich Menschen dazu bringen, gegen die eigenen Überzeugungen zu handeln. Bargh berichtet von einem Wissenstest, den sie an einer Highschool mit afroamerikanischen Schülern gemacht haben. In einem zuvor vorgelegten Fragebogen wurde der eine Teil gebeten, Auskunft über die rassische Herkunft zu geben. Bei der anderen Hälfte tauchte die Frage nicht auf – mit dem Effekt, dass jene Gruppe, die nach der Rasse gefragt wurde, schlechtere Resultate im Wissenstest erzielte. Die Forscher hatten das Stereotyp vom schlechten, minderintelligenten Schwarzen angesprochen, das in ihrem Unterbewusstsein gelauert hat. Und das, obwohl sie alle bei einer Befragung angegeben hatten, genau an dieses Klischee nicht zu glauben.

Bargh hält den Priming-Effekt für das, «was zu einem großen Teil unsere Intuition ausmacht». Ein unbewusster Motor, der darüber entscheidet, was dem Menschen gerade in den Sinn kommt, auf was er seine Aufmerksamkeit richten soll oder welche Gefühlshaltung er einer Situation oder einem Menschen in einem bestimmten Moment entgegenbringt. Der Mensch könne eben nicht anders, als alle Eindrücke sogleich danach zu bewerten, ob er sie mag oder nicht, und die Kriterien, die er zugrunde lege, müssten nicht unbedingt die sein, die das Bewusstsein auswählen würde.[129] Es können sogar, wie in dem von Bargh berichteten Experiment, rassistische sein, obwohl man sich für einen großen Menschenfreund hält.

Zwischen Gefühl und Handlung liegt nur ein kurzer Weg. Denn das Unterbewusstsein hat einen direkten Kanal auf die motorische Steuerung des Gehirns. «Die Muskeln nähern sich automatisch guten Dingen und ziehen sich von schlechten Dingen zurück», hat Bargh beobachtet. Das kann das Überleben sichern, kann aber auch Verstand und Vernunft zuwiderlaufen. Vor allem ist dieses uralte Steuerungssystem anfällig für geschickte Manipulation. Bargh: «Wenn du weißt, wie du Menschen beeinflussen kannst, hast du ein mächtiges Instrument in den Händen.»[130]

ENTSCHEIDEN NACH REGELN

«Intuition besteht aus Dingen, die wir gelernt haben, ohne dass wir realisiert haben, dass wir sie gelernt haben.»

SEYMOUR EPSTEIN, PSYCHOLOGE

Den Menschen hinter den Daten erkennen

Ohne es zu wissen, wusste Joachim Szecsenyi, dass die Frau krank war. Viele Gründe hätte er nicht nennen können. Sie war ja gerade erst zur Tür hereingekommen. Der einzige Hinweis war ein Satz, der ihm augenblicklich in den Kopf schoss: «Diese Frau sieht aber krank aus.»

Nicht verwunderlich, könnte man meinen. Denn Szecsenyi war damals, als ihm diese Geschichte passierte, Arzt in einer kleinen Landpraxis östlich von Göttingen, und viele Menschen, die bei ihm zur Tür hereinkamen, waren krank. Viele, aber nicht alle. Schon gar nicht jene, die sagen: Mir tut es da so weh, und sich dann mit zusammengebissenen Zähnen nach der Seite umdrehen, um auf ihren Rücken zu deuten. Von dieser Sorte kamen sicher zwanzig Leute pro Woche bei ihm vorbei. «Und nur einmal im Monat ist ein ernster Fall dabei», sagt der Mediziner. Die wenigsten haben einen eingeklemmten Nerv oder schlimmer noch: Borreliose. Denn auch das könnte hinter dem Symptom Rückenschmerzen stecken. Vielen drückt eher die Seele auf die Bandscheiben. Manchen soll er gar einen gelben Schein ausstellen, weil der Chef stresst oder die Nichte heiratet. Trotzdem könnte er das ganze diagnostische Programm auffahren: Blut und Urin abnehmen, röntgen, die Patienten durch den Tomographen jagen oder zum Gynäkologen schicken. Bei ihm ging das allerdings nicht ganz so einfach. Denn seine Praxis war auf dem Land, und er hätte die Frau mit den Rückenschmerzen schon etliche Kilometer weit in die größere Kreisstadt schicken müssen. «Ich konnte die Leute nicht zu einem Spezialisten abschieben und die Geräte sprechen lassen», sagt Szecsenyi. «Ich musste einfach mehr auf meine Intuition vertrauen.»

Die Hightech-Medizin unserer Tage drängt diese Tugend klassischer Heilkunst immer weiter zurück. Je größer der Maschinenpark, desto dicker wird die im Medizinerjargon auch «Laborlatte» genannte Mappe mit Messergebnissen. Viele der modernen analytischen Methoden sind berechtigt. Aber für einen Allgemeinmediziner, als der Szecsenyi damals gearbeitet hat, gibt es noch mehr zu tun, als lediglich die Akte aufzuschlagen oder sie am Computer aufzurufen. «Viel wichtiger ist es, den Patienten genau anzuschauen, wenn er zur Tür eintritt.» Schließlich kennt er die Menschen, die zu ihm kommen. Auch diese Frau Anfang vierzig, eine Lehrerin. Genau in diesem Moment war da dieser Satz wie aus dem Nichts aufgetaucht. Er wollte nicht mehr verschwinden: «Die Frau sieht krank aus.» Und Szecsenyi sollte sich nicht irren. Mit einigen wenigen Handgriffen konnte er eine neurologische Störung ausschließen. Die Frau sah blass aus und fiebrig und sagte: «Der Schmerz zieht so rechts herüber», was dem Arzt einen wichtigen Hinweis auf einen Verdacht gab: Harnwegsinfekt, ein äußerst seltener Grund für Rückenschmerzen. Er tat das Nächstliegende und ließ den Urin untersuchen. Ohne großen Aufwand konnte er seine Diagnose bestätigen.

Mittlerweile untersucht Szecsenyi an der Universität Heidelberg, wie man junge Mediziner am besten ausbildet. Dabei geht es ihm um die Reanimation jener alten Arzttugenden, wie er sie damals in der Landarztpraxis kennengelernt hat. Mit hohem Zeit- und Kostenaufwand würden heute viel zu viele Daten erhoben, findet Szecsenyi. «Wir haben die Patienten schon so trainiert, dass sie nur noch zufrieden aus der Praxis gehen, wenn wir sie mit möglichst vielen Geräten traktiert haben.»

Weniger ist mehr

Ein Wissenschaftlerkollege, mit dem Szecsenyi viele Ideen gemein hat, ist Gerd Gigerenzer. Der Direktor am Max-Planck-Institut für Bildungsforschung in Berlin erforscht die intuitiven Strategien des Menschen und hat dabei schon etliche Regeln erkannt, nach denen der Mensch gerne entscheidet – mal mit mehr, mal mit weniger Erfolg. Heuristiken, so nennt er sie, abgeleitet aus dem Griechischen, und meint damit Strategien, die der Mensch bei Problemen anwendet, auf die es keine mit Sicherheit zum Erfolg führende Lösung gibt.[131] Faustregeln, so könnte man den sperrigen Begriff auch übersetzen. Eine der Regeln lautet: Weniger ist mehr. Weniger, das ist im Sinne Szecsenyis, den richtigen Riecher zu haben, um sich auf kürzestem Wege für eine erfolgreiche Diagnose zu entscheiden.

Gigerenzer hat gemeinsam mit Medizinern in den USA auf diese Weise die Diagnostik in der Notaufnahme radikal vereinfacht, wenn Leute mit Stechen in der Brust eingeliefert werden. Wie bei den Rückenschmerzen kann auch das viele Ursachen haben. Nicht jeder, der sich an die Brust fasst, hat auch tatsächlich einen Herzinfarkt. Theoretisch aber könnten alle diese Menschen auf die Intensivstation wandern und umfänglich durchgecheckt werden: 23 Untersuchungen insgesamt. Das ist nicht nur äußerst kostspielig. «Es geht auch Zeit verloren für all jene Patienten, die mit wirklich lebensbedrohlichen Leiden ins Krankenhaus eingeliefert werden», sagt Gigerenzer. Stattdessen haben die Forscher einen Entscheidungsbaum entwickelt. Demzufolge kommt jeder Patient sofort auf die Intensivstation, wenn er ein bestimmtes Merkmal in seinem EKG, das sogenannte ST-Segment, zeigt. «Dann bedarf es keiner weiteren Nachforschung», sagt der Berliner Gelehrte: Infarkt. Ist das ST-Segment unverändert, dann bedarf es weiterer Information. Sind die Hauptbeschwerden tatsächlich Brustschmerzen? Wenn nein, kommt der Patient auch nicht auf die Intensivstation, und so weiter.[132] Gigerenzer geht dabei von einer Prämisse aus: Demnach ist der Mensch von jeher dazu gezwungen, rational mit seiner Denkleistung umzugehen. Er kann es sich nicht leisten, zu viele Informationen zu erheben. Vor allem der bewusste Geist mit seinem eingeschränkten Arbeitsspeicher nicht. Der Mensch muss Entscheidungen fällen, möglichst schnell und möglichst so, dass er sein Überleben sichert. Die rationale Welt der Wissenschaft und die Technik, mit der er sich umgibt, haben diesen Umstand in Vergessenheit geraten lassen. Für Gigerenzer ist die Medizin ein dankbares Feld, um seine Thesen zu belegen. Mit Leidenschaft beschreibt er die Auswüchse jener zwanghaften Verkomplexisierung, die auch damit etwas zu tun hat, dass Ärzte ständig von einer Strafanzeige bedroht sind, weil sie irgendeine Untersuchung nicht gemacht haben und der Patient oder dessen Angehörige glauben, der Betroffene habe dadurch Schaden genommen oder sei daran gestorben.

Der PSA-Test, mit dem bei Männern Prostatakrebs im Frühstadium erkannt werden soll, ist so ein Fall. Reihenweise wird nach dieser Methode untersucht, ohne dass es eindeutige Hinweise darauf gibt, dass das auch tatsächlich zu einer Verlängerung der Überlebenszeit bei Prostatakrebs führt. «Für Patienten wird die Geographie zum Schicksal», sagt Gigerenzer. Da haben sich in einer bestimmten Region Iowas 15 Prozent der Männer bis zum 85. Lebensjahr für eine Prostataoperation entschieden. «In einem anderen Gebiet waren es 60 Prozent.» Das gleiche Bild bei den Frauen: Bis zum 70. Lebensjahr war bei Frauen in einer Region Maines bei 20 Prozent die Gebärmutter entfernt. «In einem anderen Gebiet waren es 60 Prozent», sagt Gigerenzer, der den Menschen dazu rät, den Arzt bei einer komplizierten Entscheidung stets zu fragen: «Welche Behandlung würden Sie Ihrer Mutter empfehlen.»[133]

Dass weniger manchmal mehr sein kann, am Anfang dieser Theorie stand bei dem jungen Forscher Gerd Gigerenzer ein simples Experiment.[134] Wir können es, weil es so wunderbar einfach ist, an dieser Stelle auch gerne einmal spielen: Was denken Sie, welche Stadt ist größer, Dortmund oder München?

Die Antwort ist für die meisten wohl recht einfach. Machen wir es mal ein wenig schwerer. Welche Stadt ist größer: Leipzig oder Ludwigshafen? Wir könnten noch etliche Runden weiterspielen, wechseln aber einmal kurz das Land und gehen mit unserem Städtequiz in die USA. Welche Stadt ist größer: San Diego oder San Antonio?

Hoffentlich fühlen Sie sich jetzt nicht ein wenig auf den Arm genommen. Das Spiel hat einen ernsten Hintergrund. Deutsche Versuchsteilnehmer schneiden bei dem Land besser ab, in dem sie – richtig – nicht leben: den USA. Gleiches gilt auch umgekehrt: Amerikaner kommen mit Städtenamen aus dem Ausland besser klar. Das liegt an der Auswahl der Städte. Sie sind stets so gepaart, dass immer die größere Stadt die bekannte ist – zumindest für einen Ausländer. Der deutsche Versuchsteilnehmer hat sehr wohl von San Diego gehört, aber nicht unbedingt von San Antonio. Deshalb wendet er die Regel «Nimm das Bekannte» an und wählt korrekterweise San Diego. «Das Interessante ist, dass diese Entscheidungsmuster partielle Ignoranz brauchen. Den Probanden musste eine Stadt bekannt sein, an die sie sich erinnern konnten, und alle anderen, die sie nicht kannten, konnten sie getrost ignorieren», sagt Gigerenzer. Etwas pointierter könnte man auch behaupten: Frage den Dümmeren, nicht den Schlauen, wenn du eine richtige Antwort hören willst.

Stellen Sie sich vor, Sie sitzen wie unser cleverer Psychologe Ogi Ogas bei «Wer wird Millionär?», und Sie können mit einer solchen Entscheidungstechnik den Hauptgewinn einstreichen. Ganz ähnlich, das haben Gigerenzer und seine Mitstreiter in der Zwischenzeit zeigen können, funktioniert es mit Aktien: Wer auf die bekannte Firma setzt, der spekuliert erfolgreicher. Im Supermarkt langt man stets nach dem bekannteren Produkt, und auch im Musikladen greift dieses Prinzip. Handelt es sich aber wirklich um eine veritable Entscheidungsstrategie des Menschen? Mittlerweile scheint diese Frage beantwortet. Dem Psychologen Gigerenzer sind dabei die Neurowissenschaftler mit ihrer modernen Technik zur

Seite gesprungen. Kirsten Volz vom Max-Planck-Institut für Kognitions- und Neurowissenschaften in Leipzig wollte von ihren Probanden wissen: «Welche Stadt ist größer: San Diego oder San Antonio?» Die Antwort sollten sie schnell eingeben: San Diego linke Hand, San Antonio rechte Hand. So soll sichergestellt werden, dass es sich um eine intuitive Entscheidung handelt.[135] Dabei beobachtete sie die Testkandidaten im Kernspintomographen. Da leuchten naturgemäß Areale auf, die das Bild auf der Monitorbrille zunächst einmal entschlüsseln, Areale, die den Sinn des abgebildeten Satzes dechiffrieren. Andere in den Entscheidungsprozess involvierte Regionen gleichen die erwähnten Städte mit gespeichertem Wissen ab. Volz lässt ihren Kugelschreiber darübergleiten: «Retrosplenialer Cortex, Hippocampaler Gyrus», die Liste will gar kein Ende nehmen. Alle diese Gebiete sind aus anderen Versuchen bekannt. Sie aber interessiert ein Hirnbereich, der nur bei ihrem konkreten Entscheidungstest aufgeleuchtet hat: Der anteriore frontomediane Cortex. Volz deutet auf den Haaransatz ihrer blonden Locken und versucht, die Stelle möglichst genau einzukreisen. Sie liegt hinter der Stirn, ziemlich genau an der großen Furche, die linke und rechte Großhirnhälfte voneinander trennt. «Stück für Stück entsteht so eine Topographie mit den unterschiedlichen Entscheidungsmodulen des Gehirns», sagt die Max-Planck-Forscherin. Offensichtlich handelt es sich also um eine bestimmte Intelligenzleistung, nach der Gigerenzer'schen Heuristik zu entscheiden. Eine, die der Mensch in seinem neuronalen Werkzeugkasten mit sich herumträgt. Er weiß nichts davon, sondern setzt sie einfach nur ein.[136]

Nimm das Bekannte

Kirsten Volz testete auch eine weitere Regel, die sich aus der Weniger-ist-mehr-Doktrin ableiten lässt. Dazu ließ sie ihre Probanden im Kernspintomographen Personalchef spielen. Sie sollten bei einem fiktiven Bewerbungsgespräch den geeigneten Kandidaten aussuchen. Im konkreten Fall ging es unter anderem um den Job eines Radiomoderators. Dazu gab sie ihnen für jeden Bewerber eine Liste von Eigenschaften, die so gewählt waren, dass eine darunter die alles entscheidende war: eine angenehme Stimme. Auch hier folgt der Versuch einem Phänomen aus der realen Welt. Menschen greifen sich nämlich häufig ein Argument heraus, das in einer langen Liste von Pros und Contras in ihren Augen heraussticht. Wir erinnern uns dabei an den treuherzigen Charles Darwin bei seiner Eheentscheidung.

Auf den tomographischen Bildern konnte Neurowissenschaftlerin Volz auch bei dieser Variante die zuständige Hirnregion lokalisieren. Während ihrer Versuche stieß sie auf ein faszinierendes Phänomen. Sie konnte beobachten, was passiert, wenn verschiedene Entscheidungsstrategien in Konflikt miteinander geraten. Dann wird ein Areal im Gehirn wichtig, das sich «mittlere Insel» nennt. Das könnte man auch als eine Art Zähler beschreiben, der bei jeder Entscheidung speichert, ob die dafür angewendete Strategie erfolgreich war. Bin ich mit der Nimm-das-Bekannte-Regel etliche Male gut gefahren, dann werde ich sie beim nächsten Mal einer Regel vorziehen, die sich in der Vergangenheit als weniger erfolgreich erwiesen hat.

Neuroforscher nennen den Menschen deshalb auch einen kognitiven Geizhals. Er experimentiert nicht gerne herum, sondern vertraut auf bekannte Strategien, und die mittlere Insel hilft ihm bei diesem ökonomischen Verfahren. «Man muss sich die mittlere Insel in dem Falle so vorstellen wie einen Hilfsarbeiter, der ohne Wissen des Oberaufsehers ständig Strichlisten führt», sagt Kirsten Volz. So weiß der Mensch intuitiv, mit welcher Entscheidungsstrategie er in der Vergangenheit am besten gefahren ist. Die mittlere Insel unterhält beste Kontakte in alle Regionen, die im Gehirn mit der Erzeugung von emotionalen Zuständen betraut sind. «Daraus ergibt sich eine bemerkenswerte Verbindung zur Theorie Damasios», sagt die Max-Planck-Forscherin. Der Zählmeister macht seine Striche nämlich immer dann, wenn er in einer jeweiligen Situation ein positives Erlebnis registriert hat. Das entsteht bei einer richtigen Entscheidung, die das Belohnungssystem in Schwung versetzt. Jede richtig angewendete Entscheidungsstrategie wird vom Gehirn demnach als ein positives Gefühl gespeichert. Nimmt der Mensch eine Situation wahr, dann wird die Erinnerung an eine vergleichbare Situation durch einen somatischen Marker, ein emotionales Signal, aktiviert – und er wählt eine Entscheidungsstrategie aus, die sich in der Vergangenheit als die erfolgreiche dargestellt hat.

Immer der Masse nach?

Wie erfolgreich sind nun diese Faustregeln aus dem mentalen Werkzeugkasten? Das hängt stark von der Situation ab, in der es zu entscheiden gilt. Für die Beispiele Gigerenzers aus der Notaufnahme liegt der Rat nahe, möglichst auf der Grundlage medizinischer Studien einen schlanken Entscheidungsbaum zu kreieren. Im Rahmen der sogenannten Evidenzbasierten Medizin wird genau das versucht: Welche Vorsorgeuntersuchung ist statistisch nachweisbar die sinnvollste? Nach welchen Prioritäten soll ich eine bestimmte Symptomatik wie das Stechen in der Brust diagnostizieren? In diesem Falle ist weniger, auch was die Kosten angeht, in der Tat mehr. Während früher neunzig Prozent aller Patienten auf der Intensivstation landeten, wenn sie in der Notaufnahme über Brustschmerzen klagten, so sind dies nun deutlich weniger.

An zwei anderen Regeln, die zu der Weniger-ist-mehr-Kategorie zählen, zeigen sich die Schwächen von Heuristiken. «Ahme die Masse nach» und «Bleibe beim Alten» scheinen zwei evolutionär tiefverwurzelte Imitationsstrategien zu sein. Wer sich im Fugzeug für einen Tomatensaft entscheidet, weil das schon die Passagiere in den fünf Reihen vor ihm getan haben, der macht nichts anderes als Kinder, die nachahmen, was die Eltern vorleben. Das ist gut für die Kleinen, weil sie auf diese Weise schnell lernen. Außerdem stabilisiert es die Gesellschaft. Denn nicht in jeder Generation müssen alle

Regeln des Zusammenlebens neu ausgehandelt werden. Wandelt sich die Welt allerdings, so wie derzeit im Zuge der Globalisierung, dann kann es sein, dass die alten Entscheidungsmuster plötzlich nicht mehr funktionieren. Wer sich etwa gegen einen Arbeitsplatz in einem anderen Bundesland oder gar in einem anderen Land entscheidet, der handelt so, wie es der eigene Vater getan hätte. Seine Strategie könnte ihn aber schnell zu einer Dauerkarteikarte bei der Arbeitsagentur werden lassen.

Bleibe-beim-Alten, wer nach dieser Regel verfährt, darf sich nicht wundern, in eine psychologische Falle zu tappen, die Forscher auch als «die Falle der versunkenen Kosten» bezeichnen. Menschen halten nämlich erstaunlich lange an einem Verhalten fest, für das sie sich einmal entschieden haben. Dahinter steckt die starrköpfige Idee, dass ein einmal geleisteter Einsatz auf keinen Fall umsonst gewesen sein darf. Ein harmloses Experiment demonstriert den Effekt: Der Psychologe Hal Arkes von der University of Ohio ließ einen Teil der Abonnements für das Uni-Theater zum halben Preis verkaufen. Mit dem Effekt, dass alle jene, die den vollen Preis bezahlt hatten, häufiger zu den Vorstellungen kamen.[137] Der gleiche Effekt verleitet Fußballtrainer, einen teuer eingekauften Spieler auch dann noch einzusetzen, wenn seine Leistungen es nicht mehr rechtfertigen. Bankangestellte fallen beim Aktienhandel darauf herein, genauso wie Unternehmer, die auch dann noch den Konzern vergrößern, wenn das die Finanzdaten schon längst nicht mehr zulassen. Auch US-Präsident George Bush, so sagt Psychologie-Professor Barry Schwartz, ist dem Effekt der versunkenen Kosten im Irak-Krieg erlegen. Bush habe einen Verbleib in dem Bürgerkriegsland mit den bereits gefallenen Soldaten gerechtfertigt: «Wir schulden ihnen etwas. Wir werden die Aufgabe zu Ende bringen, für die sie ihr Leben gegeben haben.»[138]

Gerd Gigerenzer führt als ein negatives Beispiel einen Vergleich zwischen der Organspende-Bereitschaft in Deutschland und Frankreich an. Bei uns muss man sich aktiv für eine Spende entschließen, und das tun nur zwölf Prozent. In Frankreich muss man sich aktiv dagegen entscheiden, und das tun nur wenige. Dadurch liegt die Spendenbereitschaft der Franzosen bei 99 Prozent.[139] Beide Völker verwenden die schlichte Regel: Bleibe beim Alten, und das ist in Frankreich die Spende der Organe. Wer das nicht will, muss sich aktiv gegen die Mehrheitskultur entscheiden, und das tut nur ein Prozent. Gut für alle Franzosen, die am Dialysegerät hängen und eine neue Niere brauchen. Schlecht für ihre Nachbarn, die Deutschen. Bei denen mangelt es an Organen. Der Konformismus lässt außerdem die Kreativität erstarren. Nicht zufällig fehlt es daran vor allem jenen Ländern, deren Bevölkerung sehr homogen ist. Die Entscheidungskultur prägt die Gesellschaft. Nicht nur in politischer Hinsicht, wie man leicht denken könnte, sondern auf wesentlich subtileren Wegen.

Vom Fußball fürs Leben lernen

Für die meisten Menschen ist es einfach nur Zerstreuung, vor dem Fernseher zu sitzen und einem Fußballspiel zuzuschauen. Die Sportschau am Samstagabend entschädigt für eine ganze Woche Mühsal. Eine Weltmeisterschaft kompensiert den Minderwertigkeitskomplex von sechzig Nachkriegsjahren. Markus Raab hingegen fällt es schwer, die neunzig Minuten Spielzeit als bloße Entspannung zu genießen. Für ihn ist es Forschung.

«Die Weltmeisterschaft war bisher der Höhepunkt für mich. Das war eine einmonatige Studienzeit», sagt der Professor am Institut für Bewegungswissenschaften und Sport an der Universität Flensburg. Gleich sechs Minuten nach Anpfiff der WM hatte Raab genau jene Szene beobachtet, über die er seit nunmehr sechs Jahren forscht. Philipp Lahm taucht im Eröffnungsspiel in München von links vor dem Tor Costa Ricas auf. «Ich dachte, der schlägt jetzt einen Pass in den Strafraum», sagt Raab, «der Torwart der Lateinamerikaner dachte das wohl auch.» Stattdessen drosch der Münchener aus gut 25 Metern einfach mit dem rechten Fuß in die Ecke des Tores und traf. Zum ersten WM-Tor der Deutschen. «So was lernst du nicht im Training.» So was ist Intuition, und das bei einem 23-Jährigen.» Genau das untersucht der Entscheidungsforscher: die Intuition. «Der Sport eignet sich dafür ganz hervorragend», so Raab. Die Akteure müssen sich schnell entscheiden, keiner kann ihnen reinreden, wenn sie auf dem Feld stehen, und sie können meist sogleich das Resultat ihrer Entscheidung analysieren: ein Tor wie das von Philipp Lahm oder ein gehaltener Elfmeter wie bei Jens Lehmann gegen Argentinien. Raab ist überzeugt: «Wie die Spieler entscheiden, davon kann auch ein Vorstandschef etwas lernen.»

Die Intuition im Sport kommt nach den Vorstellungen des jungen Professors auf zwei Wegen zum Zuge. Einerseits entscheidet sich ein Sportler zumeist intuitiv, weil ihm das Spielgeschehen keine Zeit lässt. Das gilt vor allem in Mannschaftssportarten. Gleichzeitig lernt er aber auch unbewusst, welche Bewegungsabläufe ideal sind, welche Taktik er einzusetzen hat, um an sein Ziel zu kommen. Das gilt auch für Einzelsportarten wie Golfen oder Eisstockschießen.

Im Gegensatz zu vielen seiner Forscherkollegen betrachtet Raab den gesamten Prozess einer Entscheidung und nicht nur Teile. Sieben Phasen lassen sich dabei ausmachen, und Raab erläutert das an Philipp Lahms legendärem WM-Auftakt-Tor. Als der Stammspieler von Bayern München auf das gegnerische Tor zudribbelte, präsentierte sich ihm das Entscheidungsproblem: Die Abwehrspieler Costa Ricas kommen auf ihn zugerannt. Was soll er tun? Sogleich identifiziert er auch die negativen Zwänge seiner Entscheidung: Er kann den Ball wegen Abseitsgefahr nicht flanken. Er legt eine Priorität für seine Ziele fest: vor allem im Ballbesitz bleiben. Wenn möglich ein Tor schießen. Unter dieser Prämisse generiert er verschiedene Handlungsoptionen: Weiterdribbeln, Abspielen, auf das Tor schießen. Nun vergleicht er seine Handlungsoptionen mit den Zielen, die er sich gesteckt hat, und identifiziert jene mit den höchsten Erfolgsaussichten. Der rechte Verteidiger schließlich initiiert die Handlung: Lahm setzt zum Schuss an. Am Ende bewertet er das Ergebnis seines Entschlusses: Tor![140]

Die meisten neuronalen Etappen, die der Entschluss Philipp Lahms bis zum Torschuss genommen hat, sind dabei unbewusst verlaufen. «Für einen erfahrenen Spieler ist es auch das Beste, seiner Intuition zu folgen und die richtige Handlungsoption auszuwählen», sagt Raab. Gewöhnlich ist das bei solchen Leuten die erste, die ihnen in den Sinn gekommen ist. Das «Nimm-die-erste»-Prinzip, so konnte Raab mit einer Reihe von Experimenten belegen, ist in der Tat die am meisten Erfolg versprechende Strategie. Dazu bereitete er Video-Sequenzen aus Handballspielen vor, die eine Angriffssituation zeigen, und stoppte die Bänder stets kurz vor dem Punkt, an dem sich der Stürmer zu einem Spielzug entschloss. Diese Filmsequenzen führte er deutschen und brasilianischen Handballern mit unterschiedlich langer Spielerfahrung vor. Dann bat er sie, spontan eine Möglichkeit zu nennen, wie der Spieler sich weiter verhalten könnte. Anschließend sollten sie auch noch mehrere Optionen nennen und begründen, warum sie sich für die eine entschieden hatten. So erfuhr er sowohl ihre intuitive als auch ihre rationale Einschätzung. Das Ergebnis bestätigte Raabs Hypothese: Die erfahrenen Handballer wählten binnen Sekunden den richtigen Spielzug aus. Die Unerfahrenen waren hingegen weniger erfolgreich. Die brasilianischen Profis schnitten besonders gut darin ab, intuitiv zu entscheiden. Als die erfahrenen Spieler hingegen zwischen verschiedenen Möglichkeiten abwägen sollten, entschieden sie sich häufig für die weniger erfolgreiche Strategie. Auffällig war ein Phänomen, das Psychologen auch aus vergleichbaren Experimenten bereits kennen und Recency-Effekt nennen. Dabei wählen die Probanden auffallend oft die vom Interviewer zuletzt genannten Optionen aus. Eine schlichte Erklärung dafür lautet, dass sie sich an diese besser erinnern.[141] Überträgt man das auf einen Autokauf, dann greifen die meisten Käufer am Ende zu einem der Wagen, die sie im zuletzt besuchten Autohaus gesehen haben.

Solche Erkenntnisse haben sich aber bei weitem noch nicht auf allen Rasenplätzen Deutschlands herumgesprochen. «Das Training fördert bei den Spielern nicht gerade eine intuitive Entscheidungsweise», kritisiert Raab. Da stehen Trainer vor der Tafel und malen Spielsituationen auf. Dann geben sie den Spielern nach dem Wenn-dann-Prinzip Vorgaben, wie sie sich in dieser oder jener Lage bitte schön zu verhalten haben. «Im Spiel sind sie dann nicht mehr in der Lage, flexibel und kreativ vorzugehen», sagt Raab. Sie verwenden die vom Trainer vorgegebenen Verhaltensschablonen, die der Gegner, zumal ein intuitiv operierender, innerhalb kurzer Zeit durchschaut hat. Dann probiert der Trainer, ihnen alternative Spielzüge zu vermitteln. Die Aufgabe aber, unter Zeitdruck ganz bewusst zwischen verschiedenen Optionen zu entscheiden, scheitert an der Behäbigkeit des rationalen Denksystems. Ein seltsames Phänomen stellt sich ein: Blindheit durch Unaufmerksamkeit wird es genannt. Der Trainer gibt nur geringste Instruktionen, etwa: Achtet mal auf die Gegenspieler. Doch auf dem Spielfeld kann es dazu führen, dass die Hälfte der Akteure anschließend den völlig frei stehenden Mitspieler übersieht. Vermutlich weil alle mit einer Art Tunnelblick Ausschau nach dem Gegenspieler halten.

In dem Versuch von Markus Raab verhielten sich die Brasilianer, die seit ihrer frühesten Jugend am Strand gespielt haben, dagegen völlig anders. Da hat ihnen niemand hereingeredet, wie sie sich am besten verhalten sollen. «Die haben das durch Versuch und Fehler gelernt und erkennen für jede Spielsituation aus ihrer Erfahrung die richtige taktische Antwort.» Man könne den Unterschied zwischen diesen verschiedenen Spielkulturen zum Beispiel an Mehmet Scholl ablesen. «Der hat in seiner Jungend viel auf der Straße gespielt, ist erst spät in die Mühlen eines Vereins und der Talentförderung gekommen», sagt Raab, «mit dem Resultat, dass er ein extrem kreativer Spieler ist.» Ein Trainer wie Ottmar Hitzfeld, der bekannt sei für sein extrem strukturiertes Training, habe mit so einem Spielercharakter natürlich seine Probleme.

Der Schlüssel zu sportlichem Erfolg ist unbewusstes Lernen.[142]

Das gilt vor allem für Bewegungsabläufe, was eigentlich auf der Hand liegen sollte. Wenn diese erst einmal verinnerlicht sind, dann sind sie in jedem Augenblick des Spieles automatisch abrufbar – so wie man Fahrrad fährt, ohne dass man sich wirklich vergegenwärtigt, wie das im Detail funktioniert. Zumal eine unbewusst erlernte Bewegung nie mehr vergessen wird. Sie ist in Fleisch und Blut übergegangen, und das ist ganz wörtlich zu nehmen. «Was der Trainer sagt, ist im nächsten Moment schon vergessen», weiß Raab, selber ein passionierter Volleyballer. Das Schlimmste, was einem dann noch passieren kann, ist der Versuch, die Bewegung in Worte zu kleiden – also dem Verstand zugänglich zu machen. Im Golfsport ist es eine Binsenweisheit: Willst du einen guten Spieler durcheinanderbringen, dann lass dir von ihm erklären, wie er den letzten tollen Schlag angestellt hat. «Gute Sportler haben keine konkrete Vorstellung davon, wie sie ihre Schläge setzen», sagt Raab.

Tiger Woods, dem derzeit erfolgreichsten Golfspieler, war die Gefahr bei dem Versuch, seinen völlig automatisierten Schlagablauf verändern zu wollen, bewusst. Einige andere Profis vor ihm hatten das schon probiert und waren gescheitert. Never change a running system, dieser Spruch gilt nicht nur unter Ingenieuren, sondern auch unter Sportlern. Dennoch beschloss er Ende der 1990er Jahre gemeinsam mit seinem Trainer, seine Ausholbewegung zu verbessern. Auf Videoaufzeichnungen hatte er erkannt, dass sie nach seinen Maßstäben noch lange nicht perfekt war. Selbst in der legendären Saison 1997 zweifelte er an seinen Leistungen, obgleich er die US-Masters mit zwölf Schlägen triumphal gewann. Während er sich also den neuen Schlagstil anzueignen suchte, passierte, was alle seine Berater vorausgesehen hatten: Tiger Woods' Leistung nahm rapide ab. In neunzehn Monaten gewann er lediglich ein einziges Turnier. Woods war frustriert. Doch ganz allmählich automatisierte sich der neue Bewegungsablauf. Seit dem Jahr 1999 ist er, allen Unkenrufen zum Trotz, wieder auf Siegestour.

Raab kritisiert, dass viele Handbücher, gerade im Golf, noch nicht realisiert hätten, welche Bedeutung es hat, Bewegungen intuitiv zu erlernen. Da werden die Spieler gebeten, sich die motorischen Abläufe bewusst zu machen. Dann kommen Vorhaltungen: Mach die Schulter höher! Kipp das Handgelenk! In Flensburg hat man daher alternativ zu derart konkreten Instruktionen eine Trainingsmethode entwickelt, bei der Hinweise zum Bewegungsablauf in Metaphern verpackt werden. Den Aufschlag im Tennis solle man lieber damit erklären, einen Schläger aus dem Rucksack zu ziehen. Das gibt den Bewegungsablauf wieder, ohne ihn im Einzelnen zu verbalisieren. Beim Tischtennis etwa lässt sich ein mit der Vorhand geschlagener Topspin mit der Aufgabe umschreiben, einen großen Gymnastikball zu streicheln. Hilfreich kann es auch sein, die Aufmerksamkeit des Schülers auf das Ziel der Handlung zu lenken, anstatt auf die Bewegung selber. Liegt der Ball beim Golfen kurz vor dem Put, dann sollte man sich nicht auf seine Armbewegung konzentrieren, sondern auf den Schläger. Selbst wenn der Trainer einem das sagt.

Eine Königsdisziplin der Intuition ist der Elfmeter. Reagiert der Keeper erst in dem Moment, wenn der Gegner den Ball tritt, dann ist das Leder schon 51 Millisekunden im Netz, ehe der Torwart loshechtet. Deshalb muss er schon vorausahnen, wohin der Ball fliegt. Einer, der das besonders gut kann, ist Robert Enke. Er gilt als der beste Elfmeterkiller der Bundesliga, und er sagt: «Ich verlasse mich auf das Gefühl.» Damit meint der Nationalspieler, dass er sich auf sein Unterbewusstsein verlässt. Mit Hexerei hat es jedenfalls nichts zu tun.

Eine Grundregel für Torwarte lautet: Konzentriere dich nicht auf das Schussbein, sondern das andere, das Standbein. Das kommt auf dem Boden auf, bevor der Spieler schießt. Wichtig ist die Stellung des Beines, hat Mark Williams, Sportwissenschaftler an der Universität von Liverpool festgestellt. Er rüstete Torhüter mit einer speziellen Kamera aus, die am Kopf sitzt. Das Ergebnis ist erstaunlich. Schießt ein Spieler den Ball mit dem rechten Fuß, dann gilt: «Die Spitze des linken Fußes zeigt leicht zur rechten Seite des Torhüters, wenn der Ball in dieser Seite des Tores landen wird.»[143]

Noch einen Hinweis verrät der Körper des Schützen: Steht seine Hüfte parallel zum Torwart, dann wird der Ball wahrscheinlich auf der rechten Seite ins Tor gehen. Ist die Hüfte vom Torwart abgewandt, fliegt der Ball in die linke Ecke. Dieser Trick funktioniert allerdings nur mit rechtsfüßigen Torschützen.[144]

Der damalige französische Nationalkeeper Fabien Barthez grummelte über die Forschung von Williams zwar: «Der Professor soll sich erst mal selber ins Tor stellen.» Nur: Williams konnte zeigen, dass Torwarte seine Regel trainieren können und danach auch öfter einen Penalty halten. Ein in die Annalen des deutschen Fußballs eingegangener, rationaler Trick funktioniert dagegen nicht immer gut: die Statistik. Im WM-Krimi gegen Argentinien hat ein kleiner Handzettel dem Torhüter Jens Lehmann geholfen, den Elfmeter von Esteban Cambiasso zu halten. Mittlerweile ist der Zettel im Museum. Kluge Spieler können diesen Statistik-Trick aber leicht umgehen und sich für eine andere Ecke entscheiden. Sie sollten es aber bloß nicht mit ihrem Verstand machen, sondern intuitiv. Sonst enden sie wie David Beckham 2004 beim Ausscheiden seines Teams im Viertelfinale der EM gegen Portugal. «Ich konnte schon, als er anlief, erkennen, wie es in seinem Gesicht gearbeitet hat», erzählt Raab. Der wollte bewusst woanders hinschießen. Rechts oben, oder links oben. Stattdessen verdrosch er den Elfer. «Ein italienischer Nationalspieler hat dieses Problem einmal dadurch umgangen, dass er beim Schuss sein Trikot über die Augen zog.»

Auf unbewusstem Wege lernen aufmerksame Sportler eine Fülle von Regelmäßigkeiten. Haben sie mit einer Strategie mehrere Male Erfolg, dann wenden sie den gleichen Trick auch in Zukunft an. So lange jedenfalls, bis auch der letzte Gegner den Spielzug durchschaut hat. Sie nehmen aber auch das Geschehen um sich herum penibel wahr. Raab hat dazu einen Versuch mit Tischtennisspielern unternommen. Die bekamen mal gelbe, mal weiße Bälle zugespielt und mussten sie je nach Farbe in die eine oder andere Ecke schlagen. Raab sorgte aber dafür, dass gelbe und weiße Bälle jeweils entweder auf die Vorhand oder Rückhand zugespielt wurden. «Intuitiv stellten sich die Spieler darauf ein», sagt Raab, «wenn man sie danach gefragt hatte, stritten sie ab, eine Regelmäßigkeit erkannt zu haben.»

Raab glaubt, dass das Gehirn ziemlich exakt Buch darüber führt, welcher Spielzug erfolgreich war und welcher nicht. Ganz intuitiv nehmen Mittelfeldspieler wahr, welcher Stürmer beim Anspiel mehr aus der Vorlage gemacht hat. In den kommenden Spielzügen werden sie dem erfolgreicheren Stürmer den Ball zuspielen. Im Gehirn bildet sich eine Vorliebe aus, eine Präferenz, wie es die Forscher formulieren würden. Das funktioniert bei Marmeladen im Supermarkt genauso wie auf dem Fußballplatz.

Gemeinhin gilt Sport als Parabel auf das wirkliche Leben. Das trifft auch auf die Entscheidungsforschung zu. Der Vorstandschef in einem Unternehmen greift auf den gleichen Mechanismus zurück. In seinem Unterbewussten verfügt er über eine genaue Vorstellung davon, welcher seiner Assistenten die Aufgaben, die er ihm stellt, gewissenhafter erledigt. Beim nächsten Mal wird er gemäß dieser Präferenz den fleißigen Assistenten wieder mit einer Aufgabe betreuen, ohne dass ihm das klar ist. Er wird sich dabei in seinem intuitiven Urteil auf seine Erfahrung stützen. Es gibt da nur einen Unterschied. Der Stürmer, der zu dem besser spielenden Kameraden flankt, ist in seiner Entscheidung relativ frei – sehen wir einmal von den Protesten des nicht angespielten Teamkollegen ab. Oder den abfälligen Kommentaren der Medien, wenn der Angriff missrät. Verteidigt er sich damit, er habe aus dem Bauch gehandelt, wird ihm das niemand vorwerfen. Nicht so bei dem Unternehmer. Würde der sich zu seiner Intuition bekennen, müsste er sich rechtfertigen. «Vor allem, wenn sein Konzern in die roten Zahlen gerutscht ist», sagt Raab. Dem armen Bauchentscheider bleibt nichts anderes übrig, als seine Wahl «nachzurationalisieren». Das ist die höfliche Umschreibung von Wissenschaftlern für ein Phänomen, bei dem man sich selber pausenlos ertappt: sich Gründe für sein Verhalten im Nachhinein zurechtzulegen.

KREATIVITÄT –
DIE NATUR DER GEISTESBLITZE

«In zwanzig Jahren wirst du mehr von den Dingen enttäuscht sein, die du nicht getan hast, als von den Dingen, die du getan hast. Also mach die Bugleinen los. Segle heraus aus dem sicheren Hafen.»

MARK TWAIN[145]

Überrieselungen bis in die Fußzehen

Im Schweizer Oberengadin vereint sich das kalte Licht des Nordens mit dem warmen Licht des Südens. Es vermischt sich in den Reflexionen des Silsersees, dessen jadefarbenes Wasser zwischen hohen, schneebedeckten Gipfeln eingezwängt ist. Wind rauscht durch die Föhren, erfrischend, nicht zu kalt und nicht zu warm. Er streift über einen steilen Felshügel, der sich in den See hineingeschoben hat wie der Schwanz eines großen Reptils. In seinem Windschatten ducken sich die weißgekalkten Häuser des Örtchens Sils Maria.

Eines davon hat in den Sommermonaten Ende des 19. Jahrhunderts ein sonderbarer Mensch bewohnt. Der Mann mit dem sich wirr windenden Bart über der Oberlippe stieg beinahe jeden Tag den Hügel hinauf. An einem großen Stein setzte er sich gewöhnlich nieder, genoss die Wärme des Felsbrockens im Rücken und den harzigen Duft, der aus den Baumstämmen aufstieg. «Hier ist gut leben, in dieser starken, hellen Luft, hier, wo die Natur auf wunderliche Weise zugleich mild, feierlich und geheimnisvoll ist», schrieb er in einem Brief[146]. Von der Reinheit der Luft und der Klarheit des Lichtes ließ er sich zu einem seiner größten philosophischen Werke inspirieren: «Also sprach Zarathustra». Mit strengem Pathos ließ Friedrich Nietzsche den persischen Religionsstifter, einen Eremiten, der zu den Leuten hinabgestiegen war, zürnen: «Ich verkünde euch den Übermenschen. Der Mensch ist etwas, das überwunden werden soll. Was habt ihr getan, ihn zu überwinden?»[147]

In seinem Spätwerk «Ecce Homo» räsoniert Nietzsche über sein eigenes Schaffen. Darin enthalten ist eine Passage, in der er sich auseinandersetzt mit dem kreativen Vorgang des Denkens und Schreibens. Es ist eines der eindrucksvollsten Zeugnisse vom Wesen des schöpferischen Prozesses in der Literatur. Er entreißt den Geistesblitz der religiösen Mystik und verleiht ihm gleichsam eine metaphysische Kraft. Verfasst ist die Passage in der Nietzsche eigenen, wortgewaltigen Diktion. Wer sie richtig genießen will, sollte sie am besten laut lesen:

«Hat jemand, Ende des neunzehnten Jahrhunderts, einen deutlichen Begriff davon, was Dichter starker Zeitalter Inspiration nannten? Im andren Falle will ich's beschreiben. Mit dem geringsten Rest von Aberglauben in sich würde man in der Tat die Vorstellung, bloß Inkarnation, bloß Mundstück, bloß Medium übermächtiger Gewalten zu sein, kaum abzuweisen wissen. Der Begriff Offenbarung, in dem Sinn, daß plötzlich, mit unsäglicher Sicherheit und Feinheit, Etwas sichtbar, hörbar wird, Etwas, das Einen im Tiefsten erschüttert und umwirft, beschreibt einfach den Tatbestand. Man hört, man sucht nicht; man nimmt, man fragt nicht, wer da gibt; wie ein Blitz leuchtet ein Gedanke auf, mit Notwendigkeit, in der Form ohne Zögern, – ich habe nie eine Wahl gehabt. Eine Entzückung, deren ungeheure Spannung sich mitunter in einen Tränenstrom auflöst, bei der der Schritt unwillkürlich bald stürmt, bald langsam wird; ein vollkommnes Außer-sich-sein mit dem distinktesten Bewußtsein einer Unzahl feiner Schauder und Überrieselungen bis in die Fußzehen; eine Glückstiefe, in der das Schmerzlichste und Düsterste nicht als Gegensatz wirkt, sondern als bedingt, als herausgefordert, sondern als eine notwendige Farbe innerhalb eines solchen Lichtüberflusses; ein Instinkt rhythmischer Verhältnisse, der weite Räume von Formen überspannt – die Länge, das Bedürfnis nach einem weitgespannten Rhythmus ist beinahe das Maß für die Gewalt der Inspiration, eine Art Ausgleich gegen deren Druck und Spannung ... Alles geschieht im höchsten Grade unfreiwillig, aber wie in einem Sturme von Freiheits-Gefühl, von Unbedingtsein, von Macht, von Göttlichkeit ... Die Unfreiwilligkeit des Bildes, des Gleichnisses ist das Merkwürdigste; man hat keinen Begriff mehr, was Bild, was Gleichnis ist, Alles bietet sich als der nächste, der richtigste, der einfachste Ausdruck. Es scheint wirklich, um an ein Wort Zarathustra's zu erinnern, als ob die Dinge selber herankämen und sich zum Gleichnisse anböten. [...] Dies ist meine Erfahrung von Inspiration.»[148]

Die Inspiration, wie sie Nietzsche beschreibt, stellt die zweite Bedeutungsebene dar, in der das Wort Intuition gebraucht wird. Sie bezeichnet das Neue, das plötzlich vor das geistige Auge tritt, seien es Worte und Gedanken wie bei Nietzsche, oder eine mathematische Formel, eine physikalische Gesetzmäßigkeit, eine Erfindung, ein Kunstwerk, eine Melodie. Es geht, kurz gesagt, um das kreative Vermögen, die vornehme Kulturleistung des Menschen.

Bislang haben wir uns vor allem mit dem intuitiven Entscheiden befasst. Doch auch die Kreativität, so sieht es der französische Mathematiker Henri Poincaré, hat viel mit Entscheiden zu tun: «Erfinden heißt zu unterscheiden, eine Wahl zu treffen.» Der schöpferische Akt besteht aus neuen Verbindungen, die der Geist zwischen altem Bekanntem herstellt und zu etwas noch nie Dagewesenem verknüpft. Entscheiden, das muss er zwischen den vielen, beinahe unendlich vielen unnützen Verbindungen. Schier grenzenlos ist die Vielfalt der Worte und Gedanken, auch in Nietzsches Kopf. Einige wenige aber hat noch kein Gehirn zuvor erdacht. Diese gilt es, als neuartig zu entdecken. Eine Entscheidung, die in ihrer neurologischen Funktionsweise viel gemein hat mit der Art von Intuition, wie wir sie bereits kennen. Antonio Damasio vergleicht den kreativen Prozess, wie er sich im Unterbewussten vollzieht, mit einem Studium an der Universität: «Im Kopf trifft ein biologischer Mechanismus die Vorauswahl, er sichtet die Kandidaten und lässt nur einige wenige zum Abschlussexamen zu.» Im Moment höchster Kreativität verschmilzt schließlich die Intuition mit dem Verstand und gebiert – den Fortschritt.

Das Heureka-Erlebnis

Der Erfindungsreichtum des Menschen unterscheidet ihn in beeindruckendem Maße vom Rest des Tierreiches. In gewisser Weise führt der Mensch das Prinzip der Evolution fort, nun aber in einem kulturellen Sinne. Im Erbgut sind es kleine Mutationen, die neue Verbindungen hervorbringen; die das Lebewesen verändern und die es weiter vererbt, wenn es eine sinnvolle Innovation ist. Auf ganz ähnliche Weise setzen sich Wissen und Können neu zusammen. Nur dass sich dies nicht in den Doppelsträngen der DNS, sondern in den neuronalen Netzen im Gehirn vollzieht. Geht so eine neue Idee aus dem Unterbewussten über die Schwelle in das Bewusstsein, dann stellt sich das Heureka-Erlebnis ein, jener erhabene Augenblick, der Nietzsche zu Tränen rührt und erschaudern lässt. Die Kulturgeschichte des Menschen wimmelt von diesen zauberhaften Momenten.

Von dem griechischen Mathematiker Archimedes stammt der Ausruf: «Heureka!» – «Ich hab's gefunden!» In diesen Freudenruf brach er angeblich aus, als er das Problem gelöst hatte, wie sich das Volumen von Gegenständen bestimmen lässt – nämlich anhand der Verdrängung, die sie im Wassergefäß verursachen. Auf die Idee kam er, als er in die Wanne stieg und diese daraufhin überlief. Sein Körper war in diesem Falle der Gegenstand. Aus Volumen und Masse wiederum ergab sich die Dichte – so konnte er überprüfen, ob die Königskrone wirklich aus purem Gold war. Vor Begeisterung, so lautet die wahrscheinlich falsche Legende, ist er dann, ohne sich anzukleiden, zum König gerannt, um ihm über seine Entdeckung zu berichten.

Etwas weniger impulsiv ging es bei Isaac Newton zu. Auf dem Bauernhof seiner Mutter lag der englische Physiker eines Tages unter einem Baum und sah, wie ein Apfel herabfiel. Auf einmal schoss ihm die Frage durch den Kopf, ob die gleichen Kräfte, die das Obst vom Baum herunterfallen ließen, wohl auch den Mond an die Erde fesselten. Er ließ den Baum imaginär bis hinauf zum Mond wachsen. Dann verband Newton seine Überlegungen mit den Kepler'schen Gesetzen und entwickelte aus der Apfelbaumanalogie das später nach ihm benannte Gravitationsgesetz. Es stellte eine Abkehr vom damals noch gültigen aristotelischen Weltbild dar, wonach die irdischen und die himmlischen Dinge verschiedenen Naturgesetzen gehorchten. Als Newton 1727 starb, errichtete ihm die Nachwelt ein Monument in der für Wissenschaftler reservierten Ecke der Westminister Abbey, wo später unter anderem auch Charles Darwin seine letzte Ruhestätte fand. Newtons Sarkophag war dekoriert mit zwei Putten, die ein Prisma hielten, mit einem Teleskop, einem Stapel von vier Büchern und einer frischgeprägten Münze, was man als eine Art Vereinnahmung seiner kreativen Fähigkeiten durch die Kirche deuten könnte: Seine Veranlagung sollte wie eine göttliche Gabe wirken.

Aus den Erinnerungen Friedrich August Kekulés lässt sich schon eher ablesen, was da statt des göttlichen Funkens durch das Gehirn zuckte. Der Chemiker brachte Mitte des 19. Jahrhunderts Ordnung in das noch recht schlecht verstandene Bindungsverhalten der Kohlenstoffatome. Lange blieb rätselhaft, wie sich der Kohlenstoff in Benzol anordnet. Kekulé berichtet von einem Wachtraum, den er eines Nachts vor dem Kaminfeuer hatte. Im Halbschlaf betrachtete er die sprühenden Funken, die sich in seinem Geiste in Kohlen- und Wasserstoffatome verwandelten. Plötzlich sah er darin das alchimistische Symbol der Ourobourosschlange, deren Kopf in den eigenen Schwanz beißt – der Benzolring war gefunden. Es ist ein schönes Beispiel dafür, wie die kognitiven Arbeiter im Gehirn an den Stricken einer neuen Erkenntnis knoten.

Der äußere Rahmen fürs Kreativsein

Die Beispiele sollten keinen falschen Eindruck aufkommen lassen. Die Ideen fallen nicht aus heiterem Himmel hinab in das Bewusstsein ihrer Schöpfer. «Eine wahrhaft kreative Errungenschaft ist so gut wie nie das Ergebnis einer schlagartigen Erkenntnis, eines plötzlich aufflackernden Lichts in der Dunkelheit, sondern das Resultat harter Arbeit.» Das sagt einer der bekanntesten Kreativforscher, der Psychologe Mihaly Csikszentmihalyi.[149] Das Neue ist kein Zufallsprodukt, es kann nicht aus einem Individuum alleine heraus geboren werden. Vielmehr erfordert es eine Konstellation, die der Professor an der kalifornischen Claremont Graduate University erst gegeben sieht, wenn drei Dinge zusammenkommen. Erstens eine Kultur, die Symbole und Regeln einschließt. Dazu zählt etwa das Zahlensystem oder das chemische Periodensystem. Zweitens eine Person, die sich in dieser Welt bestens auskennt, und drittens: ein Feld von Experten, die in der Lage sind, die Innovation anzuerkennen und zu bestätigen.

Kreativität entwickelt sich, so behauptet Csikszentmihalyi, nur in einer Umgebung, in der ein Aufmerksamkeitsüberschuss vorhanden ist. Erst wenn der Mensch seine grundlegenden Bedürfnisse abgesichert weiß, kann er sich überhaupt den Luxus leisten und die Muße dazu finden, sich Gedanken über neue Erfindungen zu machen. Der Professor führt dazu das Beispiel des mächtigen antiken Stadtstaates Athen an, der über entsprechenden Wohlstand und über das Wissen verfügte, die Innovationen ermöglichten.

Den geforderten Aufmerksamkeitsüberschuss gibt es häufig schon in der Familie des Erfinders. Sie vermittelt das «kulturelle Kapital», wie es der französische Soziologe Pierre Bourdieu nannte, das sich aus interessanten Büchern, anregenden Gesprächen, Anreizen für eine höhere Bildung, Rollenmodellen und nützlichen Beziehungen zusammensetzt. Es bedarf schon eines äußerst hartnäckigen Charakters, sich ohne dieses kulturelle Startkapital durchzusetzen. Der Nobelpreisträger Manfred Eigen ist so ein Beispiel. Als Jugendlicher wurde er als Flakhelfer in den Zweiten Weltkrieg eingezogen, zwei Jahre später geriet er in russische Gefangenschaft. Gegen Ende des Krieges konnte er fliehen und schlug sich durch halb Europa nach Göttingen durch. Als er ankam, war die Universität, an der einst Geistesgrößen gewirkt hatten, noch gar nicht wiedereröffnet. Doch er blieb, wurde in den ersten Studienjahrgang aufgenommen. Es herrschte damals so etwas wie eine wissenschaftliche Askese dort. Die Studenten waren engagiert, und umgeben war Eigen von den klügsten Lehrern, die an der legendären Forschungsstätte noch übrig geblieben waren. 1967 erhielt er den Nobelpreis der Chemie für die Erforschung schnell ablaufender Reaktionen.

Brutstätten des Fortschritts sind die Städte. Florenz galt als die Geburtsstätte der Renaissance und bot die Kulisse für Universalgenies wie Galileo Galilei, Michelangelo oder Leonardo da Vinci. Kreativität heißt auch, mit Normen zu brechen. Dies ist ein zentraler Gedanke Goethes im Faust, dessen Kreativität sich mit der Hilfe des Teufels in Gestalt des Mephisto Bahn bricht. Kreativität benötigt das Anderssein. Den Freiraum, nicht nur in anderen Konzepten zu leben, sondern gleichzeitig auch neue zu entwerfen. Auch heute ist das nicht anders.

Der Wirtschaftswissenschaftler Richard Florida von der George Mason University in Washington hält drei Faktoren für wichtig, durch die eine Stadt zum Inkubator neuer Ideen werden kann. Es sind die drei Ts: Technik, Talent und Toleranz. Florida untersucht nach dem Kriterien-Trio die Metropolen dieser Welt. Die Qualität der Universitäten, die Anzahl von Forschungsinstituten sind da nur eines der Gütesiegel. Florida bewertet auch den Gay-Faktor: Gebe es in der Stadt eine blühende Schwulenszene, so sei das ein Indikator für Toleranz. Auch der Ausländeranteil gibt darüber Auskunft, ob sich eine, wie der Geisteswissenschaftler es nennt, kreative Klasse aus Forschern, Architekten, Ingenieuren, Künstlern und Medienschaffenden bildet. Sie verschafften einer Stadt in postindustriellen Zeiten den Wohlstand. Nicht immer finanziellen, dafür aber geistigen Reichtum. Auf Floridas so gewonnenen Kreativitäts-Ranking stehen übrigens nicht die üblichen Verdächtigen wie New York oder Tokio oben, sondern skandinavische Städte wie Stockholm.[150] Deutsche Städte nehmen eher hintere Plätze in Floridas Rangliste ein.

Einen Einfluss hat auch die in dem jeweiligen Land vorherrschende Kultur. Robert Sternberg von der Tufts University untersuchte zusammen mit einem chinesischen Kollegen die kreative Ausdrucksstärke von chinesischen und amerikanischen Kunststudenten. Amerikanische und chinesische Juroren bewerteten deren Werke und fanden heraus, dass die amerikanischen Studenten «ästhetisch ansprechendere und kreativere Werke produzierten, was sowohl die amerikanischen wie auch chinesischen Juroren gleichermaßen anerkannten». Sternberg glaubt, dass die weniger individualistisch orientierte Gesellschaft Chinas dem Kreativen einen engeren Rahmen setzt.[151]

Der Charakter des Kreativen

Gibt es so etwas wie das Kreativitätsgen? Für alle, die es nicht besitzen, wäre der Gedanke deprimierend und versöhnend zugleich – immerhin böte dann eine biologische Veranlagung eine gute Ausrede dafür, nicht in die lichten Höhen des Schöpferischen vorgedrungen zu sein. Wolfgang Amadeus Mozart könnte man als einen Hinweis auf eine solche Prädisposition nehmen oder aber Yehudi Menuhin, den seine Eltern als Dreijährigen in die Konzerte des San Francisco Orchestra schmuggelten. Der Klang von Louis Persingers Violine fesselte den Kleinen so, dass er sich zu seinem Geburtstag eine Geige und Unterricht bei Persinger wünschte. Er bekam beides, und mit zehn Jahren stand er selber auf internationalen Bühnen.

Gibt es demnach vielleicht den geborenen Kreativen und damit auch eine generelle neurologische Veranlagung zum Schaffens- und Erfindungsdrang? Was darauf hindeutet, ist die Tatsache, dass viele Kreative nicht nur auf einem Gebiet große Leistungen erbracht haben, sondern als Mehrfach- oder Universalgenies auftraten. Der Physiker und Nobelpreisträger Werner Heisenberg spielte ein Klavierkonzert von Mozart ein. Der österreichisch-britische Philosoph

Ludwig Wittgenstein glänzte nicht nur durch seine scharfe Logik, er war auch Architekt und Ingenieur. «Es scheint logisch, dass ein Mensch, dessen Nervensystem besonders sensibel auf Licht und Farben reagiert, leichter Zugang zur Malerei findet, während ein Mensch, der mit absolutem Gehör geboren wird, günstige Voraussetzungen für die Musik mitbringt», sagt Csikszentmihalyi. Die mit diesen Talenten Ausgestatteten werden größeres Interesse an Klängen oder Farben haben und motivierter sein, die Grundlagen zu lernen, um später Innovatives zu schaffen.

Ausnahmen bilden allerdings auch hier die Regel, man denke nur an Ludwig van Beethoven, der seine berühmteste Musik schuf, als er schon taub war. Für Csikszentmihalyi unterscheiden sich kreative Menschen vor allem durch ihre komplexe Persönlichkeit. Aus Interviews, die er mit dreißig Künstlern, Nobelpreisträgern, Wissenschaftlern und Politikern geführt hat, stellte er zehn Wesensmerkmale zusammen. «Kreative Personen vereinen widersprüchliche Extreme in sich – sie bilden keine individuelle Einheit, sondern eine individuelle Vielheit. Wie das Weiß, das alle Nuancen des Farbspektrums enthält, neigen sie dazu, das gesamte Spektrum menschlicher Möglichkeiten in sich zu vereinen.»[152]

Zu diesen Extremen zählt eine unbändige physische Energie, mit der die Begabten den mitunter nächtelangen Schaffensdrang durchstehen. Aber auch eine Ruhe und Entspanntheit, die sie nach außen hin ausstrahlen. Wachheit ist uns schon bei Entscheidungsträgern als eine wichtige Eigenschaft begegnet. Ebenso das neurologische Phänomen von Aufmerksamkeit und Präsenz, die im präfrontalen Cortex einen bestimmten Schwellenwert übersteigen müssen, um intellektuelle Leistungen zu ermöglichen. Schöpferische Menschen müssen diese Kräfte vor allem aus sich heraus generieren, oft gegen von der Umgebung auferlegte Zwänge. Dafür sprechen Versuche der Harvard-Forscherin Teresa Amabile. Sie ließ Kunststudenten Werke produzieren, wobei sie der einen Gruppe sagte, dass sie von Experten begutachtet würden, was offenbar ihren Kreativitätsfreiraum einengte. Der zweiten Gruppe gegenüber erwähnte sie diesen Umstand nicht – und ohne Druck von außen produzierte die freigeistige Gruppe auch die optisch besseren Werke.[153]

Zu den Widersprüchen zähle zudem, dass kreative Menschen häufig weltklug und naiv zugleich seien, meint Csikszentmihalyi. Wer sich das Wissen über die Zusammenhänge der Welt leicht erarbeitet, der kann sich auf diesen Errungenschaften ausruhen – oder aber, er besitzt die Naivität, weiter Fragen zu stellen und sich nicht mit dem Status quo seines Wissens zufriedenzugeben. Deshalb könnnen sich bei Kreativen Weisheit mit Kindlichkeit häufig in einer Person paaren, wie der Intelligenzforscher Howard Gardner in seinem Buch «Creating Minds» behauptet.[154] «Man muss sich dazu entscheiden, sein eigenes Wissen zu nutzen, aber auch, dieses Wissen nicht zu einem Hindernis statt zu einer Hilfe werden zu lassen», erklärt Robert Sternberg jene charakterliche Dichotomie.[155]

«Die Neuheit, die überlebt, ist normalerweise das Werk eines Menschen, der auf beiden Seiten der Polarität operieren kann», schreibt Csikszentmihalyi.[156] Kreative Menschen sind häufig zugleich extrovertiert und introvertiert. Sie verkriechen sich in ihre Welt, müssen aber auch ein Netzwerk mit anderen Experten unterhalten, um ihre genialen Einfälle in dieser äußeren Welt zu etablieren.[157] Selbst ein kauziger Einzelgänger wie Isaac Newton pflegte diesen Austausch. Bei seinen Untersuchungen stieß Csikszentmihalyi auch auf ein Phänomen, das er psychologische Androgynität taufte. Damit beschreibt er seine Beobachtungen, wonach kreative Menschen über Eigenschaften verfügen, die gewöhnlich dem anderen Geschlecht nachgesagt werden. «Kreative Individuen entfliehen in gewisser Weise den rigiden Rollenverteilungen», sagt er. Untersuchungen bei Jugendlichen würden ergeben, dass die kreativeren und begabteren Mädchen dominierender und durchsetzungsfähiger seien als andere Mädchen. Dagegen seien kreative Jungen sensibler und weniger aggressiv als ihre männlichen Artgenossen.

Wer sein schöpferisches Talent auslebt, der muss sich auf Phasen von großem Leid und Schmerzen gefasst machen, aber auch auf intensive Freude. Leid stellt sich ein, wenn die Genialität unentdeckt bleibt. Die Kunstgeschichte ist voll mit Beispielen. Toni Morrisons Roman «Teerbaby» wurde zunächst von den Kritikern zerrissen, ehe sie als eine der wenigen schwarzen Literaten in den USA zu großem Ruhm kam. Die erste Ausstellung von Edvard Munch in Berlin schloss bereits nach dem ersten Tag. Kunstkritiker hatten ein vernichtendes Urteil über das Werk des Norwegers gesprochen.[158] «Die Gesellschaft betrachtet Opposition zum Status quo gewöhnlich als lästig, anstößig und als Grund genug, innovative Ideen zu ignorieren», klagt Robert Sternberg. Überrieselungen, die sich bis in die Fußzehen ausbreiten, wie sie Nietzsche erlebte, sind also nur die eine Seite kreativen Schaffens. Ohne Leidensfähigkeit für den Fall, dass man mit seinen Einfällen ignoriert oder gar ausgestoßen wird, sind die Momente des Glücks nicht zu erlangen.

Die Alpha-Welle sagt Aha

Von Newton ist ein Spruch überliefert, der sowohl eitel als auch bescheiden wirkt. Er stehe nur «auf den Schultern von Giganten», behauptete er. Was in schöpferischen Köpfen vorgeht, erforschen heutzutage die Neurowissenschaften – nicht zuletzt mit Hilfe von Erkenntnissen über physikalische Gesetzmäßigkeiten, die der Engländer entdeckt hat.

Aha-Erlebnisse wie Archimedes' «Heureka!» aber sind naturgemäß schlecht in einer engen Tomographenröhre oder mit der verkabelten Badekappe eines Elektroenzephalographen zu simulieren. Die Forscher behelfen sich stattdessen mit experimentellen Tricks. Etwa mit Worträtseln, die sie ihre Probanden lösen lassen. So stellte Mark Jung-Beeman seinen Versuchskandidaten die Aufgabe, zu den drei Wörtern Pine, Crab und Sauce ein viertes Wort zu suchen, das in Kombination mit allen drei Wörtern einen Sinn ergibt. Die Lösung lautet «Apple»: Pineapple (Ananas), Crab apple (Holzapfel) und Apple Sauce (Apfelmus). Zugegeben, ein Heureka, das in seiner intellektuellen Tiefe nicht im Entferntesten an jenes von Newton heranreicht, als der unter dem Apfelbaum lag.[159]

«Das Moment des Insights löst ein ganz spezielles Aktivitätsmuster im Gehirn aus», folgert Mark Jung-Beeman aus seinen Experimenten. An der rechten Seite des Kopfes breitet sich 0,3 Sekunden, bevor die Lösung in das Gehirn schießt, eine sogenannte Alpha-Welle aus. Sie resultiert aus einer starken Aktivität in einem Teil des Temporallappens (Superior temporal Gyrus), eines Hirnareals, das ganz besonders darauf spezialisiert ist, Informationen aus verschiedenen Regionen zu verknüpfen. Dass die Aktivität vor allem in dem Temporallappen der rechten Hirnhemisphäre gemessen wurde, ist ein Hinweis auf die besondere Bedeutung, die die rechte Gehirnhälfte für die Kreativität hat. Bisweilen gilt es schon als Volksweisheit, dass man mit dem rechten Hirn denken soll, wenn man weiterkommen will. Jung-Beeman entdeckte aber noch mehr über den erstaunlichen Mechanismus, bei dem «ohne ein Bewusstsein darüber, wie das neue Licht angeschaltet wurde», die Lösung nach oben drängt: Der Geist schaltet in diesen kreativen Momenten andere Quellen von Sinneswahrnehmungen ab, die seine Konzentration ablenken könnten. So werden beispielsweise Impulse aus dem visuellen System unterdrückt. «Womöglich werden dadurch sensible, hochkomplexe Gehirnprozesse vor Störungen geschützt», spekuliert Jung-Beeman. Ist es also nicht weiter verwunderlich, wenn Genies bisweilen wie geistesabwesend wirken?

Jung-Beemans Erkenntnisse stützen eine Hypothese, die der Hirnforscher Kenneth Bowers bereits 1990 in einem Zwei-Phasen-Modell für das Heureka-Erlebnis postuliert hat.[160] Demnach gibt es eine leitende, vorbereitende Phase, in der das Gedächtnis intuitiv eine Suche nach übereinstimmenden Mustern in Gang setzt. Mit anderen Worten: Das Unterbewusstsein kramt alle Dinge aus dem Gedächtnis hervor, die mit einem Problem verknüpft sind. Künstler kommen sich in diesem Augenblick geradezu ohnmächtig vor, so als zerre da etwas Übersinnliches an ihren Synapsen: «Malen ist stärker als ich. Es macht mit mir, was es will», sagte Pablo Picasso einmal. «Es ist, als arbeitet da jemand mit mir.»[161]

Danach beginnt die integrative Phase, bei der eine Idee oder eine Hypothese genügend Aufmerksamkeit erhält, dass sie eine bestimmte Schwelle neuronaler Aktivität überschreitet – und plötzlich bewusst vor dem geistigen Auge auftaucht. In dieser Weise scheint sich der Person die Lösung zu präsentieren, als wäre sie gerade erst entstanden. Dabei arbeitete das Unterbewusstsein schon eine ganze Weile daran. Die entscheidende Frage ist aber, wie der Geist eine Lösung so bewerten kann, dass er sie für plausibel genug hält, um sie die Schwelle des Bewusstseins überwinden zu lassen. Wie taucht diese eine Lösung aus dem Meer von Millionen anderer gedanklicher Verbindungen auf?

Antonio Damasio hat sich der Lösung dieser Frage verschrieben. Dazu hat man ihm ein eigenes Institut eingerichtet, das Brain and Creativity Institute an der University of Southern California in Los Angeles. Zusammen mit seiner Frau Hanna und alten Mitstreitern aus Iowa wie Antoine Bechara führt Damasio Geistesgrößen aus ganz unterschiedlichen Disziplinen zusammen. Nicht alle sind Naturwissenschaftler. Mit Alfred Brendel etwa, dem begnadeten Pianisten und Mozart-Kenner, diskutiert er über seine Vorstellungen von Intelligenz und Kreativität. Danach räumt er die Bühne, und alle lauschen der genialen Interpretation von Mozarts Musik. Wird in dieser anregenden Atmosphäre eines der anwesenden Gehirne seine eigene schöpferische Funktionsweise entdecken?

Damasio glaubt an die wichtige Funktion des präfrontalen Cortex für die Frage, wie der Geist aus den vielen sich anbietenden Verbindungen jene destilliert, die eine plausible Lösung darstellt. Der Cortex ist so etwas wie der Arbeitsspeicher des Gehirns und hält die möglichen Lösungen in der Aufmerksamkeit des Geistes. Immer und immer wieder geht er die alternativen Lösungen durch, eine «Körperschleife», wie es Damasio nennt. Wenn, dann – nach diesem Schema bewertet es die verschiedenen Szenarien. *Wenn* der Mond von der Erde angezogen wird, *dann* dreht er sich um die Erde. «Das Gehirn reagiert auf Informationen nicht nur intellektuell, sondern auch emotional», behauptet Damasio.[162] Eine ganz bestimmte Lösung für ein Problem bewirkt eine ganz besonders starke emotionale Resonanz. Sie wird mit einem somatischen Marker versehen, einer körperlichen Reaktion, die den Geist darauf hinweist, dass es sich hier um die wohl plausibelste Option zur Lösung eines Problems handelt. Eine ästhetische Erfahrung, nehmen wir mal an, ein bestimmter Pinselstrich auf der Leinwand, erscheint demnach nicht nur als richtig. Er fühlt sich als richtig an.

So ein Pinselstrich oder eine treffende Formulierung, ein neues Marketingkonzept, ein Verfahren zur Kohlendioxid-Bindung – das fühlt sich sogar richtig gut an. Das Belohnungssystem des Menschen reagiert darauf mit einem Feuerwerk wohliger Gefühle. Es versetzt den Geist des Schöpfers in regelrechte Trance. Hören wir Andrew Wiles zu. Er ist Mathematiker der Princeton University und hat Fermats letzten Satz, jenes enigmatische Rätsel für die Gleichung $a^n + b^n = c^n$ geknackt. Dafür durfte er auch ein Preisgeld einstreichen, das im Jahre 1908 für den glücklichen Entdecker ausgelobt worden war. «Es war so unbeschreiblich schön. Es war so einfach und elegant. Ich konnte gar nicht verstehen, wie ich es so lange übersehen konnte, und ich starrte es zunächst zwanzig Minuten völlig ungläubig an. Dann, während des Tages, lief ich in meinem Institut herum und kam immer wieder zu meinem Schreibtisch zurück, um zu sehen, ob es noch da war. Es war noch da, und ich konnte mich kaum zurückhalten, so aufgeregt war ich.»[163]

Nachhilfe für den Erfindergeist

Es gibt viele Wege, seiner Kreativität auf die Sprünge zu helfen. Eine Möglichkeit besteht darin, zum Staubsauger zu greifen. Zumindest ist jene Anekdote für den exzentrischen Meisterpianisten Glenn Gould überliefert. Er hatte schon lange Zeit versucht, eine komplizierte Passage zu spielen. Ohne Erfolg. Immer wiederholte sich der gleiche Fehler. Daraufhin schaltete Gould einen Staubsauger an – und plötzlich tänzelten seine Finger über die Tasten, als hätte er das Stück schon hundertmal so gespielt.

Was etwas bizarr klingt, hat einen ernsten Hintergrund. Kreativ ist der Mensch vor allem, wenn sich sein Unterbewusstsein der Sache annimmt. Gould hatte sich verkrampft, wollte den Tonlauf ganz bewusst richtig spielen und scheiterte. Viele Kreativtechniken heben deshalb auf diesen Trick ab. Es geht darum, sich ein Stück zurückzunehmen aus der Unmittelbarkeit der täglichen Arbeit. Wenn die Gedanken stets um das Problem kreisen, heißt das, die scharfen Krallen des Verstandes halten die Sache im Griff und lassen viel zu wenig Freiraum, damit das Unterbewusstsein mit ihnen herumspielen kann.

An dem Gedächtnisforscher Eric Kandel, den seine Frau zur Familienarbeit zwangsverpflichtet, kann man das beobachten. Oder an Archimedes, der in die Badewanne steigt, um sich zu entspannen. Sinnvoll kann auch sein, eine andere Umgebung aufzusuchen. So wie es Nietzsche gemacht hat. Der zog sich im Sommer ins klare Oberengadin zurück. Schon die chinesischen Weisen stiegen am liebsten hinauf auf Berghütten oder in kleine unscheinbare Inselpavillons mit Meerblick. Hinduistische Brahmanen favorisierten dichte Wälder, und auch christliche Mönche bevorzugten erste Lagen bei der Auswahl ihrer Immobilien. John Reed, der ehemalige Chef der Citicorp und der New Yorker Börse schrieb auf einer Parkbank in Florenz einen dreißig Seiten langen Brief – an sich selber. Darin skizzierte er die Möglichkeiten, die drängenden Probleme in seinem Unternehmen zu lösen. «Das half mir, meine Gedanken zu ordnen.» Gleich nach seiner Rückkehr strukturierte er den Konzern um.

Die wohl effektivste Methode, sich von der Problemverbissenheit abzulenken, ist zugleich auch die einfachste: schlafen gehen. Das muss nicht gleich eine ganze Nacht sein. Auch während der Arbeitszeit kann ein kurzes Nickerchen der Kreativität auf die Beine helfen. Leider gibt es in vielen Betrieben noch keine ausgeprägte Schlafkultur. Wer seinen Kopf auf die Arbeitsplatte legt, wird mit Argwohn betrachtet. Ganz im Gegensatz zu asiatischen Ländern wie China und Japan, wo das ein Zeichen dafür ist, dass jemand besonders lange und hart arbeitet. Und nicht wie bei uns ein Zeichen für besonders hartes Feiern am Vorabend. Allmählich wandelt sich aber auch im Westen das Bewusstsein. Angestellte beim Jeans-Hersteller Levi Strauss oder beim Eiscremeproduzenten Ben and Jerry's können sich mittags in eigenen kleinen Schlafzelten zur Ruhe betten. Die Beratungsfirma Deloitte hat ein sogenanntes Napnasium eingerichtet, einen eigenen Raum fürs Nickerchen.

Die zunehmend beliebte Schlafforschung unterfüttert diesen Trend mit wissenschaftlichen Argumenten. Im Schlaf regenerieren sich nicht nur die Muskeln und der Stoffwechsel. Das Gehirn nutzt die Zeit geringen Inputs von außen dafür, das Chaos, entstanden durch die unzähligen Sinneseindrücke des Tages, in Ordnung zu bringen. Es kehrt den Informationsmüll heraus wie eine Putzkolonne, die sich nachts durch die großen Bürohäuser feudelt. Es sortiert die Daten, wie Systemadministratoren das nach Ende des Arbeitstages mit den Computerservern tun. Im Kurzzeitgedächtnis hat sich allerhand angesammelt, das es in das Langzeitgedächtnis zu überführen gilt. Das geschieht nicht eins zu eins, sondern der Geist bewertet es nach Relevanz und verknüpft es auch mit dem bereits gespeicherten Wissen zu logischen Einheiten.

Während alles ruht, liefert das Gehirn intellektuelle Höchstleistung. Für die Kreativität von besonderem Interesse sind alle Inhalte des sogenannten prozeduralen Gedächtnisses. Das ist ein Teil des Gedächtnisses, in dem unbewusst erworbenes Wissen über Zusammenhänge gespeichert ist. Versuche haben diese qualitative Veränderung bestätigen können. Jan Born, Leiter des Institutes für Neuroendokrinologie an der Universität Lübeck, hat Testpersonen ein Rätsel vorgelegt, zu dem es eine ganz einfache Lösung gibt. Dann ließ er den einen Teil der Gruppe acht Stunden schlafen. Die anderen hielt er wach. Anschließend kamen sechzig Prozent der ausgeschlafenen Truppe hinter den Trick, aber nur zwanzig Prozent der Schlaflosen. Born kann diesen Vorgang sogar mit gezielten Stromstößen verbessern. Was nach Psychiatrie-Spuk klingt, basiert in Wahrheit auf der Entdeckung von sogenannten Deltawellen. Sie sorgen für den Tiefschlaf und synchronisieren dabei bestimmte Ensembles von Nervenzellen, die für den Abspeicherungsvorgang verantwortlich sind. Borns Zusatzstrom verstärkt diesen Vorgang noch. Nach dem Supertiefschlaf konnten die Probanden sich besser an das erinnern, was Born mit ihnen vor dem Schlafengehen trainiert hatte.

Der Mediziner konnte auch erstmals experimentell nachweisen, dass der Geist im Schlaf die tags zuvor gelernten Dinge noch einmal reaktiviert. Ganz offensichtlich, um sie dann endgültig abzuspeichern. Diesem Recycling-System auf der Spur, ließ er Probanden am Computer «Memory» spielen. Dazu pustete er ihnen zu bestimmten Karten eine Prise Rosenduft in die Nase. Dadurch war der Geruch mit dem Inhalt der Karten verknüpft. Gleich nach der Aufgabenstellung ließ er die Probanden schlafen und noch einmal an dem künstlichen Blumenduft schnuppern. Am nächsten Morgen erinnerten sie sich wesentlich besser an die mit dem Rosenduft assoziierten Karten. Die nächtliche Reaktivierung hat «die Erinnerung konsolidiert», wie es Born ausdrückt.[164]

Johann Sebastian Bach kannte von alledem noch nichts. Dennoch wusste er von der Fülle der Ideen, die das Reich der Träume für seine barocken Meisterwerke bereithielt: «Das Problem war nicht, sie zu finden. Es war das Problem, morgens aufzuwachen und aus dem Bett zu steigen, ohne dass man über sie fiel.»[165]

IV. Die Intuition im Training

«Die Empfindung stellt fest, was tatsächlich vorhanden ist. Das Denken ermöglicht uns zu erkennen, was das Vorhandene bedeutet, das Gefühl, was es wert ist, und die Intuition schließlich weist auf die Möglichkeiten des Woher und Wohin, die im gegenwärtig Vorhandenen liegen.»

CARL GUSTAV JUNG, SCHWEIZER MEDIZINER UND PSYCHOLOGE

Ein unfreiwilliger Selbstversuch

Die Luft am Bootsanleger war feucht und kalt. Noch lag der Gedanke an entspannte Touren auf den Amsterdamer Grachten fern. Es war März, die Leute steckten mitten in der Bewältigung ihrer Winterdepression. Beste Zeit also, um nach einem neuen Motor für unser kleines Boot zu suchen. Mit Marcel, einem gewieften Ingenieur und Hobbysegler, machte ich mich zu einem Händler auf. Er hatte genau den passenden Außenborder auf seiner Webseite inseriert. Tausend Euro, nur eine Saison gelaufen, ein Jahr Garantie. Es klang nach einem Schnäppchen. Als uns der Verkäufer den Motor in seinem Bootsschuppen zeigte, schien der Kauf schon so gut wie perfekt. Doch wir hielten inne.

«Der sieht irgendwie mitgenommen aus», sagte Marcel. Jaja, wiegelte der Händler ab. Pfleglich sei der Vorbesitzer nicht damit umgegangen. Der Lack an der Lenkstange war an mehreren Stellen aufgeplatzt. Darunter kamen das Aluminium und ein weißlicher Oxidbelag zum Vorschein. «Ach, das sind nur Äußerlichkeiten», nuschelte der Händler, «rosten kann da eh nix.»

«Wir brauchen ja nichts zu überstürzen», sagte Marcel, und natürlich hatte er recht. Während der letzten Wochen und Monate hatte ich schließlich über die Intuition genug gelesen. Ich erinnerte mich an die Worte von Ap Dijksterhuis. Warum nicht, so dachte ich insgeheim, einen Selbstversuch aus der ganzen Geschichte hier machen? Auf der Rückfahrt unterhielten wir uns nur noch kurz über das Verkaufsgespräch. «Der Händler kam schon ganz schön schmierig rüber», meinte Marcel. Dann setzten wir uns in ein Café und aßen zu Mittag. Als Marcel schließlich seine Wasserkressensuppe ausgelöffelt hatte, sagte er unvermittelt: «Nicht dass das Ding schon ein paar Wochen lang unter Wasser gehangen hat.»

Wir schauten uns beide an. Dann schauten wir nach draußen auf die Gracht. Da lag eine ganze Reihe von Booten. Manche mit bedenklichem Tiefgang. In Amsterdam ist das ein bekanntes Bild nach jedem starken Regenguss. Da ragen nur noch die Bootsspitzen aus dem Wasser und die straffen Seile, die das Gefährt vor dem vollständigen Sinken bewahren. Fast zeitgleich fiel mir ein Monteur ein, den ich kenne, der für eine ganze Reihe von Händlern in Amsterdam Motoren repariert. «Vielleicht hat er den ja zufällig auch gewartet», sagte ich und griff nach meinem Handy. Nach kurzem Klingeln war Andrew am Apparat. Auch seine Saison hatte noch nicht begonnen. Er saß, wie man am Gequieke eines Kindes im Hintergrund hören konnte, mit seiner Familie am Esstisch. Nach einer kurzen Beschreibung des Motors unterbrach er mich: «Den habe ich repariert. Kauf das Teil bloß nicht.»

«War das Ding unter Wasser», erwiderte ich, mehr als Behauptung denn als Frage.

«Ja», sagte Andrew. «Aber woher weißt du das?»

Woher wussten wir – ohne es zu wissen –, dass an dem Motor etwas ganz Entscheidendes faul war? Marcel und ich sinnierten noch eine Weile über dieses Rätsel. Mein ungutes Gefühl bezog sich weniger auf das Aussehen des Motors als vielmehr auf den Preis. Ich hatte vorher Internetseiten mit neuer und gebrauchter Bootsausrüstung durchstöbert und kannte den Neupreis des Motors: 1600 Euro. Wahrscheinlich erkannte mein Unbewusstes einen Widerspruch, weil der Wertverlust nach einem Jahr recht groß war für den Motor. Mein Verstand hatte die günstigen 1000 Euro dagegen als ein äußerst gewichtiges Kaufargument bewertet. Marcel dachte zunächst, das Auftreten des Händlers hätte seine innere Stimme aufgeweckt. «Ich steh eher auf diese Mechanikertypen, die noch ölverschmierte Hände haben», sagte er, «denen traue ich mehr über den Weg.»

Ich fing noch einmal von dem abgeplatzten Lack an. Erst dann klickte es bei ihm. Er kenne dieses Phänomen von dem Motor eines Freundes, dem das gleiche Missgeschick vor einiger Zeit passiert war. Marcel hatte ihm damals bei der Reinigung des abgesoffenen Außenborders geholfen. Das Wasser hatte an einigen Stellen den Lack abplatzen lassen. Nachdem sie die Algen abgeschrubbt hatten, zeigte sich am offenen Aluminium nach kurzer Zeit jener weiße Oxidbelag. Anschließend hielt ich Marcel ein kurzes Referat über die Fähigkeit des Unbewussten, bekannte Muster zu erkennen und eine entsprechende Warnung an die höheren Denkschichten des Gehirns auszusenden.

Offensichtlich war die intensive Beschäftigung mit dem Phänomen nicht ohne Spuren an mir vorübergegangen. Ich war sensibler geworden, mein Blick hatte sich geschärft. Ich bin mir meiner Intuition bewusster geworden. Dieser Satz klingt auf den ersten Blick wie ein Widerspruch. Man könnte einwenden: Sobald man sich seiner Intuition bewusst wird, hat der Verstand schon die Kontrolle übernommen. Diese Sicht wäre jedoch falsch. Zwischen Intuition und Deliberation, wie das rationale Abwägen auch genannt wird, besteht nur ein vermeintlicher Gegensatz. In Wahrheit besteht die Kunst darin, eine Synthese aus diesen zwei Verarbeitungskreisen des Gehirns zu etablieren.

INTUITION ERLERNEN

«Intuition ist das Erkennen eines alten Freundes.»
HERBERT SIMON, NOBELPREISTRÄGER IN ÖKONOMIE.[166]

Intuition lässt sich erlernen. Und dieser Prozess beginnt schon mit dem Wissen um das Unbewusste, wie es die moderne Neurowissenschaft zusammengetragen hat. Nach dem Lesen der vorangegangenen Kapitel ist nichts mehr, wie es vorher war, wenn es um das Entscheiden geht. Die somatischen Marker, die Muster, die man plötzlich ganz bewusst entdeckt – wem diese Zeichen aus seinem Unbewussten öfter auffallen, für den hat sich die Lektüre dieses Buches schon gelohnt. Es geht beileibe nicht darum, den Verstand zu verteufeln. Im Gegenteil. Die Fähigkeit des Menschen, einen Sinnesreiz bewusst zu verarbeiten und nicht mit einem einfachen Instinkt darauf zu reagieren, zeichnet ihn unter den Lebewesen aus. Der Mensch kann seine Vorstellungsgabe benutzen, um zukünftige Geschehnisse vorwegzunehmen und in seine Überlegungen und Entscheidungen einzubauen.

Diese vornehme Leistung des Intellekts in Abrede zu stellen wäre in der Tat töricht. Der Mensch ist in der Lage innezuhalten. Er kann sich seine Vorurteile bewusstmachen und sein Verhalten korrigieren. Er kann Absichten für sein Handeln festlegen. Robin Hogarth, Autor des Buches «Intuition Erlernen», vergleicht die Synthese aus Intuition und Verstand mit dem Autofahren. Da legt der Fahrer fest, wohin es geht. Aber wie die Gänge eingelegt werden, wie man um die Ecke fährt, wie man sein Ziel findet – diese Prozesse sind zu einem großen Teil automatisiert. Das geschieht nicht ohne Grund. «Bewusste Aufmerksamkeit ist ein begrenzter Luxus und als solcher äußerst kostbar», schreibt Hogarth.[167] Entsprechend ökonomisch geht der Geist vor: Erst wenn es nicht mehr anders weitergeht, wird der Verstand mit einem Problem konfrontiert und konsultiert. Hogarth spricht dabei von einem Informationsverarbeitungskreis, der bewusst abläuft, und einem System, das er «tacit» nennt, stillschweigend. Über diesen stummen Entscheidungsapparat etwas mehr Kontrolle zu erlangen, das ist das Ziel. Hogarth hat ein Konzept aus drei Komponenten entwickelt, mit dem man seine Unbekümmertheit überwinden und seine Achtsamkeit trainieren kann.

Bewusstsein herstellen

Intuition basiert auf Erfahrung und Wissen. Es ist eine Weisheit, die sich über Gefühle vermittelt. Robin Hogarth, Ökonom an der Universität von Barcelona, stimmt dabei in weiten Teilen mit den Vorstellungen von Damasio überein. Ganz zentral ist für ihn der Lernprozess, mit dem das Unbewusste seine Informationen über die Welt gewonnen hat. Wer seiner Intuition trauen will, der muss sich darüber im Klaren sein, ob sie auch richtig erlernt worden ist. Grundsätzlich gilt: Wer seit zwanzig Jahren als Verkäufer gearbeitet, wer Schachgroßmeister oder Chefarzt ist, der verfügt über einen großen Erfahrungsschatz; viele Entscheidungen, die eine solche Person spontan trifft, werden routiniert und richtig sein. «Durch Erfahrung entwickeln wir einen Sinn dafür, was normal ist und was nicht, was Menschen gewöhnlich sagen und was sie in bestimmten Umständen nicht sagen», sagt Hogarth. Kurzum: Wir besitzen Annahmen darüber, wie unsere Gesellschaft, unsere Kultur, unser Unternehmen oder unsere Beziehung funktionieren.

Diese Annahmen müssen aber nicht unter allen Umständen richtig sein. Hogarth erläutert das am Beispiel unseres Verständnisses von unserer eigenen Kultur. Wie sie funktioniert, ist uns derart in Fleisch und Blut übergegangen, dass wir gar nicht mehr beurteilen können, ob auch tatsächlich stimmt, was wir uns über sie vorstellen. Erst wenn wir mit einer anderen Kultur konfrontiert sind – etwa bei einem Auslandssemester, einer Studienreise, einer Versetzung ins Ausland –, nehmen wir ganz bewusst Unterschiede wahr. Wir lernen unsere eigene Kultur neu kennen. Das Gleiche gilt für einen neuen Arbeitsplatz in einem anderen Unternehmen. Auch dort sieht man sich einer anderen Kultur ausgesetzt, die es zu erlernen gilt. Alte Erfahrungsmuster verlieren dabei ihre Gültigkeit.

Im Idealfall lernt man eine solche neue Umgebung mit der Hilfe eines Mentors kennen, den man zunächst begleitet und dem man bei seinen Entscheidungen und täglichen Routinen zuschauen kann. Die Annahmen, die man daraus über die Abläufe in einer Firma, über die Spielregeln der Branche oder die Befindlichkeiten der Mitarbeiter gewinnt, ist das Grundlagenwissen, auf das die Intuition später zurückgreifen kann. Die Wirklichkeit sieht aber anders aus. Manche Umgebungen eignen sich gut für das Erlernen der Intuition, andere nicht.

Eine «entgegenkommende Lernsituation» genießt zum Beispiel ein Tennisprofi. Er steht fast jeden Tage viele Stunden auf dem Platz, probiert Schläge aus und erhält ziemlich unmittelbar eine Rückmeldung darüber, ob sein Handeln erfolgreich war: Der Ball war im Feld oder nicht. Er konnte den Gegner am Netz passieren oder nicht. Eine verzwickte Umgebung ist hingegen die Notaufnahme eines Krankenhauses. Die Ärzte versorgen einen Patienten, doch wie sich ihre Akutbehandlung später auswirkt, ob er wieder beschwerdefrei ist, keine Narben zurückbehält – all das bekommt der Notfallmediziner nicht mit. Das ist Sache der Kollegen, die den Patienten später auf der Station behandeln, oder aber des Hausarztes, der die Folgeversorgung übernimmt. Ein anderes negatives Exempel ist das Bewerbungsgespräch, bei dem sich der Chef für einen der Kandidaten entscheiden muss. Wie soll er anschließend vergleichen, ob die Bewerber, die er nicht genommen hat, möglicherweise besser gewesen wären? Er wird sie, so der Regelfall, nie mehr wiedersehen.

Deshalb muss der Intuitionslehrling sich zunächst einmal bewusstmachen, in welcher Umgebung er seine Fähigkeiten erlernt:

in einer entgegenkommenden oder einer unübersichtlichen. Dann muss er sich darüber klarwerden, wie häufig er eine gewisse Art von Entscheidung bereits gefällt hat. Zum Beispiel: Wie viele Leute habe ich bereits eingestellt? Und schließlich sollte er überprüfen, wie gut die Rückmeldung gewesen ist. Folgte sie unmittelbar nach der Entscheidung? War sie eindeutig oder von Interessen beeinflusst und verfälscht? Ein Beispiel dafür wäre ein Angestellter in leitender Funktion, dem seine Untergebenen nicht ehrlich mitteilen, dass der neue Mitarbeiter unzuverlässig arbeitet, vielleicht weil sie fürchten, sich beim Vorgesetzten damit unbeliebt zu machen.

Außerdem sollte man sich stets fragen, ob die Annahmen, mit denen man bestimmte Arbeitsabläufe oder andere Personen beurteilt, auch mit der Wirklichkeit übereinstimmen. Möglicherweise sind diese mentalen Modelle von vornherein falsch gewesen oder haben sich in der Zwischenzeit verändert – nicht gerade selten in der sich schnell verändernden Welt. Viele Annahmen, die wir im zwischenmenschlichen Verhalten verwenden, sind uns gar nicht bewusst.

Eine Technik, sich ihrer bewusstzuwerden, hat Chris Argyris von der Harvard Business School entwickelt.[168] Mit einem Test demonstriert er den Probanden, wie häufig etwas Gesagtes sich von dem wirklich Gesagten unterscheidet. Dazu bildet er zwei Gruppen, die über ein beliebiges Thema einen Dialog führen. Diese Unterhaltung zeichnet er auf Tonband auf, schreibt das Gesprochene ab und gibt dann den beiden Gruppen das Skript. Nun kann jeder sich am Rand notieren, was er mit seiner Aussage wirklich gemeint hat. Dann werden die Bögen mit den handschriftlichen Anmerkungen ausgetauscht, damit auch die jeweils andere Gruppe sich über die wahren Intentionen ihres Gegenübers klar wird.

Argyris, der mittlerweile emeritiert ist, lehnt den Lernstil, wie er an den meisten Schulen herrscht, ab. Dabei gehe es nur um formales Lernen und um intellektuelle Fähigkeiten. Die Folge: Niemand hinterfragt das Gelernte und die Annahmen, die er für sich daraus gezogen hat. Die Studenten mit den besten Noten, die dieses Prinzip des formalen Lernens am stärksten verinnerlicht haben, bekleiden später auch die höchsten Positionen in der Wirtschaft und Politik. Argyris will die Menschen viel stärker zu einem erfahrungsbasierten Lernen bringen, bei dem jeder stets auch hinterfragt, wie seine Sicht auf die Dinge zustande gekommen ist – und falls diese falsch ist, sie auch korrigiert.[169]

Zur Bewusstheit zählt letztlich auch, die Tatsache anzuerkennen, dass Emotionen in den eigenen Urteilen und Entscheidungen eine wichtige Rolle spielen. Dafür muss man sich von der alten Denkvorstellung Descartes' trennen, wonach man bei allen bedeutenderen Entscheidungen allein seinen Verstand benutzt. Das ist gar nicht so einfach, denn der cartesische Dualismus von Verstand und Emotionen lebt in Philosophie und Logik noch stets weiter, wie der englische Mathematiker und Philosoph Bertrand Russell einmal feststellte. Gleiches gilt auch für unseren Alltag.[170]

Die Kunst besteht also darin, die somatischen Marker in seinem Körper richtig zu deuten und einzusetzen. Diese emotionale Zeichensprache lässt sich erlernen – vorausgesetzt, man ist sensibilisiert genug, um auf sie zu achten. Wer ständig bei der schieren Anwesenheit eines bestimmten Kollegen Ärger in sich aufsteigen spürt, der sollte sich fragen, warum das so ist. Wer den Grund erkennt, hat bereits den ersten Schritt zur Lösung dieses sozialen Problems bewältigt. «Es ist gesünder zu akzeptieren, dass Emotionen nichts anderes als Daten sind, die es zu erklären gilt», sagt Hogarth.

Intuitive Techniken aneignen

Wer über einen zuverlässig funktionierenden Entscheidungsapparat verfügen will, der muss sich einige Techniken antrainieren, um ihn mit den richtigen Informationen zu füttern. Verzerrte Vorstellungen über die Prozesse, die sich um einen herum ereignen, führen zu falschen intuitiven Entschlüssen. Gewöhnlich lernen wir aus konkreten Erfahrungen: Wer einmal, ohne nach hinten zu schauen, rückwärts in ein anderes Auto reingekracht ist, der wird sein Lebtag erst in den Rückspiegel schauen und dann Gas geben. Lernen lässt sich aber auch, indem man sich vorstellt, was in einer Situation passiert wäre. Erinnern wir uns an den Zusammenstoß der beiden Jumbo-Jets auf Teneriffa und stellen uns vor, der holländische Pilot hätte auf seinen Ersten Offizier gehört. Er hätte gewartet, bevor er die Schubhebel umlegte. Anschließend hätte er in seiner Vorstellung leicht simulieren können, was passiert wäre, wenn. Die Piloten, die Fluglotsen und die gesamte zivile Luftfahrt hätte daraus ableiten können, welche Abläufe in Zukunft verändert werden müssen. Der Lernprozess wäre ohne die Opfer in Gang gekommen, welche die Tragödie von Teneriffa forderte. Mittlerweile hat fast jeder große internationale Flughafen ein Bodenradar. Eine Startfreigabe ohne direkten Hinweis darauf, dass die Bahn auch wirklich frei ist, darf heutzutage nicht mehr erteilt werden.

Für eine derartige Simulation muss der Mensch aber in der Lage sein, seine Umwelt richtig zu beobachten. Sherlock Holmes bemerkte in einem seiner Kriminalfälle einmal: «Wer zu theoretisieren beginnt, bevor er die Fakten studiert hat, begeht einen kapitalen Fehler. Man beginnt, auf ungeschickte Weise die Fakten zu verändern, damit sie der eigenen Theorie entsprechen. Dabei muss die Theorie zu den Fakten passen und nicht umgekehrt.»

In diese Falle sind die Nasa-Experten getreten, die im Jahre 2003 mit der Untersuchung eines Schadens an der Verkachelung der US-Raumfähre Columbia betraut waren. Sie hatten zu entscheiden: War die Tatsache, dass ein Schaumstoffteil vom Tank des Shuttle abgeplatzt war, gefährlich für den Raumtransporter, oder konnte die Crew unbesorgt die Rückkehr zur Erde einleiten? Schon kurz nachdem die Sache mit der Kachel dem Kontrollzentrum aufgefallen war, kursierten zwischen den Nasa-Fachleuten, den Boeing-Konstrukteuren und der Flugleitung E-Mails, die die Bedeutung der Kachel herunterspielten. Die Untersuchungskommission hielt später die Tatsache, dass man schon zu einer Theorie gekommen war, bevor man alle Fakten zusammengetragen hatte, für einen der entscheidenden Gründe für das schwere Unglück: Am 1. Februar explodierte die Raumfähre beim Wiedereintritt in die Atmosphäre, weil sich die Tragfläche durch die fehlende Kachel extrem aufheizte. Alle sieben Astronauten starben.[171]

Neurowissenschaftler wissen um die Neigung des Menschen, zwanghaft nach Erklärungen dafür zu suchen, wieso und warum etwas um sie herum passiert. Aus der Beobachtung, dass die Gestirne über das Firmament ziehen, leiteten die Menschen jahrtausendelang ab, dass die Erde im Mittelpunkt des Universums stehen und sich alles um uns herum drehen muss. Das kam der menschlichen Vorstellungskraft entgegen, ist aber, wie heute jedes Schulkind weiß, komplett verkehrt.

Der Frankfurter Neuroforscher Wolf Singer unterhält seine Zuhörer gerne mit einer Anekdote aus den Anfängen seiner Hirnstudien, die illustriert, wie absurd dieser Deutungszwang sein kann. Als junge Studenten hypnotisierten sie Versuchspersonen, meistens Kommilitonen. In Trance sagten sie ihnen, bei einem bestimmten Wort – zum Beispiel: Abendessen – sollten sie das Fenster aufmachen. Als die Probanden aus der Hypnose aufwachten, verwickelten die Hypnotiseure sie in eine belanglose Plauderei. Darin ließen sie wie zufällig das Wort Abendessen einfließen. «Als die Versuchspersonen das Codewort hörten, standen sie auf und öffneten unvermittelt das Fenster», erzählt Singer. Auf die Frage, warum sie das getan hätten, fanden sie eine schnelle Antwort. Es sei ihnen zu warm gewesen. «Immerhin, das machte ja noch Sinn», so Singer. Dann aber flüsterten die angehenden Neurowissenschaftler den Probanden während der Hypnose ein, sie sollten auf ein spezielles Wort hin aufstehen, eine Glühbirne aus der Tischlampe drehen und in den Blumentopf stecken. Zur Erheiterung der Umstehenden machten die Probanden nach der Hypnose genau das, was man ihnen eingeredet hatte. Doch auch für diese objektiv gesehen vollkommen absurde Handlung hatten sie anschließend wie aus der Pistole geschossen eine Erklärung parat. «Ich wollte schon immer mal sehen, was passiert, wenn man eine Glühbirne in den Blumentopf steckt», bekam Singer allen Ernstes zu hören. «Und zwar im Brustton der Überzeugung», sagt der Direktor am Max-Planck-Institut für Hirnforschung in Frankfurt. Mit dieser Deutungswut verleiht der Mensch seinen eigenen Entscheidungen und Handlungen, aber auch den Vorgängen um ihn herum eine Logik, und sei sie noch so abwegig. «Dabei geht es um die eigene seelische Stabilität», so Singer. Würden dem Menschen die Erklärungen ausgehen, dann würde er schon bald mit sich und der Welt ins Hadern kommen. Besser ein falsches Bild als gar kein Bild.

Robin Hogarth gibt für das Phänomen der vorgefassten, der Realität zuwiderlaufenden Theorien das Beispiel eines Verkaufsleiters, der ein Team von Händlern unter sich hat. Bei einem fällt ihm auf, dass er sehr wenig über die Konkurrenzfirma spricht. Der Verkaufsleiter denkt, dass der Mann vermutlich nicht viel über jene Firma weiß. Das genaue Gegenteil ist der Fall. «In Wahrheit steht er kurz davor, zu dem Konkurrenten zu wechseln», so Hogarth.

Doch wie erlangt oder bestärkt man die Fähigkeit, die richtigen Schlüsse aus seinen Beobachtungen zu ziehen? Professionelle Weintester zum Beispiel bekommen in ihrer Ausbildung zu jedem Geschmack auch die chemisch-physiologischen Hintergründe vermittelt, wie die spezielle Note zustande kommt. Auf diese Weise soll einer der Hauptgründe vermieden werden, wie falsche Theorien im Unbewussten eines Menschen immer wieder auftauchen und stets wieder verwendet werden: Sie sind fest eingeschliffen und blenden einen Teil der Wirklichkeit aus – ungefähr so, als wenn man den eigenen Weg zur Arbeit schon hundert- oder tausendmal zurückgelegt hat, aber noch nie ist einem die hübsche kleine Kirche aufgefallen, die da am Wegrand steht. Die rückt einem erst dann ins Bewusstsein, wenn man mit einem Gast dort entlangschlendert, der einen darauf aufmerksam macht. Die Beobachtungsgabe lässt sich aber schon mit dem simplen Trick schärfen, auf seinem Arbeitsweg einmal die Häuser am Straßenrand zu beschreiben oder sie nach Baustilen einzuordnen. Oder die Anzahl der Apotheken zu zählen oder die der Bäckereien.

Während eines Geschäftstreffens, empfiehlt Hogarth, solle man auf der Rückseite eines weißen Blattes Papier Notizen und Zeichnungen anfertigen über alles, was einem an den Gegenübersitzenden auffällt: die Krawatte, der gelangweilte Gesichtsausdruck, die neue Frisur. Auch Kommentare zum Geschehen schärfen den Blick auf die Wirklichkeit. Es geht darum, sich Zeit zu nehmen für detaillierte Beobachtungen. Hilfreich ist es ferner, die ganze Situation auch einmal mit den Augen der anderen zu betrachten. Der Perspektivwechsel bringt einem unter Umständen die Erkenntnis, dass man die Vorgänge, wie sie sich gerade am Konferenztisch abspielen, auch völlig anders bewerten kann. Erinnert das Geschehen an eine Situation aus der Vergangenheit? Was weicht möglicherweise vom üblichen Verlauf solcher Sitzungen ab? In welchem emotionalen Zustand ist man selber, in welchem sind wohl die anderen?

Im Prinzip geht es darum, ganz bewusst so vorzugehen, wie es die Intuition unbewusst tut. Unter Umständen kann es hilfreich sein, sich vorzustellen, wie eine andere Person in einer bestimmten Situation handeln würde, anstatt sich nur Gedanken darüber zu machen, wie man selber handeln und welche Folgen das haben wird. Nicholas Epley und David Dunning von der Cornell University behaupten, dass man mit diesem Gedankenexperiment sein eigenes Verhalten viel besser einschätzen und bewerten kann.

Um ihre Hypothese zu überprüfen, baten die beiden Forscher Studenten vor einem Wohltätigkeitsereignis, sich vorzustellen, wie viele Kommilitonen wohl spenden würden. In Cornell kauft man dazu eine Narzisse und bezahlt dafür, so viel wie man gewillt ist zu spenden. Vier von fünf Studenten gaben an, sie selber würden selbstverständlich eine Narzisse kaufen. Am Ende taten das aber nur 43 Prozent – und das war genau der Anteil, den die Studenten vorher mit Blick auf die anderen geschätzt hatten.[172] Dieses Phänomen ist mittlerweile für viele andere Situationen bestätigt worden.

Eine andere wichtige Technik, sich seiner Intuition zu versichern, besteht darin, seine intuitiven Gedanken auf die Probe zu stellen. Wer bei einem Bewerbungsgespräch den Eindruck bekommt, der Kandidat sei der richtige, der sollte im weiteren Verlauf des Gespräches ganz bewusst nach Gründen suchen, die gegen diese intuitive Eingebung sprechen. Wenn noch jemand anderes bei dem Gespräch zugegen war, sollte man ihn anschließend fragen, ob es ihm ähnlich ergangen ist oder ob er anders darüber denkt. Hogarth fragt warnend: «Bis zu welchem Grade will man, dass eine bestimmte Idee wahr ist? Und wie sehr färbt dieser Wunsch auf den Verstand ab?»

Die Lernkurve beschleunigen

Wer seine Intuition verbessern will, muss üben, üben und nochmals üben. Dieser Satz erinnert an altkluge Belehrungen, wie man sie von Eltern und Lehrern zur Genüge gehört hat. Doch der Satz ist wahr: Wer routiniert mit seiner Intuition entscheiden will, der muss schon viele Male vergleichbare Entschlüsse getroffen haben. Bei Fußballspielern geht man von zehn Jahren und zehntausend Spielstunden Erfahrung aus, bis ihnen der Ball leicht und sicher vom Fuß geht. Flugzeugpiloten müssen viele Stunden im Simulator zugebracht haben, ehe man sie eine Verkehrsmaschine fliegen lässt – und auch dann sitzt immer noch ein erfahrener Pilot daneben. Wünschenswert wäre es für viele Berufe, solch einen Simulator einzusetzen, und tatsächlich haben sich etliche Professionen nach diesem Vorbild einen zugelegt: Zahnärzte bohren an einer Plastikpuppe herum, Soldaten ballern sich durch Computerspiele, Broker handeln in virtuellen Aktienmärkten. Die Idee hinter all diesen Simulationen ist, möglichst im Zeitraffer seine Intuition zu schulen, sodass man in der Wirklichkeit schnelle und richtige Entscheidungen treffen kann.

Auch wenn es wünschenswert wäre, einen Berufsneuling noch mit einem erfahrenen Mentor einige Jahre praktizieren zu lassen – im wirklichen Leben ist das kaum möglich, wie sich an der Arztausbildung zeigt. Ursprünglich sollten praktisches Jahr und Facharztausbildung genau nach diesem Prinzip funktionieren. Im real existierenden Gesundheitssystem schieben junge Ärzte Klinikschichten rund um die Uhr. Dabei sind sie meist auf sich allein gestellt. Auf diese Weise laufen sie Gefahr, aus Beobachtungen die falschen Rückschlüsse ziehen. So schleift sich schnell eine fehlerhafte Routine ein – ganz so, wie sich aus einer falsch erlernten Bewegung ein Haltungsschaden oder schiefe Füße entwickeln können. Im Stress gehen jene Momente der Besinnung unter, in denen man diese Routinen hinterfragen kann. Häufig bleibt zu wenig Zeit zwischen einer neuen Aufgabe, die man zur Lösung auf den Tisch bekommt, und dem Entschluss, der einem abverlangt wird. Vielleicht setzt man sich aber auch manchmal selber unter zu großen Entscheidungsdruck und vergibt damit die Chance, in Muße einen Moment innezuhalten.

Noch bevor es in den harten Berufsalltag geht, sollten die Lehrjahre dazu genutzt werden, durch praktische Erfahrungen zu lernen. Aber gehört nicht Theorie in die Ausbildung, und die Erfahrung kommt erst mit der Praxis? Kann man beides verknüpfen? Genau diesen Spagat wollen der amerikanische Mediziner Robert Hamm und der Entscheidungspsychologe Charles Abernathy mit einem speziellen Trainingsprogramm für angehende Chirurgen hinbekommen. Neben dem ganzen üblichen Fachwissen aus Anatomie, Biologie und Chemie empfehlen sie den angehenden Medizinern, sogenannte Skripts zu studieren. Dahinter verbergen sich Erzählungen von erfahrenen Chirurgen, die von bedeutsamen Ereignissen aus ihrer täglichen Praxis berichten. Sie geben darin Zeugnis von ihren Gedanken, die sie in zumeist komplizierten, brenzligen oder widersprüchlichen Situationen gehabt haben. So würden die Jüngeren von der Erfahrung der Berufsälteren profitieren und ganz beiläufig ihre Intuition stärken, befindet das amerikanische Autorenteam.[173]

Hamm und Abernathy sprechen sich für eine Rückbesinnung

auf die Intuition als eine Säule der medizinischen Praxis aus. «In den Bauch schauen», so nennen sie das in ihrem Buch «Die Intuition des Chirurgen». Der erfahrene Mediziner, so behaupten sie, tastet einen Patienten, der mit Bauchschmerzen in die Klinik kommt, mit seinen Händen ab. Er beobachtet das Zucken der Augenbrauen, die schmaler werdenden Lider, die Angst in der Stimme und benutzt diese Beobachtungen neben all seinem Fachwissen bei der Frage, ob der Patient nur eine simple Magenverstimmung oder eine Grippe, eine Lungenentzündung oder einen akuten Angstzustand hat. «Er nutzt nicht nur Algorithmen oder die Erkenntnisse randomisierter Studien. Er beobachtet, fühlt und hört auf eine große Zahl von subtilen Indizien.»[174]

Solche «Skripte» wie bei den Nachwuchschirurgen könnte es auch für andere Berufe geben. Sie würden sich deutlich unterscheiden von Fallstudien, wie sie derzeit in der akademischen Welt sehr beliebt sind. Darin werden beispielsweise angehenden Betriebswirten die Eckdaten zweier Unternehmen genannt. Anschließend sollen die Studenten durchspielen, wie sie einen Zusammenschluss der beiden Konzerne gestalten würden. Sie werden nach einem eigenen Rezept gefragt, dann erklärt der Professor in der anschließenden Diskussion noch ein wenig über die unterschiedlichen Modelle, die es für solche Fälle gibt. Mit der Praxis hat das aber alles relativ wenig zu tun, folglich lernt auch die Intuition der Studenten nicht viel von einer solchen Unterrichtseinheit. Viel besser wäre es, Aufzeichnungen von Experten zu studieren, die eine solche Fusion selber einmal geleitet haben: Die Intuition schult sich dann an vorweggenommener Praxis.

INTUITION RICHTIG EINSETZEN

«Wer lange bedenkt, der wählt nicht immer das Beste.»

JOHANN WOLFGANG VON GOETHE[175]

Das missachtete Firmenkapital

Die Intuition kommt in den heutigen Organisationen immer mehr unter die Räder. Diese nüchterne wie weitreichende Feststellung lässt sich mit einem Blick in die moderne Arbeitswelt schnell belegen. In Konzernen nimmt die Bedeutung, die man Statistiken und Zahlenwerken einräumt, beständig zu. Unternehmen, die sich über viele Länder und Kontinente erstrecken, bestehen aus fern voneinander operierenden Arbeitsteams. Diese Struktur erschwert den Austausch von Erfahrungen, mit denen die Mitglieder sich gegenseitig trainieren könnten. Je schlanker die Organisation aufgebaut ist, desto kürzer verbleiben Arbeitnehmer in einem eigenen Tätigkeitsbereich. Die Leistungs- und Karriereanreize werden größer und damit die Intervalle kürzer, in denen befördert, weggelobt und umstrukturiert wird. Eine freigewordene Position wird dann häufig mit einer Person besetzt, die noch nicht über ausreichend Erfahrung verfügt, um souverän und routiniert zu entscheiden.

Der Gesamtvorrat an Wissen und Erfahrung in einem Konzern ist – neben dem finanziellen Polster – ein äußerst wichtiges Kapital. Nur taucht er in keiner Firmenbilanz auf und besitzt deshalb auch keinen großen Stellenwert mehr. Diese Entwicklung mag auch damit zusammenhängen, dass die Globalisierung einen immer schnelleren Wandel der Unternehmen erfordert. Die Reaktion darauf ist der verzweifelte Versuch, alle Abläufe im Konzern möglichst minutiös in festgelegte Arbeitsschritte einzuteilen. Für jede Entscheidung gibt es dann ein Verfahren, an das sich neue Mitarbeiter halten können. Im Extremfall setzen Manager auch gerne Erfolgskriterien, sogenannte Metrics, fest. Im Businessdeutsch bezeichnet das einen Zahlenwert, der für eine erfolgreiche Entscheidung steht. Die Vorgesetzten sind glücklich über alle Formen von Schemata. Sie glauben, damit besser beurteilen zu können, ob ihre Untergebenen auch richtig funktionieren.

Bis zu einem bestimmten Grad mögen diese Beurteilungs- und Verhaltensvorschriften berechtigt sein. So wie der Rettungs- und Fluchtplan in einem Hotelzimmer sind sie hilfreich in Situationen, in denen schnelle Entscheidungen notwendig sind. Die Verfahrenswut führt andererseits aber auch zu einer immer weiteren Erosion von Erfahrung und Intuition. Das kann sich in Situationen, in denen flexibles, unorthodoxes Handeln gefragt ist, als ein schmerzlicher Mangel in der Unternehmenskultur erweisen.

Eine ähnlich ambivalente Rolle spielen auch die sich immer schneller entwickelnden Informationstechnologien. Sie vereinfachen, beschleunigen und rationalisieren mittlerweile fast alle Vorgänge in einer Organisation – von der exakten Kalkulation finanzieller Risiken bis zur pünktlichen Bestellung neuer Toilettenrollen. Doch je cleverer diese Systeme sind, die uns bei Entscheidungen assistieren, desto mehr können sie den Menschen zu einem Schalterbeamten degradieren, der dann nur noch dafür zuständig ist, das Computersystem mit den richtigen Daten zu füttern. Dabei wird in die EDV-Ausbildung häufig mehr Zeit investiert als darein, jene sogenannten Soft Skills zu erlernen, deren wichtigstes Instrument die Intuition ist. «Schwindende Erfahrung, schnelle Arbeitsplatzwechsel, wenig Training, der rasante Wandel und das sture Vertrauen in Verfahren und Formeln. Alles das bewirkt einen massiven Angriff auf unsere Intuition», sagt Gary Klein und führt das vor allem auf die Unwissenheit vieler Menschen über ihren unbewussten Entscheidungsapparat zurück.[176]

Hebelpunkte aufspüren

Von Gary Klein, dem Psychologen aus Ohio, stammt das Modell «natürlicher Entscheidungen», das sich weiter oben beschrieben findet. Von diesem Modell hat Klein ein System abgeleitet, mit dem sich insbesondere Situationen meistern lassen, in denen unter Zeitdruck oder mit nur unzureichender Informationslage entschieden werden muss. Mit dem Begriff *natürlich* meint Klein, dass er dieses Modell erfolgreichen und erfahrenen Entscheidern quasi abgeguckt hat: «Uns wurde klar, dass die Plausibilität unserer Entdeckungen eben darin bestand, dass sie derart auf der Hand lagen.»

Voraussetzung für den erfolgreichen Einsatz seiner Methode ist, die Intuition richtig erlernt zu haben. Ist dies der Fall, dann kann man getrost die erste Handlungsoption, die einem in den Kopf schießt, verwenden, selbst auf die Gefahr hin, dass sie vielleicht nicht die beste ist. Für Klein klingt das nur im ersten Moment irritierend. Denn was er behauptet, ist ja, dass die erste meist auch die beste ist – beziehungsweise dass die Alternative, lange und kompliziert andere Handlungsoptionen zu vergleichen, schlicht nicht funktioniert, weil dafür keine Zeit bleibt. Ein Feuerwehrmann, der vor dem brennenden Treppenaufgang steht, ist in der Auswahl seiner Handlungsmöglichkeiten stark beschränkt. Gleiches gilt auch für viele Situationen, in denen nicht genügend Informationen zur Verfügung stehen, sodass ein ausführliches Abwägen aller Optionen gar nicht möglich ist. Das Klein-Modell basiert auf vielen Erkenntnissen über die intuitiven Verarbeitungsmechanismen.

Im Mittelpunkt steht dabei der überlegene Erkennungsdienst für Muster, der im Unbewussten arbeitet. Die Intuition assoziiert eine Situation mit einer bereits erlebten, abgespeicherten Begebenheit. Sie stellt sinnhafte Verbindungen zwischen verschiedenem Wissen her, das zunächst nichts miteinander zu tun hat. Solche Analogieschlüsse zählen zu den machtvollsten Instrumenten der Intuition. Und wenn sie ausbleiben, kann das zur Katastrophe führen. Berühmt geworden ist ein historisches Beispiel, bei dem tragischerweise eine naheliegende Analogie nicht gesehen wurde. Die Folge war der sinnlose Tod vieler tausend Soldaten.

Nach dem Angriff auf Pearl Harbor 1941 war der japanische Kommandeur Mitsuo Fuchida überrascht, dass seine Strategie aufgegangen war. «Hatten die Amerikaner denn nie etwas über Port Arthur gehört?», fragte er ungläubig.[177] Vor Ausbruch des russischjapanischen Krieges 1904 hatten die Japaner die russische Pazifikflotte mit einem Überraschungsangriff in Port Arthur versenkt. Mit dieser Taktik gewannen sie zum Erstaunen der restlichen Welt den Krieg gegen den übermächtigen Nachbarn. Ganz offensichtlich hatte es den amerikanischen Oberbefehlshabern 1941 an jenem von Clausewitz auch «Coup d'œil» genannten Talent gemangelt, ein bekanntes Muster zu erkennen, so wie es Napoleon in seinen Schlachten oft gelang. Ihre Flotte lag in Pearl Harbor, die japanischen Schiffe waren mit unbekanntem Ziel aus den Häfen ausgelaufen. Und nun suchte sie die gesamte amerikanische Militäraufklärung schon wochenlang, ohne auf den Gedanken zu kommen, dass sie, wie damals in Port Arthur, dieses Mal in Pearl Harbor würden zuschlagen wollen.

Gelingt es dagegen, eine Situation als typisch wahrzunehmen – Port Arthur als Vergleichsfall für Pearl Harbor –, kann das Handeln daraus größten Nutzen ziehen. Das intuitive System, so wird im Klein-Modell weiter ausgeführt, generiert in diesem Fall vier Nebenprodukte. Blitzschnell stellt es *Erwartungen* auf, wie sich die Situation weiterentwickeln wird. Dies ist insofern wichtig, als das Gehirn dadurch auch schnell mitbekommt, wenn sich das Ereignis anders entwickelt, als aufgrund der Erfahrung vorhergesagt. Das Wissen um den Charakter einer Situation vereinfacht es, die wirklich wichtigen, *relevanten Hinweise* zum Lösen der Situation zu erkennen. Für den altgedienten Brandmeister, der vor der brennenden Holztreppe steht, sind das die besonderen Geräusche, die das abplatzende Holz produziert. Beinahe synchron ortet der Entscheidungsapparat die *plausiblen Ziele*, die man durch die Entscheidung erreichen will. «Die Kollegen schützen», wäre das beim

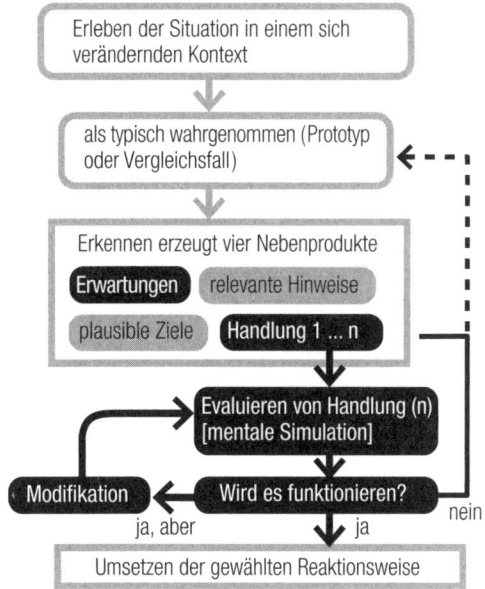

**Gary Kleins Modell natürlicher Entscheidungen
(Natürliche Entscheidungsprozesse, Junfermann 2003)**

Brandmeister, und folglich würde auch bei ihm im Bewusstsein die eine, einzige *Handlungsoption* auflaufen: Alle Mann aus dem instabilen Treppenhaus zurückziehen! Im Augenblick der Entscheidung wird er diese ganzen Überlegungen nicht realisieren. Wirksam sind sie aber trotzdem. Noch bevor das Gehirn die Entscheidung umsetzt, wird die ausgewählte Handlung darauf untersucht, ob sie auch wirklich zum Erfolg führen wird. Das Denkorgan simuliert, was aller Voraussicht nach passieren wird. Dabei kann es gewahr werden, dass das gewünschte Ziel so gar nicht zu erreichen ist, oder aber, dass die getroffene Entscheidung nochmals modifiziert werden muss. In beiden Fällen wird der Mensch die Strategie, mit der das Problem gelöst werden soll, verändern.

«Erfahrene Problemlöser und Entscheider sind wie Chamäleons», behauptet Klein. «Sie sind in der Lage, in ihrem Geist Simulationen aller Arten von Ereignissen und Prozessen zu entwickeln.» Das Situationsbewusstsein des Menschen kommt durch eine Vielzahl unbewusster Vorgänge zustande, darunter das Auslesen von Gefühlen und Gedanken im Gesicht anderer Menschen. Klein nennt sie etwas pathetisch: die Quellen der Macht. Gemeint ist die Macht der Intuition. Je komplizierter und scheinbar auswegloser sich ein Problem darstellt, umso mehr empfiehlt Klein, zu seiner Lösung mit allen mentalen Möglichkeiten nach einem *Hebelpunkt* Ausschau zu halten. Auf diese Weise seien sogar Herausforderungen zu meistern, für die es bis dahin kein Patentrezept gab. Als Beispiel für dieses kreative Vermögen, sich eines Hebelpunktes zu bedienen, beschreibt er den unorthodoxen Heilungserfolg eines Arztes auf der Entbindungsstation.

Der Mediziner Norman Berlinger wurde zu einer Geburt gerufen, wobei man an dem noch Ungeborenen per Ultraschall ein wild wucherndes Lymphgefäß am Hals diagnostiziert hatte. Das sogenannte Hygrom war für das Kind im Mutterleib nicht lebensgefährlich, weil es durch die Nabelschnur mit Luft versorgt wurde. Erst nach der Geburt würde der Arzt feststellen können, ob der Atemweg von dem Hygrom vollständig abgeschnitten war. Dann würde Berlinger versuchen, durch die blockierte Luftröhre einen Schlauch hindurchzuführen. Ein Luftröhrenschnitt schied als Option aus. Denn der hätte das Zystengewebe angeschnitten, was zu Infektionen und gefährlichen Abszessen geführt hätte.

Die schlimmsten Befürchtungen bestätigten sich, als das Kind auf die Welt kam. Kurz nachdem es das Licht der Welt erblickt hatte, lief es sogleich blau an. Jetzt war Eile geboten: Die Luftröhre war in der Tat blockiert, und zwar durch ein ziemlich dichtes gelbes Zystengewebe. Wie sollte Berlinger den Schlauch da durchkriegen? Er erinnerte sich an einen Fall, der kaum etwas mit diesem hier zu tun hatte. Es handelte sich um einen Mann, der mit seinem Schneemobil in einen über den Boden gespannten Draht hineingerast war. Das Stahlkabel traf ihn unglücklicherweise an der Halsmuskulatur, sodass der Notarzt nur noch wurstartige

Fleischfetzen vorfand, wo einst der Hals des Mannes gewesen war. Dem Rettungsmediziner war es damals – wie er Berlinger erzählt hatte – aber dennoch gelungen, für den Luftschlauch einen Weg durch diese Wust aus verletztem Gewebe zu finden. Und zwar, weil er Luftbläschen bemerkt hatte, die sich gebildet hatten, als Luft aus der Lunge hochgestiegen war.

Berlinger suchte also auch nach Luftbläschen im Rachen des kleinen Neugeborenen. Doch er fand keine. Geistesgegenwärtig drückte er auf die Brust des Kindes. Damit presste er die wenige Luft in der Lunge heraus und produzierte die dringend benötigten Bläschen, die ihm den Weg für seinen Beatmungsschlauch weisen sollten. Vorsichtig führte er den Katheter ein. Nach kurzer Zeit wechselte die Gesichtsfarbe des Neugeborenen von Blau in ein gesundes Rosa.[178]

Von dem bizarren Unfall des Schneemobilfahrers auf den Säugling zu schließen war bereits ein Glanzstück der Intuition. Schließlich ähnelten sich die Situationen nur sehr entfernt: Dort handelte es sich um einen Mann, hier um ein Neugeborenes. Die Verletzung war eine völlig andere. Außerdem hatte Berlinger damals gar nicht selbst den Trick mit den Luftbläschen angewendet, sondern nur von dem Rettungsmediziner darüber gehört. Den eigentlichen Durchbruch bei der Rettung des Kindes aber bescherte ihm erst das intuitive Aufspüren eines Hebelpunktes: die Luftblasen.

Der Begriff Hebelpunkt ist hier eine glücklich gewählte Metapher. Wer einen großen Stein verschieben soll, kann sich mit aller Kraft vergeblich dagegen stemmen. Oder aber er sucht nach einem Hebelpunkt, an dem er mit einer stabilen Stange ansetzen und den Stein bewegen kann. Wem Einfälle dieser Art nicht blitzartig in den Sinn kommen, der sollte ganz bewusst nach ihnen suchen. Es zahlt sich aus. Übrigens in allen Lebensbereichen, auch in dem der Technik. Die Ingenieure von Boeing etwa erkannten vor mittlerweile mehr als einem halben Jahrhundert, dass man Propeller an den Flugzeugen durch Düsentriebwerke ersetzen konnte, die bis dahin nur in der militärischen Luftfahrt eingesetzt wurden.

Den Technikern von Douglas, dem damaligen Boeing-Konkurrenten, ist dieser Hebelpunkt nicht aufgefallen, über den die zivile Luftfahrt revolutioniert werden sollte. Als die Boeing 707 auf den Markt kam, hatten die Konkurrenten dem nichts Vergleichbares entgegenzusetzen.

Seiner langjährigen Verbindung zum Militär ist es wohl geschuldet, dass Gary Klein ein Trainingsprogramm für Vielentscheider, basierend auf seinem «Recognition Primed Decision Model», entwickelt hat, das sich an dem taktischen Können eines Kommandanten orientiert. «Bei einer komplexen Aufgabe wie der des Schlachtkommandanten kann ein Expertentum nicht erlangt werden, wenn man sich nicht auf den Automatismus verlassen kann, den man durch vergangene Erfahrungen gesammelt hat», so Klein. Experten im Feld könnten sich konzeptuell sehr gut vorstellen, auf was es in ihrem Aufgabengebiet ankommt. Sie haben die Gedankenabläufe in Manövern wieder und wieder durchgespielt. Je mehr Erfahrung sie gewonnen haben, desto komplexer haben sie ihre Modelle ausgebaut und damit eine Flexibilität und automatische Aufmerksamkeitsgabe erreicht, die ihresgleichen in der zivilen Welt sucht. So ähnlich müsse auch vorgehen, findet Klein, wer in seinem Beruf schnell und zuverlässig strategische Entscheidungen zu treffen habe. Alle, die ihre Erfahrung nicht auf die geeignete, ganz bewusste Weise erwerben, denen ergeht es wie Novizen im Beruf. «Sie werden kurze Zeit, nachdem sie eingestellt wurden, rasch besser. Doch auf einmal stagnieren sie in ihrer Entwicklung. Sie gewinnen Erfahrung nicht auf die richtige Art und Weise, sodass sie nicht die richtige Intuition entwickeln», sagt Klein. Man müsse sich deshalb das Problemfeld, das sich einem zur Entscheidung präsentiert, wie ein Schlachtfeld vorstellen. Acht zentrale Aufgaben warten dort darauf, angegangen zu werden.

1. Man darf niemals die obersten Ziele und den übergeordneten Sinn seiner Mission aus den Augen verlieren. Auch wenn unerwartete Ereignisse einen von seinem Kurs abzubringen drohen.

2. Dabei muss man sich in den Feind hineindenken, weil auch das Gegenüber – man muss ihn ja vielleicht nicht gerade als Feind sehen – ein ähnlich tickendes und denkendes Wesen ist. Wer vor seinem geistigen Auge vorwegnimmt, wie der andere sich verhalten wird, muss sich nicht darauf beschränken, nur zu reagieren, sondern er ist mental auf gleicher Höhe, wenn nicht gar voraus.

3. Nie darf man außer Acht lassen, wie das Terrain beschaffen ist. Damit will Klein metaphorisch auf die Umstände hinweisen, wie sie sich einem in Beruf und Leben präsentieren. So wie eine Armee im Wüstensand untergeht, kann auch ein Manager straucheln, wenn er wie im Falle des Flugzeugherstellers Douglas den technischen Fortschritt ignoriert.

4. Wer die Talente seines Teams nicht genügend fördert und einsetzt, dessen Mission erlahmt schnell.

5. Niemals darf man das richtige Timing vergessen. Ein guter Kommandant kalkuliert in seine strategischen Entscheidungen stets ein, wie lange die Umsetzung dauert. Colin Powell, der ehemalige US-Außenminister und Generalstabschef, beschrieb das im Interview einmal wie folgt: «Entscheidungen sollten immer zwischen ‹P40› und ‹P70› fallen. Wenn Sie etwa 40 Prozent der Informationen haben, die überhaupt verfügbar sind, sollten Sie langsam eine Entscheidung vorbereiten. Wenn Sie 70 Prozent haben, sollten Sie sich entscheiden. Ihnen entgeht möglicherweise eine erstklassige Chance, wenn Sie noch länger zögern.»[179]

6. Kommandanten sind dazu verpflichtet, das große Bild im Auge zu behalten. Wer sich auf Details fixiert und zum Beispiel ausblendet, was andere Abteilungen machen, dem droht Betriebsblindheit.

7. Im Sinne von Clausewitz und Napoleon muss jeder Heeresführer ein gutes visuelles Bild vom Schlachtfeld und den dynamischen Ereignissen darauf haben. Gleiches gilt für einen Abteilungsleiter, der die Vorgänge und das Verhalten seiner Mitarbeiter förmlich sehen muss.

8. Die Militärweisheit «Kein Plan überlebt den ersten Schuss» hat auch für Businesspläne aller Art ihre Berechtigung. Deshalb müssen Pläne flexibel genug sein und auch möglichst alle Eventualitäten mit berücksichtigen.

Die allem übergeordnete Aufgabe besteht darin, in einer jeden Entscheidungssituation so viele Indikatoren wie möglich zusammenzutragen, die eine gute Übersicht über das Kampfgetümmel verschaffen. Klein und sein Team testeten aus, ob Studenten dadurch die kritischen Punkte einer Entscheidung besser identifizieren konnten. Ihm gelang es zu demonstrieren, dass sie im Laufe des Trainingsprogramms tatsächlich in immer kürzerer Zeit immer mehr Indizien zusammenzutragen lernten.[180] «Im Zentrum des Trainingsprogramms steht, die unbewussten Vorgänge in Worte zu kleiden. Das fällt zunächst schwer», erläutert Klein. «Aber auf diese Weise werden die natürlichen Entscheidungsprozesse der Experten erkennbar und unterstützen so das Anwachsen der intuitiven Expertise bei den Teilnehmern.»[181]

Wissen, was man will

Die Entscheidungsmaschinerie des Menschen läuft an normalen Tagen gut geölt durch die ruhige See aus alltäglichen Aufgaben. Den grauen Anzug wählen wir schon beinahe automatisch für das Büro aus, weil wir wissen, dass der noch nie zu dummen Kommentaren Anlass gegeben hat – und dass dieser Gedanke auch die anderen leitet, was die große Ansammlung grauer Anzüge in Wirtschaft und Verwaltung beweist. Schnurstracks steuern wir das asiatische Restaurant an, weil da ja alles so leicht bekömmlich und mit viel Gemüse angereichert ist. Auch im Beruf haben wir es uns bequem gemacht. Nach der Einarbeitungszeit läuft es wie geschmiert, längst sind schon wieder jüngere Kollegen mit weniger Erfahrung eingestellt worden, die mit ihren Anfängerfehlern auffallen. Intuition und Ratio geraten dabei kaum aneinander. Die

Aufgaben sind verteilt: Die schnellen Entscheidungen greift sich die Intuition ab, vor allem jene, die man sowieso schon zehn- oder hundertmal absolviert hat. Der reife Mensch hat einen Köcher voll mit Routinen, die er gekonnt für seine Entscheidungen einsetzt. Was aus der Norm fällt und wichtig erscheint, wird weitergereicht an die höheren Entscheidungsinstanzen. Manchmal aber geraten Herz und Verstand dann doch in Konflikt. Da geht es dem Geist wie der Frau, die sich zwischen einem soliden Verehrer mit Bausparvertrag, Golf vor der Tür und Sodamaschine in der Küche und einem wilden Romantiker entscheiden soll. Oder wie dem Besserverdiener, der zwischen einem geräumigen Familienwagen oder einem Sportwagen mit Notsitzen im Heck schwankt.

Seymour Epstein, einer der Pioniere der modernen Entscheidungsforschung, liebt es, solche Konfliktsituationen im Labor nachzustellen. Das geht erstaunlich einfach. Schon eine Handvoll Fruchtbonbons reicht ihm dazu aus. Seine Versuchspersonen setzt er vor zwei Gläser. In dem einen sind zehn weiße Bonbons und ein rotes. In dem anderen sind hundert weiße und zehn rote. Zieht der Proband ein rotes, dann erhält er zwei Dollar Spielgewinn. Wenn er ins große Glas greifen will, muss er dem Spielführer vorab zehn Cent geben. Rational betrachtet ist es vollkommen egal, in welches Glas man greift. Die Wahrscheinlichkeit beträgt bei beiden zehn Prozent, dass man das rote Fruchtbonbon erwischt.[182] Zehn Cent für das große Glas zu bezahlen ist also vollkommener Unsinn. Doch die Vorstellung, dass sich darin insgesamt zehn rote Bonbons statt nur einem einzigen befinden, sorgt dafür, dass die Intuition zum großen Glas drängt. Epstein erlebte, wie mathematisch unbegabt die Intuition offensichtlich ist. Jeder zweite Versuchsteilnehmer schaut gequält drein und sagt: «Ich weiß, es ist dumm, und ich sollte es nicht tun, zehn Prozent sind zehn Prozent. Aber ich habe einfach das Gefühl, ich habe mehr Chancen, ein rotes Bonbon zu ziehen, wenn mehr davon im Glas sind. Hier sind die zehn Cent, ich will in das große Glas greifen.»

Hinter dem etwas banal anmutenden Versuch steckt ein weites

Forschungsfeld, das sich um die Frage dreht: «Wie entscheiden wir, wie wir uns entscheiden?»[183] Ganz offensichtlich haben beide Arten, die vom Verstand und die von der Intuition getragene, ihre Vor- und ihre Nachteile. Das wachsende Verständnis für die unterschiedlichen Mechanismen ermöglicht den Wissenschaftlern mittlerweile, den Menschen bei der Auswahl seiner Entscheidungsstrategien einzuschätzen, und auch, Empfehlungen für den einen oder anderen Modus geben zu können.[184] Das evolutionär ältere System der Intuition basiert auf dem Prinzip, negativen Emotionen möglichst weiträumig aus dem Weg zu gehen. Das hat Nachteile, wie Epsteins Beispiel mit dem Fruchtbonbonglas zeigt. Es hat aber auch unschätzbare Vorteile. Denn das emotionale Erfahrungsgedächtnis arbeitet blitzschnell und bewahrt uns vor vielerlei Gefahren.

Der New Yorker Angstforscher Joseph LeDoux gibt dazu das Beispiel, das wohl viele von uns schon einmal erlebt haben. Man wandert, bestaunt die schöne Landschaft, unterhält sich angeregt und achtet gar nicht so genau auf den Weg. Plötzlich stoppt man abrupt, ohne genau zu wissen, warum. Dann bemerkt man ein Objekt, das so aussieht wie eine Schlange. Beim näheren Betrachten ist es ein Stock, dessen von Moos bewachsenes Äußeres ein schlangenähnliches Muster aufweist. Tausende Generationen haben sich mit diesem Mechanismus des Zurückschreckens vor Schlangenbissen geschützt, und auch in diesem Fall ist der Irrtum, dem die Intuition erliegt, nicht weiter schlimm. «Langfristig ist es vorteilhafter, einen Stock irrtümlich für eine Schlange gehalten zu haben als eine Schlange für einen Stock», schreibt LeDoux in seinem Buch. Er hat das betreffende Kapitel mit der Überschrift versehen: «Die Schnellen und die Toten». Wobei die Toten in dem beschriebenen Falle die Verstandeswesen wären, bei denen die Intuition nicht funktioniert.[185]

Wenn Tempo gefragt ist, spricht das stets dafür, die Intuition einzusetzen. Immer wenn der Geist Routinen entdeckt hat, kann man ihnen rasch und getrost folgen. Allerdings tendiert die Intuition dazu, eher konservative Lösungen hervorzubringen. Der Verstand kann den Menschen zwar nicht vor der Schlange retten, dafür aber vielleicht Ereignissen gerecht werden, die außerhalb der Routine liegen. Er hat das Potenzial, neues Wissen hervorzubringen und aus dem gewohnten Denkrahmen auszubrechen. Der Mensch hat ein Gespür für die Umstände einer Situation und kann deshalb durchaus die jeweils passende Strategie auswählen. Es gibt Hinweise darauf, dass er eine Art Kosten-Nutzen-Kalkulation anstellt. Dabei wägt er den höheren mentalen wie auch zeitlichen Aufwand für eine Verstandesentscheidung dagegen ab, ob diese auch ein entsprechend besseres Resultat erwarten lässt. Mit anderen Worten: Bevor ich den Verstand bemühe, sollte ich mir darüber klarwerden, ob das überhaupt etwas bringt. Wenn nicht, dann bleibe ich besser bei meiner Intuition. Die ist allemal effektiv.[186]

Neben dem Prinzip, den Nutzen zu maximieren, scheint es bei der Auswahl der Entscheidungsstrategie selber wieder Routinen zu geben. Man könnte auch sagen: Ich entscheide mich intuitiv für die Intuition, oder ich entscheide mich intuitiv, den Verstand zu benutzen. Die Wahl zwischen den beiden resultiert aus den Erfahrungen, die man in einer ähnlichen Situation gewonnen hat.[187]

Bleibt aber dennoch die Frage: «Welcher Homunculus wählt die Strategie aus, mit deren Hilfe entschieden wird – und vor allem wie?» Das fragt sich auch die Psychologin Cornelia Betsch. Sie glaubt, dass die jeweilige Auswahl der richtigen Strategie zu einem hohen Grade im Charakter des Menschen begründet liegt. Das hat sie an der Universität Heidelberg erforscht. Sie resümiert: «Es gibt den Kopfentscheider und den Bauchentscheider.» Auf ihren Intuitionslehrgängen verteilt sie deshalb ganz am Anfang einen Fragebogen, den sie entwickelt und an über 2500 Personen auf seine Zuverlässigkeit getestet hat.[188] Sie fragt darin zum Beispiel, ob man aufgrund von Gefühlen, Menschenkenntnis und Lebenserfahrung Schlussfolgerungen zieht. Oder ob man lieber ausgefeilte Pläne schmiedet, als irgendetwas dem Zufall zu überlassen. Auch über den Grad, mit dem man über sich selbst reflektiert, oder das Tempo, mit dem man Entscheidungen trifft, soll der Fragebogen Auskunft geben.

		Stimme nicht			voll zu	
1	Bevor ich Entscheidungen treffe, denke ich meistens erst mal gründlich nach.	1	2	3	4	5
2	Ich beobachte sorgfältig meine innersten Gefühle.	1	2	3	4	5
3	Bevor ich Entscheidungen treffe, denke ich meistens erst mal über meine Ziele nach, die ich erreichen will.	1	2	3	4	5
4	Bei den meisten Entscheidungen ist es sinnvoll, sich ganz auf sein Gefühl zu verlassen.	1	2	3	4	5
5	Ich mag Situationen nicht, in denen ich mich auf meine Intuition verlassen muss.	1	2	3	4	5
6	Ich denke über mich nach.	1	2	3	4	5
7	Ich schmiede lieber ausgefeilte Pläne, als etwas dem Zufall zu überlassen.	1	2	3	4	5
8	Ich ziehe Schlussfolgerungen lieber aufgrund meiner Gefühle, Menschenkenntnis und Lebenserfahrung.	1	2	3	4	5
9	Bei meinen Entscheidungen spielen Gefühle eine große Rolle.	1	2	3	4	5
10	Ich bin perfektionistisch.	1	2	3	4	5
11	Wenn ich eine Entscheidung rechtfertigen muss, denke ich vorher besonders gründlich nach.	1	2	3	4	5
12	Wenn es darum geht, ob ich anderen vertrauen soll, entscheide ich aus dem Bauch heraus.	1	2	3	4	5
13	Ich nehme bei einem Problem erst mal die harten Fakten und Details auseinander, bevor ich mich entscheide.	1	2	3	4	5
14	Ich denke erst nach, bevor ich handle.	1	2	3	4	5
15	Ich mag lieber gefühlsbetonte Personen.	1	2	3	4	5
16	Ich denke über meine Pläne und Ziele stärker nach als andere Menschen.	1	2	3	4	5
17	Ich bin ein sehr intuitiver Mensch.	1	2	3	4	5
18	Ich mag emotionale Situationen, Diskussionen und Filme.	1	2	3	4	5

Kopf- oder Bauchentscheider: Fragebogen von Cornelia Betsch

Betsch stieß dabei auf naheliegende, charakterliche Merkmale, die mit der Frage, welcher Entscheidungstyp man ist, einhergehen. Zur Intuition neigende Personen sind generell auch emotionaler im Umgang mit ihrer Umwelt. Sie sind extrovertierter, offener für neue Erfahrungen und spontaner. Die Verstandesmenschen sind generell gewissenhafter veranlagt, haben einen Hang zur Perfektion und ziehen es vor, in einer klar strukturierten Umwelt zu leben. Man könnte auch sagen: Der intuitive Typ wohnt gerne in einer chaotischen Wohngemeinschaft und liebt es, halbe Nächte lang mit seinen Mitbewohnern über die psychischen Besonderheiten der Kommilitonen zu diskutieren. Wohingegen der Verstandestyp eine Zweck-WG bevorzugt, mit striktem Abspülplan. Oder aber er zieht sofort in eine eigene Wohnung, die er sich vollkommen nach seinen Bedürfnissen einrichtet.

Die Intuitionsforscherin Maja Storch hat diesen Klarsichthüllen-Typ auch einmal ein wenig abfällig als «den Körperlosen» bezeichnet, einen Menschen mit einem Kopf auf zwei Beinen. «Menschen dieser Gruppe nehmen ihren Körper nur wenig wahr, und ihre Eigenwahrnehmung ist kaum entwickelt. Sie sind weitgehend abgeschnitten von den Signalen, die ihr emotionales Erfahrungsgedächtnis ihnen vermittelt. Darum haben sie es schwerer als andere Menschen, Entscheidungen zu treffen, die auf ihrem eigenen Wissen darüber aufbauen, was ihnen guttut und was sich erfahrungsgemäß bei ihnen ungut auswirkt.»[189]

Der Bauchmensch entscheidet sich tatsächlich schneller als sein bedachtsamer Mitmensch, wie das Team von Cornelia Betsch mit Reaktionszeitmessungen nachweisen konnte.[190] Dabei ließen die jungen Forscher 220 Probanden, die sie zuvor mit dem Test auf ihre Entscheidungspräferenzen befragt hatten, an einem Lotteriespiel teilnehmen. Die Versuchspersonen, angehende Ökonomen, machten begeistert mit, gab es doch am Ende ein Prozent der Gewinnsumme in echten Euro ausgezahlt. Andere Studien ergaben ein ähnliches Bild: Intuitive entscheiden schneller – und sie liegen nicht häufiger daneben mit ihrer Taktik als Verstandesmenschen.

Dazu ließ man sie den Stroop-Test durchspielen, bei dem die Menschen mit ihren automatisierten Entscheidungsmustern in die Irre geleitet werden. Man zeigt ihnen auf dem Bildschirm etwa das Wort Blau, das in gelben Buchstaben geschrieben steht. Sie sollen anschließend sagen, welches Wort da geschrieben steht. Dabei messen die Forscher, wie häufig sich die Person vertut, und wie lange die Reaktionszeit ist.[191]

«Schnelleres Entscheiden bedeutet auch nicht, dass intuitive Personen weniger motiviert oder fähig sind, ihren Verstand zu gebrauchen, logisch zu denken und gewissenhaft zu sein», sagt Betsch. Der Verstandesmensch, in diese Richtung tendiert auch Maja Storch mit ihren Vermutungen, wolle stets das Maximale aus seinen Entscheidungen herausholen.[192] «Tendenziell bereut er aber auch seine Entscheidungen mehr», behauptet Betsch[193]. Der Kopfmensch ist nicht dadurch definiert, dass er ausgewiesene Fähigkeiten zum logischen Denken besitzt. Er ist nur stärker motiviert, seinen Verstand zu gebrauchen, meint Betsch. Warum, das liegt wahrscheinlich in seiner Entwicklung und an den Erfahrungen, die er in seinem Leben gemacht hat. Umgekehrt wird der Intuitive, wenn in einer Situation nichts dagegen spricht, intuitiv entscheiden. Es sei denn, man verlangt eine Rechtfertigung für sein Handeln, weshalb er Gründe für seine Entscheidung suchen muss. Der Kopfmensch wird reflektiert entscheiden. Es sei denn, er steht unter Zeitdruck und ist gezwungen, schnell zu entscheiden. Menschen suchen sich sogar aktiv ihre Umwelt danach aus, in der sie ihren Entscheidungstypus am besten verwirklichen können. Sie wählen zum Beispiel einen Beruf aus, in dem sie entsprechend ihrer Veranlagung entscheiden können. Der Kopfentscheider wird selten als Theaterregisseur enden, der Intuitive landet nur in tragischen Ausnahmefällen in der statistischen Abteilung des Wirtschaftsministeriums.

Wichtig sei aber in jedem Fall, meint die Psychologin Betsch, dass jeder bevorzugt auf diese Art entscheidet, wie es seinem Naturell entspricht: der Intuitive intuitiv, der Kopfmensch überlegt.

Das verlangt offensichtlich das psychische Immunsystem. «Wer dann einen falschen Entschluss tut, bereut es später auch nicht so heftig.» Dieser Effekt ist auch für die Industrie und Werbung äußerst interessant. In Versuchen hat sich nämlich gezeigt, dass sich Menschen nicht nur deutlich wohler fühlten, wenn man sie in ihrem bevorzugten Entscheidungsmodus ein Produkt wählen ließ. Sie waren auch bereit, mehr dafür zu bezahlen.[194]

Mit dem Verstand intuitiv entscheiden

Wenn es für jedes der beiden Entscheidungsmuster Vor- und Nachteile gibt, dann liegt die Idee auf der Hand, die jeweiligen Stärken beider Systeme zu einer Art Kombinationsmodell zu verbinden. Bei schnellen Entschlüssen bleibt nur die Möglichkeit, durch entsprechendes Training der Intuition im Vorfeld dafür zu sorgen, dass nicht der Kopf-, sondern der Bauchverstand das Ruder führt. Wenn es aber um Entscheidungen geht, die nicht unter so hohem Tempo zustande kommen müssen, dann spricht nichts dagegen, bewusst beide Strategien gleichzeitig zu verwenden.

Ein solches System hat Cornelia Betsch zusammen mit ihrem Mann Tilmann, einem Psychologieprofessor in Erfurt, und Susanne Haberstroh, einer Psychologieprofessorin in Osnabrück, ersonnen. Die Forscher nennen es die «Potential of Decision Making Toolbox». Frei übersetzt könnte man es einen Werkzeugkasten nennen, mit dessen Hilfe das im Menschen vorhandene Entscheidungspotenzial optimal ausgeschöpft werden soll. Grundlage für dieses Modell ist die Präferenz-Theorie, wie sie maßgeblich in Heidelberg entwickelt wurde. Sie sieht eine Entscheidung als ein Zusammenspiel von Erfahrung, die sich aus einem Lernprozess durch viele vorangegangene Entscheidungen speist, zudem aus dem Gefühlssystem und schließlich aus der Fähigkeit, sowohl auf der Gefühls- wie auf der Verstandsebene zu entscheiden. Die drei Psychologen wollen damit Menschen zu besseren Entscheidungen verhelfen. Zu Entscheidungen, mit denen sie selber zufriedener sind. «Außerdem sollen sie Einsicht in die Gründe ihrer Entscheidungen erlangen und so die Entscheidungen nach außen besser rechtfertigen können.» Das Trio will damit auch einen Kontrapunkt gegen die bisherigen Empfehlungen der Entscheidungsforschung setzen, die stets den Verstand geheiligt und den Affekt, die Intuition, verteufelt hat.

Die Entscheidung setzt sich bei diesem Modell aus sechs einzelnen Schritten zusammen. Daran schließt sich eine Prüfphase an, bei der der Entschluss noch einmal auf Wahrnehmungsfehler und andere, im Buch bereits beschriebene mentale Fußangeln untersucht wird. In der dritten und letzten Phase soll der Entscheider seinen Beschluss noch einmal konsolidieren. Dabei soll er die Gründe für seine Entscheidung identifizieren, um sie vor anderen Personen gegebenenfalls rechtfertigen zu können. Dieser Schritt ist besonders im Berufsleben wichtig, aber sicherlich auch für den Fortbestand einer harmonischen Beziehung. Der Anschaulichkeit halber beschreibe ich das Modell am Beispiel eines Autokaufs, der mit Sicherheit genügend Zeit zur Entscheidung lässt. Bevor man sich mit den Prospekten hinsetzt und durch das Heidelberger Entscheidungsmuster durchgeht, sollte man es so machen, wie es der niederländische Sozialpsychologe Dijksterhuis vorschlägt: Nach dem Besuch im Autohaus erst einmal essen gehen oder ins Kino oder gleich ins Bett und eine Nacht darüber schlafen. Dann hat die Intuition im Hintergrund die Fakten aus ihrer Sicht bereits aufgearbeitet, geordnet und bewertet. Das erleichtert die Entscheidung.

Nehmen wir also getrost Schritt eins in Angriff: das Anfertigen einer Problemskizze. Sinn dieser Übung ist es, das ganze Erfahrungswissen aus den offenen und versteckten Schubladen seines Geistes herauszukramen und in den Arbeitsspeicher hineinzustopfen. Was jetzt im Gehirn passiert, nennen die Psychologen Priming. Wir haben diesen Vorgang bereits in einem negativen Zusammenhang kennengelernt, bei den verstörenden Versuchen, die John Bargh am Flughafen von San Francisco veranstaltet hat. Man könnte auch sagen, wir versetzen jetzt unseren Geist in Stimmung,

Schritt	Frage	Aktion und Verarbeitungsmodus (A/S)
1	Wie lautet das Entscheidungsproblem?	Problemskizze (A, S)
2	Was fällt mir spontan als Lösung ein?	Vorläufige intuitive Entscheidung 1 (A)
3	Was soll erreicht werden?	Benennung der Ziele (S)
4	Was gibt es für Lösungen?	Generierung von Handlungsalternativen (S)
5	Wie zielführend sind die Lösungen?	Simulation der Konsequenzen der Handlungsalternativen (S). Erfahren und Lernen von Handlungs-Ziel-Kontingenzen (A)
6	Welche Lösung finde ich nun am besten?	Intuitive Entscheidung 2 (A)

Entscheiden in sechs Schritten. Kombinationsmodell von Susanne Haberstroh, Cornelia und Tilmann Betsch, bei dem sich der Entscheider sowohl auf automatische Prozesse (A) seiner Intuition verlassen als auch kontrollierte Strategien (S) seines Verstandes verwenden soll.

sich mit der Herausforderung eines Autokaufs auseinanderzusetzen. Was einem dabei in den Sinn schießt, sollte man erst einmal laut aussprechen, dann in Worten niederschreiben und erst nach und nach mit Argumenten ergänzen, die einem durch Nachdenken einfallen. So verschaffen sich sowohl Intuition als auch Verstand eine Stimme. Cornelia Betsch empfiehlt, so eine Problemskizze zu Übungszwecken schon einmal zu einem früheren Zeitpunkt gemacht zu haben, sei es über eine fiktive oder eine weiter zurückliegende Entscheidung. Die wissenschaftliche Begründung für das Anfertigen einer Problemskizze sind die Erkenntnisse über die Mustererkennung des Geistes, wie sie Damasio, Gigerenzer, Hogarth und Klein gleichermaßen gewonnen haben. Für den Autokauf könnte so eine Problemskizze spontan feststellen: «Ich brauche ein neues Auto!», ergänzt durch den Nachsatz, «weil das alte kaputt ist (Psychologen nennen das die Antezedensbedingung) und ich nicht auf ein Auto verzichten will!» Letzteres ist das Initialziel, also der Ursprung des ganzen Entscheidungsprozesses: Man will ein Auto fahren. Dabei sollte man wirklich so ganz grundsätzlich beginnen und nicht schon gleich hinschreiben: «Ich will ein Sportauto mit Ledersitzen.»

Schritt zwei: Fällt mir spontan eine Lösung ein? Dabei versetzt man sich künstlich unter Zeitdruck und versucht, eine intuitive Antwort aus seinem Unbewussten heraufzubefördern. Dabei werden alle Erfahrungen einfließen, die man bei vorherigen Autokäufen bereits gemacht hat, oder Argumente, die man von anderen Menschen gehört hat. Vielleicht ist auch die ADAC-Pannenstatistik dabei oder die flotte Werbung am letzten Abend, kurz vor der Tagesschau. Dann könnte die Antwort aus dem Bauch heraus lauten: Wagen X!

Schritt drei: Jetzt sollen die Ziele abgesteckt werden, die man mit der Entscheidung erreichen will. Was will man durch seine Wahl fördern, was vermeiden? Darüber darf man in Ruhe und intensiv nachdenken. Listen anlegen, vielleicht auch eine Hierarchie der verschiedenen Argumente aufstellen. Für das Auto könnte das bedeuten: «Es soll möglichst wenig kosten, aber gut verarbeitet sein und wenig Sprit verbrauchen. Nett soll es aussehen und fix beschleunigen», schlägt Cornelia Betsch vor.

Schritt vier: Abstrakt gesagt geht es nun darum, die Handlungsalternativen festzulegen. Auch das ist Aufgabe des Verstandes. Zwei Ziele gilt es zu verfolgen. Erstens sollte man möglichst eine breite Suche starten und möglichst viele Alternativen entdecken. Dazu muss man über den Tellerrand seines Problems schauen können. Und gleichzeitig, das klingt zunächst paradox, darf man seinen Arbeitsspeicher im Gehirn nicht mit zu vielen Alternativen zum Systemabsturz bringen. Also sollte man nach einer anfänglich sehr umfangreichen Suche aus den vielen Alternativen einige wenige isolieren. Für den Autokauf könnten das sein: Mein Freund würde die Marke X kaufen. Welche Autos werden in der Zeitung angeboten? Ich besorge mir eine Testzeitschrift.

Schritt fünf: Aus den Handlungsalternativen sollten nun die erfolgversprechenden Lösungen herausgegriffen werden. Das ist eine Königsdisziplin der Intuition, denn da kann sie zurückgreifen auf die vielen Erfahrungen, die man in vorhergehenden Entscheidungen gesammelt hat. Wenn einem Testzeitschriften schon häufig hilfreich waren, oder der Ratschlag eines bestimmten Freundes, dann hat der innere Erfolgszähler das registriert. Genauso wie ihm nicht verborgen geblieben ist, dass die Zeitungsannoncen am Samstag rein gar nichts gebracht haben.

Schritt sechs: Zum Schluss bekommt noch einmal die Intuition ihren großen Auftritt. Dazu sollte man im Sinne von Ap Dijksterhuis sein Entscheidungsspiel unterbrechen, sich ablenken und die ganze Sache erst einmal mental verdauen. Dann fragt man sich: Welche Lösung finde ich am besten? Was einem da als Erstes einfällt, sollte man schnell niederschreiben. Erst danach kann man sich noch einmal die wichtigsten Argumente vergegenwärtigen und mit seiner intuitiven Entscheidung vergleichen. Der Trick ist in diesem Fall, dahinterzukommen, welche Wahl sich im Sinne der Somatischen-Marker-Lehre von Damasio am besten anfühlt. Mit dieser ist der Mensch nämlich am zufriedensten – selbst wenn sie objektiv nicht die optimale wäre.

Cornelia Betsch gesteht ein, dass eine solche gründliche Entscheidungspyramide einiges an Zeit verschlingt. «Ich habe sie aber schon mit vielen Freundinnen und Freunden zusammen durchexerziert», berichtet die Psychologin. Bei einer ihrer besten Freundinnen ging es um die Frage: Haus auf dem Land oder Stadtwohnung in Heidelberg? Einen ganzen Abend saßen die beiden bei einer Flasche Rotwein zusammen. Sie zeichneten Grundrisse, sammelten Argumente. Lenkten sich mit viel Smalltalk und einem guten Essen ab. «Sie entschied sich fürs Land», berichtet Betsch, «und sie lebt noch immer glücklich im Grünen.»

EPILOG

Im Jahre 1997 entfachte eine Computersoftware eine kurze, leidenschaftliche Debatte in Deutschland. Wahrscheinlich hatte das mit ihrem Namen zu tun. Denn der sagte viel aus über das pragmatische, viele sagten damals: zynische, Verhältnis ihres Erfinders zum Tod. Das Programm heißt RIYADH, der Einfachheit halber nennt es Rene Chang aber auch RIP – und die britische Presse nannte ihn alsbald nur noch Dr. Death. Treffender hätte nicht benannt werden können, worum es hier ging: ein Programm, das über Leben und Tod entscheidet. Auf den Intensivstationen mehrerer deutscher Unikliniken, darunter der Berliner Charité, wurde das Programm auf seine Zuverlässigkeit getestet. In England lief es schon in über fünfzig Intensivstationen, und das nicht zuletzt, um das klamme Gesundheitssystem des Landes von der äußerst kostspieligen, aber letztlich häufig aussichtslosen Behandlung Sterbenskranker zu entlasten. Aus über dreißig Parametern, die die Ärzte und Intensivkrankenschwestern ständig in den Computer eintippten, errechnete das System die Überlebenswahrscheinlichkeit des Patienten. Auf dem Computerbildschirm erschien sein Bett dann entweder grün, gelb oder rot. Auf den Pfennigbetrag genau zeigte der digitale Todesbote darunter die Kosten an, die jener Mensch täglich verursachte, der – alles andere als virtuell – auf dem Bett im Nebenraum mit dem Tode rang. «Entscheidet der Computer bald über Leben und Tod?», titelte die «Bild»-Zeitung, als der bahnbrechende Versuch in Berlin bekannt wurde. Fortan hieß die Technik des Chirurgen Chang nur noch kurz: der Todescomputer.[195]

Damals erklärte ich mir die Aufgeregtheit der Diskussion damit, dass der Todescomputer an ein Tabu der modernen Medizin rüttelt. Leben müsse um jeden Preis erhalten werden, so lauten das Ethos der Ärzte und die christliche Überzeugung vieler. Aber die Frage ist auch: Wie weit will man gehen mit einer Gerätemedizin, die es erlaubt, bis zu sieben versagende Organe zu ersetzen? Haben Menschen, die nur noch von einer Maschine am Leben erhalten werden, nicht auch das Recht darauf, in Würde zu sterben?

Es stand aber noch etwas anderes zur Debatte. Und zwar das Verhältnis, das wir zu unserem geistigen Vermögen haben. Die Botschaft des Todescomputers ist letztlich folgende: Du, Mensch, bist von deinem Verstand her nicht in der Lage, dreißig verschiedene Parameter in ein wissenschaftlich korrektes Verhältnis zu bringen. Das kann der Computer besser, und der sagt dir dann: rotes Bett oder grünes Bett. Außerdem suggeriert die Software dem Mediziner: Du schaffst es nicht, mit kühler Präzision zu kalkulieren. Deine Gefühle für einen Patienten, deine Tötungshemmung verhindern einen objektivierbaren Entschluss. Die Computersoftware des Dr. Death wird mittlerweile nicht mehr verwendet – weil sich ein anderes Skalierungs-Programm aus den USA durchgesetzt hat. Es heißt APACHE (Acute Physiology And Chronic Health Evaluation) und läuft auf vielen Intensivstationen.[196]

Das mentale System des Menschen steht indes unter Generalverdacht. Nicht nur in Kliniken setzen sich Entscheidungsassistenten durch. Überall, wo es kritisch wird, versucht der Mensch, sich selber abzuschaffen. Der Eifer, mit dem der Mensch sich selber im Entscheidungsprozess überflüssig zu machen versucht, steht allerdings in einem Missverhältnis zu der geringen Aufmerksamkeit, die er seinen ureigenen mentalen Entscheidungssystemen zuteil werden lässt. Diesen Mangel zu verringern war eines der Hauptziele dieses Buches. Im Mittelpunkt standen dabei die beiden Systeme, die in unserem Kopf arbeiten: das Bewusste und das Unbewusste mit ihren Unterabteilungen, die wahrnehmen, lernen, erinnern, verknüpfen, assoziieren und simulieren, um Entscheidungen zu fällen. Das Ganze wiederum analysieren sie, sie bewerten es und speisen die Lehren daraus in einen neuen Prozess des Sich-Entschließens ein.

Intuition ist demnach das Ergebnis von Lernprozessen. Sie bezieht ihre Weisheit aus Erfahrungen und Routinen, die sich im Laufe eines Lebens einstellen. Die Intuition kommuniziert mit dem Verstand durch die Sprache der Gefühle. Somatische Marker sind ordnende und kreative Stimmen in einem riesigen Archiv aus bewusstem und unbewusstem Wissen. Diese emotionalen Signale sind es, die uns Entscheidungsstärke verleihen. Sie sind der Motor unserer gestalterischen Kraft, des Fortschrittes, der Wissenschaften und Künste – der Kultur in ihrer mannigfaltigen Gestalt.

Ihre Kraft entfaltet die Intuition im Spannungsfeld mit den höheren Regionen des Verstandes. Denn beide Systeme operieren in einer ausgeklügelten Arbeitsteilung, in der sich alles der Effizienz des Handelns und des psychischen Wohlbefindens unterzuordnen hat. Funktioniert dieses Joint Venture nicht reibungslos, dann leidet das Resultat eines Entscheidungsprozesses. Getrübt werden kann es auch durch konstruktionsbedingte Schwächen des Systems: Im Unbewussten lauern Stereotype, Vorurteile, falsch erlernte Zusammenhänge, die das reale Geschehen nicht erklären, sondern verzerren.

Solche Fehler schleichen sich in das faszinierende Zusammenspiel auch ein, weil unser Sinnessystem ursprünglich für eine andere Welt entstanden ist. Eine langsamere Welt, in der sich die Lebewesen noch aus eigener Kraft bewegten. Eine Welt, in der sie einander noch Auge in Auge gegenüberstanden, wenn sie Dinge regelten, die beide betrafen. Es war aber auch eine Welt, in der das Schicksal viel stärker regierte, eine Welt, die weniger planbar und vorhersehbar war, als sie es heute ist. Der Werkzeugkasten aus Reflexen, Instinkten und intuitivem Verhalten passt nicht mehr ganz in unsere Welt. Auf welche Weise er den Blick auf die Wirklichkeit verändert und das eigene Handeln stören kann, habe ich versucht zu beschreiben. Das Wissen um seine Unzulänglichkeit ist zugleich auch der Schlüssel zu seiner Optimierung.

Stets schwang dabei mit, wie sehr unser Selbstbild von der Frage berührt wird, wie wir uns entscheiden. Wer ist Ich, wie frei ist dieses Ich. Diese Rätsel kulminieren in dem Moment, in dem die Motorik des Menschen aus einem Motiv und einem Plan eine Handlung werden lässt. Die Erkenntnis, wie tief unser Handeln im Unbewussten verwurzelt ist und wie stark unsere Gefühle das Geschehen lenken, kann den aufgeklärten Menschen kränken. Aus etlichen Intuitionsexperimenten, die ich auf den vorangegangenen Seiten beschrieben habe, leitet sich die Frage ab: Wie frei ist der eigene Wille?

Mittlerweile wird der Streit um diese Frage von Philosophen, Naturwissenschaftlern, Soziologen und Juristen gleichermaßen geführt. Ursprünglich entbrannte die Debatte an einem Versuch des kalifornischen Psychologen Benjamin Libet. Ihm fiel auf, dass die motorischen Areale der Hirnrinde die simple Handlung, den Finger zu bewegen, schon eine Fünftelsekunde früher einleiteten, als die Probanden sich dessen bewusst waren.[197] Die Frage nach der Beschränktheit des freien Willens weckt auch Erinnerungen an die Moralversuche Jonathan Cohens mit dem Zug, der Weiche und den fünf Kindern in Todesgefahr auf den Schienen. Was aber passiert, wenn die emotionalen Signale eines Menschen vollkommen außer Kontrolle geraten sind, oder wenn sie völlig ausbleiben? Die entscheidenden Hirnareale wie der präfrontale Cortex und das limbische System sind störanfällig. Das weiß die Wissenschaft schon lange. Verletzungen dieser Regionen wie bei Phineas Gage haben schließlich erst dazu geführt, dass man diese Defizite erforschen konnte.

Wenn der Wille aber nicht frei ist, dann stellt sich für unser Gesellschaftssystem ein drängendes Problem. Denn auf dieser Konstruktion beruht das Prinzip von Schuld und Sühne. Die Rechtsprechung setzt als Prämisse voraus, dass wir uns unserer Handlungen vollkommen bewusst sind. Nur so können wir auch bestraft werden. Im Rechtssystem vollzieht sich daher eine bemerkenswerte Wandlung. Die Neuropsychologie mit ihrem Rüstzeug aus Kernspintomographen und Elektroenzephalographen hält Einzug in den Gerichtssaal. Richter und Geschworene beurteilen schon heute die Schuldfrage anders, wenn Neurologen eine ernste Schädigung des Entscheidungssystems entdeckt haben. Straftäter können dadurch mildernde Umstände erhoffen, nicht aber automatisch einen kürzeren Freiheitsentzug. Stellt sich ein ernster neuronaler Defekt heraus, dann kann das die Resozialisierungsprognose sogar drastisch verschlechtern.

Ob sich ein humaneres Menschenbild durchsetzt oder nicht – es wird jedenfalls ein realistischeres sein, wenn Verstand und Gefühl wieder stärker vermählt werden sollten. Der Berliner Philosoph Peter Bieri hat dazu das Konzept eines bedingt freien Willens ersonnen. Frei sei demnach jener Mensch, der sein Handeln an seinen Präferenzen, moralischen Werten und den gültigen sozialen Normen ausrichtet.[198] Was er damit meint ist: Wir müssen uns zu einem verantwortungsvoll handelnden Wesen entwickeln. Wir müssen herausfinden, welche Vorlieben, welche Strategien und Ziele wir unserem Tun zugrunde legen. Dazu zählen die Werte, an denen unser Handeln ausgerichtet sein soll, und die sozialen Normen, die es für ein funktionierendes Gemeinwesen zu übernehmen gilt. Werte und Normen, die aber auch nicht sakrosankt sind. Mit denen man sich auseinandersetzen soll.

Damit beschreibt er einen Gedanken, wie er sich auch in diesem Buch wiederfindet: Wir müssen mehr Kontrolle über unsere Intuition gewinnen und sie in jenen Disziplinen trainieren, die Bieri vorschlägt. Dann hat es auch nichts Kränkendes mehr, was die Naturwissenschaften über den menschlichen Geist ans Tageslicht fördern. Mehr Demut und Wachsamkeit gegenüber dem eigenen Gehirn und mehr Zutrauen, das Richtige zu tun. In der Wirtschaft wird dieser Bewusstseinswandel bereits wirksam. Intuitives Entscheiden gilt dort immer mehr als ein sichtbares Zeichen für die Qualitäten einer Führungskraft. Intuition gilt bei Managern zunehmend als ein Talent von einzigartigem Wert.

Mit der Intuition lebt es sich im Übrigen gar nicht schlecht. Erinnern wir uns an den nachdenklichen Darwin, der nicht so recht wusste, ob er sein Leben der Ehe oder aber ausschließlich der Wissenschaft widmen sollte. Seine Pro&Contra-Liste schloss er mit der Behauptung ab, es sei bewiesen, dass Heiraten besser für ihn sei. Quod erat demonstrandum. Ganz offensichtlich diente die ganze Übung aber mehr dazu, seiner Intuition auf die Sprünge zu helfen. Das emotionale Signal, das schließlich den Ausschlag gab, war die Furcht vor der Bedeutungslosigkeit, mit der er kinderlos von dieser Erde abtreten könnte. Er scheint geahnt zu haben, dass sein präfrontaler Cortex dieses Signal aufgefangen und ihn vor den Traualtar geführt hat. Er notierte noch einen Satz unter seine Liste, der klingt wie das ironische Augenzwinkern eines Mannes, der verstanden hat, dass es stärkere Mächte gibt. Stärkere, aber gütige. Darwin schrieb:

«Es gibt viele glückliche Sklaven.»

Und fügte sich in sein selbstgewähltes Schicksal. 1839 ehelichte er seine Cousine Emma Wedgwood. Er zog mit ihr einige Jahre später von London aufs Land und zeugte zehn Kinder. Im Alter von 73 Jahren starb er nach einem wahrlich erfüllten Forscherleben.

DANKSAGUNG

In den Monaten, in denen dieses Buch entstanden ist, hat unsere Tochter Stella ihre ersten linguistischen Schritte getan. Aus Lauten formte sie plötzlich Worte, aus Worten dann erste grammatikalische Strukturen. Die eine lautete: «Papa arbeit!» Wo immer sie auf Menschen traf, stieß sie diesen Ausruf aus und informierte die Mitwelt über den kritischen Zustand, in dem sich ihr Papa gerade befand. Die Fröhlichkeit, mit der sie jede neue Hürde ihrer Entwicklung nahm, tröstete mich ein ums andere Mal über die stille Verzweiflung, die mich die Hürde eines jeden neuen Kapitels gekostet hat. Tiefer Dank gebührt meiner Frau Fidan, deren Rat mir teuer ist, genauso wie die verständnisvolle Art, mit der sie mir viele Aufgaben des täglichen Lebens abgenommen hat. Ohne ihren mutigen Geist wäre dieses Buch nicht entstanden.

Mein Lektor Ludwig Moos begleitete schon von den ersten Rohentwürfen an dieses Buch. Er bestärkte mich, dieses publizistische Neuland zu betreten, und brachte das Pionierprojekt gemeinsam mit dem stets offenen und kompetenten Verlagsteam um Uwe Naumann an sein Ziel. Es ist ein schönes Gefühl, von so vielen Seiten Unterstützung empfangen zu haben. Unterstützung, die über das professionelle Maß hinausging. Unterstützung, die ein Freundschaftsbeweis ist. Mein Ressortleiter beim «Spiegel», Johann Grolle, war mir der erste, wichtige Leser und Ideengeber. Jürgen Petermann, mein ehemaliger Ressortleiter beim «Spiegel», schliff mit seinem sprachlichen Feingefühl jenes frühe Manuskript. Andreas Weber und Anne Zielke inspirierten, motivierten und kritisierten mich während des Schreibens. Zeile um Zeile verifizierte Christof Schepers mit kritischem Sachverstand die Druckfahnen.

Dieses Buch wäre nicht zustande gekommen, hätten mir nicht viele Wissenschaftler ihre Zeit geschenkt. John Bargh, Cornelia Betsch, Louann Brizendine, Jonathan Cohen, Yves von Cramon, Ap Dijksterhuis, Paul Ekman, Christian Elger, Ingmar Franken, Gerd Gigerenzer, Daniel Kahneman, Eric Kandel, Reiner Kemmler, Henning Plessner, Ernst Pöppel, Markus Raab, Richard Ridderinkhof, Gerhard Roth, Wolf Singer, Angelika Thöne, Alexander Todorov, Markus Ullsperger und Kirsten Volz. Forscher haben eine Pflicht, der Öffentlichkeit, die sie in ihrer Arbeit unterstützt, Auskunft zu geben. Diese Wissenschaftler aber haben mehr getan, als ihnen dieses Gebot auferlegt. Sie haben sich ihrer Vermittlungsfunktion zwischen Wissenschaft und Gesellschaft mit Leidenschaft angenommen. Ich hoffe, dass alle Helfer, auch die unerwähnten, im Resultat einen würdigen Lohn ihrer Mühen finden können.

ANMERKUNGEN

1 Betsch, Tilmann/Haberstroh, Susanne: The Routines of Decision Making. Lawrence Erlbaum Associates Publishers, 2005, S. 361.

2 *Capital*, 7. 2. 2002, Interview mit Wolf Singer, S. 108.

3 Darwin, Charles: The Autobiography of Charles Darwin (1809–1882), edited by Nora Barlow. Norton, 1969, S. 232–233.

4 Lieberman, Matthew: Intuition: A Social Cognitive Neuroscience Approach. *Psychological Bulletin*, Vol. 126, No. 1, 2000, S. 109–137.

5 Glimcher, Paul/Rustichini, Aldo: Neuroeconomics: The Consilience of Brain and Decision. *Science*, Vol. 306, 15. Oktober 2004, S. 447.

6 Simon, Herbert: Models of Man, Social and Rational: Mathematical Essays on Rational Human Behavior in a Social Setting. Wiley, 1957.

7 Wilson, Timothy D.: Strangers To Ourselves. Harvard University Press, 2002, S. 24.

8 Hogarth, Robin: Educating Intuition. The University of Chicago Press, 2001, S. 18.

9 Voigt, Claudia: Schön wär's. *KulturSpiegel*, 4/2007, S. 19.

10 Schwartz, Barry: The Paradox of Choice. Harper Collins Publishers 2004, S. 42.

11 Gross, Peter: Die Multioptionsgesellschaft. Suhrkamp, 2005.

12 Diez, Georg: Gegen die Eigentlichkeit. In: *Tempo Jubiläumsausgabe*, Januar 2007, S. 198.

13 Johnson, George: To err is human. *New York Times*, 14. July 2002, 4.1.

14 EBS FX Solution ist eine von mehreren Handelsplattformen, die an den wichtigsten internationalen Finanzmärkten operiert. http://www.ebs.com/about/

15 Hogarth (2001), S. 35.

16 Crutzen, Paul: Geology of mankind. *Nature*, Vol. 415, 3. Januar 2002, S. 23. Das Anthropozän beginnt mit der Erfindung der Dampfmaschine durch James Watt im Jahre 1784. Aus Messungen an Eisbohrkernen der Arktis

nimmt dadurch seit Mitte des 19. Jahrhunderts die Konzentration von Schadstoffen in der Luft zu. Gäbe es keinen Weltkrieg, Meteoriteneinschlag oder eine Pandemie, dann dürfte das Menschengeschlecht noch für Jahrtausende eine treibende ökologische Kraft «auf der Erde bleiben», so Crutzen. «Eine herausfordernde Aufgabe liegt vor den Wissenschaftlern und Ingenieuren, die Gesellschaft im Anthropozän in Richtung eines ökologisch nachhaltigen Managements zu führen. Das erfordert angemessenes menschliches Verhalten auf allen Ebenen.»

17 Crainer, Stuart: Die 75 besten Management-Entscheidungen aller Zeiten. Verlag Moderne Industrie, 1999, S. 102.
18 Kohl, Helmut: Erinnerungen 1982–1990. Droemer, 2005, S. 1020.
19 Robinson, Lynn: Trust Your Gut. Kaplan, 2006, S. 13.
20 Clausewitz, General Carl von: Vom Kriege. Keil Verlag, 1937, S. 39.
21 J. Herold: The Mind of Napoleon. Columbia University Press, 1961, S. 224.
22 Klein, Gary: The Power of Intuition. Random House, 2004, S. 6.
23 Volz, Kirsten/von Cramon, Yves: Can neuroscience tell a story about intuition? In: Plessner, Henning/Betsch, Cornelia/Betsch, Tilmann (Hrsg.): Intuition. Lawrence Erlbaum Associates, 2007.
24 Goldberg, Elkhonon: Die Regie im Gehirn. VAK-Verlag, 2001, S. 60.
25 Koch, Christof: Bewusstsein – ein neurobiologisches Rätsel. Spektrum Akademischer Verlag, 2005.
26 Bechara, Antoine/Damasio, Hanna/Tranel, Daniel/Damasio Antonio: Deciding Advantageously Before Knowing the Advantageous Strategy. *Science,* Vol. 275, 1997, S. 1293–1295.
27 Sanfey, Alan/Cohen, Jonathan: Is knowing always feeling?. *Proceedings of the National Academy of Science*, Vol. 101, No. 48, 30. November 2004, S. 16709–16710.
28 Damasio, Antonio: Descartes' Irrtum. List Verlag, 2006, S. 87.
29 Robinson, Lynn: Trust Your Gut. Kaplan 2006, S. 32.
30 Damasio, Antonio: The Feeling of What Happens. Body and Emotion in the Making of Consciousness. Harcourt, 1999, S. 8.
31 Damasio, Antonio: The Person within. *Nature*, Vol. 423, 15. May 2003, S. 227.
32 Bechara, Antoine/Damasio, Hanna/Tranel, Daniel/Damasio, Antonio/Anderson, Steven: Insensitivity to future consequences following damage to human prefrontal cortex. *Cognition*, 50, 1994, S. 7–12.
33 Roth, Gerhard: Fühlen, Denken, Handeln: Wie das Gehirn unser Verhalten steuert. Suhrkamp, 2001.
34 Concar, David: Out of sight into mind. *New Scientist*, 5. 9. 1998, S. 38.
35 Morris, John, et al.: Differential extrageniculostriate and amygdala

responses to presentation of emotional faces in a cortically blind field. *Brain*, 124, 2001, S. 1241–1252.

36 Pritzel, Monika/Brand, Matthias/Markowitsch, Hans: Gehirn und Verhalten. Ein Grundkurs der physiologischen Psychologie. Spektrum Akademischer Verlag 2003, S. 203.

37 Hogarth (2001), S. 67.

38 Gallese, Vittorio/Goldman, Alvin: Mirror neurons and the simulation theory of mind-reading. *Trends in Cognitive Sciences*, Vol. 2, 1998, S. 493.

39 Dijksterhuis, Ap/Bargh, John: The perception-behavior expressway: Automatic effects of social perception on social behavior. In: Zanna, M.P. (Hrsg.): Advances in experimental social psychology. (Vol. 33) San Diego: Academic Press, 2001, S. 1–40.

40 Ramachandran, V.S.: Mirror Neurons and imitation learning as the driving force behind «the great leap forward» in human evolution. *Edge*, 69, 29. Mai 2000.

41 Motluk, Alison: Read my mind! *New Scientist*, Vol. 169, 27. Januar 2001, Seite 22.

42 Singer, Tania et al.: Empathy for Pain Involves the Affective but not Sensory Components of Pain. *Science*, Vol. 303, 20. Februar 2004, S. 1157.

43 Keysers, Christian: Mit den Fingern denken. Interview in: *Gehirn & Geist*, Oktober 2006, S. 36.

44 Cohen, Jonathan: The Vulcanization of the Human Brain: A Neural Perspective on Interactions Between Cognition and Emotion. *Journal of Economic Perspectives*, Vol. 19, Nr. 4, Herbst 2005, S. 3–24.

45 Epstein, Seymour: Emotions and psychopathology from the perspective of cognitive-experiential self-theory. In: Flack, William/Laird, James (Hrsg.), Emotions and psychopathology: Theory and research. Oxford University Press, 1998, S. 57–69.

46 Gigerenzer, Gerd: Dread Risk, September 11, and fatal traffic accidents. *Psychological Science*, 15 (4), April 2004, S. 286–287.

47 Ogas, Ogi: Who wants to be a cognitive neuroscientist millionaire? *Seed*, November 2006.

48 Kandel, Eric R.: Auf der Suche nach dem Gedächtnis. Die Entstehung einer neuen Wissenschaft des Geistes. Siedler Verlag, 2006.

49 Bartsch, D./Ghirardi, M./Skehel, P.A./Karl, K.A./Herder, S.P./Chen, M./Bailey, C.H./Kandel, E.R.: Aplysia CREB2 represses long-term facilitation: Relief of repression converts transient facilitation into long-term functional and structural change. *Cell*, 83, 1995, S. 979–992.

50 Kandel, Eric: Psychiatrie, Psychoanalyse und die neue Biologie des Geistes. Suhrkamp, 2006.

51 Milner, Brenda in: Hills, Philip.: Memory's Ghost. Simon & Schuster, 1995, S. 110.

52 LeDoux, Joseph: The emotional brain: The mysterious underpinnings of emotional life. Simon & Schuster, 1996, S. 180.

53 Zhaoping, Li/Guyader, Nathalie: Interference with Bottom-up feature Detection by Higher-Level Object. *Current Biology*, Vol. 17, 9. Januar 2007, S. 26–31,

54 Useem, Michael: The Go Point. Crown Business, 2006, S. 217.

55 Falkenstein, M./Hohnsbein, J./Hoormann, J./Blanke, L.: Effects of errors in choice reaction tasks on the ERP under focused and divided attention. In: Brunia, C. H. M./Gaillard, A. W. K./Kok, A. (Hrsg.): Psychophysiological Brain Research. Tilburg University Press, 1990, S. 192–195.

56 Ullsperger, Markus/Falkenstein, Michael: Errors, Conflicts, and the Brain – Current Opinions on Performance Monitoring. *Proceedings of the Conference in Dortmund*, 3.–5. Juli 2003. http://www.cbs.mpg.de/files/Projects/MPI_SPECIAL/inhalt.html

57 Debener, S./Ullsperger, M. et al.: Trial-by-Trial Coupling of Concurrent Electroencephalogram and Functional Magnetic Resonance Imaging Identifies the Dynamics of Performance Monitoring. *The Journal of Neuroscience*, 25 (50), 14. Dezember 2005, S. 11730–11737.

58 Ridderinkhof, Richard/Ullsperger, Markus: The Role of The Medial Frontal Cortex in Cognitive Control. *Science*, Vol. 306, 15. Oktober 2004, S. 443.

59 Klein, Tilmann, et al.: Neural Correlates of Error Awareness. *NeuroImage*, 34, 2007, S. 1774–1781.

60 Schröder, Gerhard: Entscheidungen – Mein Leben in der Politik. Hoffmann und Campe, 2006, S. 489.

61 Bechara, Antoine: Separate Neural Substrates Underlie Different Mechanisms of Performance Monitoring and Behavioral Control. In: Ullsperger, Markus/Falkenstein, Michael: Error, Conflicts, and the Brain – Current Opinions on Performance Monitoring. *Proceedings of the Conference in Dortmund*, 3.–5. Juli 2003. http://www.cbs.mpg.de/files/Projects/MPI_SPECIAL/inhalt.html

62 Franken, Ingmar et al.: Error-processing deficits in patients with cocaine dependence. *Biological Psychology*, April 2007, S. 45–51.

63 Falkenstein, Michael et al.: Changes of error-related ERPs with age. *Experimental Brain Research*, Vol. 138, Nr. 2, Mai 2001, 0014–4819.

64 Kunkel, Benjamin: Unentschlossen; Bloomsbury Berlin, 2006.

65 Anderson, Christopher: The Psychology of Doing Nothing: Forms of Decision Avoidance Result From Reason and Emotion. *Psychological Bulletin*, Vol. 129, Nr. 1, 2003, S. 139.

66 Schwartz, Barry/Markus, Hazel Rose/Snibbe Conner, Alana: Is Freedom Just Another Word for Many Things to Buy. *New York Times Magazine,* 26. 2. 2006, S. 14.

67 *Ärztezeitung* vom 2.11.2005: «Herzinfarkt-Patienten verlieren zu viel Zeit». Danach habe sich die Zeit zwischen Auftreten von Symptomen bis zur Ankunft in einer Klinik oder dem Arzt zwischen 1995 und 2004 von 166 auf 225 Minuten, also um fast eine Stunde, verlängert.

68 Frost, R.O./Shows, D.L.: The nature and measurement of compulsive indecisiveness. *Behaviour Research and Therapy,* 31, 1993, S. 683–692.

69 Kahneman, Daniel/Miller, Dale: Norm Theory. Comparing reality to its alternatives. *Psychological Review,* 93 (2), 1986, S. 136–153.

70 Riis, J./Schwarz, N.: Status quo selection increases with consecutive emotionally difficult decisions. Poster auf der Konferenz der Society for Judgement and Decision Making, New Orleans, November 2003.

71 Redelmeier, D./Shafir, A.: Medical decision making in situations that offer multiple alternatives. *Journal of the American Medical Association,* Vol. 273, 1995, S. 302–305.

72 Tykocinski, Orit et al.: Inaction inertia: Foregoing future benefits as a result of an initial failure to act. *Journal of Personality and Social Psycholoy,* 68 (5), 1995, S. 793–803.

73 Lehrer, Jonah: Driven to market, *Nature,* 443, 5. Oktober 2006, S. 502–504.

74 Hansen, James R.: First Man – The Life of Neil Armstrong. Simon & Schuster, 2005, S. 464.

75 Mosier, Kathy: Expert Decision Making Strategies. *Proceedings of the Sixth International Symposium on Aniation Psychology,* Vol. 1, 1991, S. 266.

76 Parikh, Jagdish: In: Buchanan, Leigh/O'Connell, Andrew: Eine kurze Geschichte des Entscheidens. *Harvard Business Manager,* April 2006, S. 13.

77 Pascal, Blaise: Gedanken. Eine Auswahl. Reclam, 2004, S. 128.

78 Goleman, Daniel: Soziale Intelligenz. Droemer Knaur, 2006, S. 134.

79 Robinson, Lynn A.: Trust your Gut. Kaplan Publishing, 2006, S. 35.

80 Todorov, Alexander et al.: Implicit Impressions, in: The New Unconscious, Oxford University Press, 2005, S. 362.

81 Todorov, Alexander et al.: Inferences of competence from faces predict election outcomes. *Science,* Vol. 308, 2005, S. 1623–1626.

82 Der Implizite Assoziationstest auf Deutsch findet sich unter: https://implicit.harvard.edu/implicit/germany/

83 Ekman, Paul/Sorenson, Richard./Friesen, Wallace: Pan-cultural elements in facial displays of emotions. *Science,* Vol. 164 (3875), 1969, S. 86–88.

84 Ekman, Paul/Friesen, Wallace.: Facial Action Coding System: A Tech-

nique fort he Measurement of Facial Movement. Consulting Psychologists Press, 2002.

85 Ekman, Paul/Rosenberg, Erika: What the Face Reveals: Basic and Applied Studies of Spontaneous Expression Using the Facial Action Coding System/FACS). Oxford University Press, 1997.

86 Ekman, Paul: Gefühle lesen. Spektrum Akademischer Verlag, 2004.

87 Edgar Allan Poe zitiert nach Robert Levenson: Voluntary Facial Action Generates Emotion-Specific Nervous System Activity. *Psychophysiology,* 27, 1990, S. 363–384.

88 Wilson, Timothy: Introspecting about reason can reduce post-choice satisfaction. *Personality and Social Psychology Bulletin,* 19, 1993, S. 331–339.

89 Proust, Marcel: Auf der Suche nach der verlorenen Zeit. Band: Die Entflohene. Suhrkamp, 1979, S. 3311.

90 Wilson, Timothy: Strangers To Ourselves. Harvard University Press, 2002, S. 171.

91 Gilbert, Susan: Married With Problems? Therapy May Not Help. *New York Times,* 19. April 2005.

92 Gladwell, Malcolm: Blink – The Power of Thinking Without Thinking. Little, Brown and Company, 2005, S. 20.

93 Brizendine, Louann: Das weibliche Gehirn. Warum Frauen anders sind als Männer. Hoffmann und Campe, 2007.

94 Niessen, Alexandra/Ruenzi, Stefan: Sex Matters: Gender and Mutual Funds. *CFR Working Paper,* Nr. 06–01, Januar 2006.

95 Cahill, Lawrence: Why sex matters for neuroscience. *Nature Reviews Neuroscience,* Online-Veröffentlichung vom 10. Mai 2006.

96 Baron-Cohen, Simon: Vom ersten Tag an anders. Das weibliche und das männliche Gehirn. Walter Verlag, 2004.

97 Cheng, Ya-Wei: Gender Differences in the human mirror system: a magnetoencephalography study. *Cognitive Neuroscience and Neuropsychology,* Vol. 17, No. 11, 31. Juli 2006, S. 1115.

98 Hammock, Elizabeth/Young, Larry: Oxytocin, vasopressin and pair bonding: implication for autism. *Philosophical transactions of the Royal Society of London,* Series B, Biological sciences, 361 (1476), 29. Dezember 2006, S. 2187.

99 Cadsby, Charles/Maynes, Elizabeth: Gender and free riding in a threshold public goods game: experimental evidence. *Journal of Economic Behavior and Organization,* 34, 1998, S. 603–620.

100 Canli, Turhan: Sex differences in the neural basis of emotional memories. *Proceedings of the National Academy of Science,* Vol. 99, Nr. 16, 6. August 2002, S. 10789.

101 Schirner, Annett: Gender differences in the activation of inferior frontal cortex during emotional speech perception. *NeuroImage*, 21, 2004,
S. 1114.

102 Damasio, Hanna: Does gener play a role in functional asymmetry of
prefrontal cortex? *Brain*, 128, 2005, S. 2872.

103 Bolla, Karen: Sex-related Differences in a Gambling Task and Its Neuro-
logical Correlates. *Cerebral Cortex*, 14, November 2004, S. 1226–1232.

104 Hall, Judith: Nonverbal sex differences: Communication accuracy and
expressive style. John Hopkins University Press, 1984.

105 Graham, Tiffany/Ickes, William: When women's intuition isn't greater
than men's. In Ickes, William (Hrsg.): Empathic accuracy. Guilford
Press, 1997, S. 118.

106 Buchanan, Leigh/O'Connell, Andrew: Eine kurze Geschichte des Entscheidens. *Harvard Business Manager*, April 2006, S. 12.

107 Dijksterhuis, Ap et al.: On Making the Right Choice: The Deliberation-
Without-Attention Effect. *Science*, Vol. 311, 17. Februar 2006, S. 1005–
1007.

108 Myers, David: Intuition – Its powers and perils. Yale University Press,
2004, S. 51.

109 Sanfey, Alan/Cohen, Jonathan et al.: The Neural Basis of Economic De-
cision-Making in the Ultimatum Game. *Science*, Vol. 300, 13. Juni 2003,
S. 1755.

110 Henrich, Joseph et al.: Cooperation Reciprocity and Punishment in Fif-
teen-Scale Societies. *American Economic Review*, 91: 2, S. 73–78.

111 Camerer, Colin: Strategizing in the Brain. *Science*, Vol. 300, 13. Juni
2003, S. 1674.

112 Kahneman, Daniel: Maps Of Bounded Rationality: A Perspective On
Intuitive Judgement and Choice. *Nobel Prize Lecture*, 8. Dezember 2002.

113 Damasio, Antonio/Bechara, Antoine: The somatic marker hypothesis:
A neural theory of economic decision. *Games and Economic Behaviour*, 52,
2005, S. 336.

114 Schultz, Wolfram: Reward Processing in Primate Orbitofrontal Cortex
and Basal Ganglia. *Cerebral Cortex*,10, März 2000, S. 272–238.

115 Overskeid, Geir: The slave of the passions: Experiencing problems and
selecting solutions. *Review of General Psychology*, 4, S. 284.

116 Green, Leonard: Discounting of delayed rewards: A life-span compari-
son. *Psychological Science*, 5, 1994, S. 33–36.

117 McClure, Samuel: Separate Neural Systems Value Immediate and
Delayed Monetary Rewards. *Science*, Vol. 306, 15. Oktober 2004,
S. 503.

118 Young, Jeffrey/Simon, William: Steve Jobs und die Geschichte eines außergewöhnlichen Unternehmens. Scherz, 2006, S. 48.

119 Isenberg, Daniel: How Senior Managers Think. *Harvard Business Review*, 6, 1984, S. 80–90.

120 Klein, Gary: The Power of Intuition. Random House, 2003, S. 23.

121 Klein, Gary: Natürliche Entscheidungsprozesse. Junfermann Verlag, 2003, S. 59.

122 Calderwood, Roberta/Klein, Gary: Time pressure, skill, and move quality in chess. *American Journal of Psychology*, 101, 1988, S. 481–493.

123 Klein, Gary: Characteristics of skilled option generation in chess. *Organizational Behaviour and Human Decision Process*, 61, 1995, S. 3.

124 Damasio, Antonio/Bechara, Antoine: The somatic marker hypothesis: A neural theory of economic decision. *Games and Economic Behaviour*, 52, 2005, S. 359.

125 Brown, Joshua/Braver, Todd: Learned Predictions of Error Likelihood in the Anterior Cingulate Cortex. *Science*, Vol. 307, 18. Februar 2005, S. 1118.

126 Huettel, Scott: Perceiving patterns in random series: dynamic processing of sequence in prefrontal cortex. *Nature Neuroscience*, Vol. 5, 1. Mai 2002, S. 485.

127 Knowlton, Barbara: A neostriatal habit learning system in humans. *Science*, Vol. 273, 6. September 1996, S. 1399.

128 Damasio, Antonio: Deciding Advantageously Before Knowing the Advantageous Strategy. *Science*, Vol. 275, 28. Februar 1997, S. 1293.

129 Bargh, John/Chartrand, Tanya: The unbearable automaticity of being. *American Psychologist*, Vol. 54, 1999, S. 462–479.

130 Bargh, John et al.: Automaticity of social behavior: Direct effects of traitconstruct and stereotype activation and action. *Journal of Personality and Social Psychology*, Vol. 71, 1996, S. 230–244.

131 Gigerenzer, Gerd: Simple Heuristics that make us smart. Oxford University Press, 1999.

132 Gigerenzer, Gerd: Bauchentscheidungen. C. Bertelsmann, 2007, S. 188.

133 Wennberg, John et al.(Hrsg.): Dartmouth atlas of health care in Michigan. American Hospital Association, 1999, S. 4.

134 Goldstein, Daniel/Gigerenzer, Gerd.: Models of ecological rationality. The recognition heuristic. *Psychological Review*, 109, 2002, S. 75–90.

135 Volz, Kirsten/von Cramon, Yves: Why you think Milan is larger than Modena: Neural correlates of the recognition heuristic. *Journal of Cognitive Neuroscience*, 18, 2006, S. 1924–1936.

136 Raab, Markus/Gigerenzer Gerd: Intelligence as smart Heuristics, in:

Sternberg, Robert (Hrsg.): Cognition & Intelligence. Cambrigde University Press, 2005, S. 188.

137 Arkes, Hal/Blumer, Catherine: The psychology of sunk cost. *Organizational Behavior and Human Decision Processes*, 35, 1985, S. 124–140.

138 Paulus, Jochen: Wenn die Ratio versagt. *GeoWissen*, Nr. 38, 2006, S. 167.

139 Gigerenzer, Gerd: Was soll ich nur machen? Interview in: *GeoWissen*, Nr. 38, 2006, S. 159.

140 Raab, Markus/Johnson, Joseph: Implicit Learning in Sports, in: Plessner, Henning/Betsch, Tilmann/Betsch, Cornelia (Hrsg.): Intuition. Lawrence Erlbaum Associates, 2007.

141 Raab, Markus/Johnson, Joseph: Take the first: Option-generation and resulting choices. *Organizational Behavior and Human Decision Process*, Vol. 91, 2003, S. 215–229.

142 Raab, Markus: Think SMART, not hard – a review of teaching decision making in sport from an ecological rationality perspective. *Physical Education and Sport Pedagogy*, Vol. 12, 1. Februar 2007, S. 1–22.

143 Williams, Mark: Anticipation and visual search behaviour in expert soccer goalkeepers. *Ergonomics*, Vol. 49, Nr. 11–14, September – November 2005, S. 1686–1697.

144 Whitfield, John: Penalties no Lottery. *Nature Science Update*, Mai 2002.

145 Montague, Read: Why Choose This Book? Penguin Books, 2006, S. 162.

146 Brief an Resa von Schirnhofer, Sils-Maria, Juni 1885, KSB 7.

147 Nietzsche, Friedrich: Also sprach Zarathustra. Werke in zwei Bänden, Teil I. Hanser, 1990, S. 549.

148 Nietzsche, Friedrich: Ecce Homo. Werke in zwei Bänden, Teil II. Hanser, 1990, S. 457.

149 Csikszentmihalyi, Mihaly: Kreativität. Klett-Cotta, 1996, S. 9.

150 Florida, Richard: Flight of the Creative Class. Harper Collins, 2005.

151 Niu, Weihua/Sternberg, Robert: Cultural influence on artistic creativity and its evaluation. *International Journal of Psychology*, Vol. 36 (4), August 2001, S. 225–241.

152 Csikszentmihalyi (1996), S. 88.

153 Amabile, Teresa/Hennessey, Beth: The Motivation for Creativity in Children. In: Boggiano, Anne/Pittman, Thane (Hrsg): Achievement and Motivation: A Social-Developmental perspective. Cambrigde University Press, 1992.

154 Gardner, Howard: Creating Minds: An Anatomy of creativity seen through the lives of Freud, Einstein, Picasso, Stravinsky, Eliot, Graham und Gandhi. Basic Books, 1993.

155 Lubart, T.I./Sternber, Robert: An investment approach to creativity:

Theory and data. In: Smith, S.M.: The creative cognition approach. MIT Press, 1995, S. 269–302.

156 Csikszentmihalyi (1995), S. 89.

157 Simonton, Dean Keith: The Social Context of Career Success and Course for 2026 Scientists and Inventors. *Personality and Social Psychology Bulletin*, 18, 1992, 452–463.

158 Sternberg, Robert: Creating a Vision of Creativity: The First 25 Years. *Psychology of Aesthetics, Creativity, and the Arts*, Vol. S, Nr. 1, 2006, S. 2–12.

159 Jung-Beeman, Mark et al.: Neural Activity When People Solve Verbal Problems with Insight. *PLOS Biology*, Vol. 2, Issue 4, April 2004.

160 Bowers, Kenneth et al.: Intuition in the context of discovery. *Cognitive Psychology*, 22, 1990, S. 72–110.

161 Picasso zitiert nach: Bernadac, Marie-Laure/DuBouchet, Paule: Picasso – Master of the New Idea. Harry N. Abrahams, 1993, S. 125. Und: Ashton, Dore (Hrsg.): Picasso on Art. Da Capo, 1972, S. 9.

162 Damasio, Antonio: Some notes on brain, imagination and creativity. In: Pfenninger, Karl/Shubik, Valerie (Hrsg.): The origins of creativity. Oxford University Press, 2001, S. 67.

163 Singh, Simon: Fermat's Enigma. Walker, 1997, S. 275.

164 Born, Jan et al.: Odor Cues During Slow-Wave Sleep Prompt Declarative Memory Consolidation. *Science*, Vol. 315, 9. 3. 2007, S. 1426.

165 Langer, Ellen J.: Mindfulness. Addison-Wesley, 1990, S. 118.

166 Simon, Herbert: Reason in human affairs. Stanford University Press, 1983.

167 Hogarth (2001), S. 200.

168 Argyris, Chris: Reasoning, learning, and action. Jossey-Bass, 1989.

169 Argyris, Chris: Teaching smart people how to learn. *Harvard Business Review*, Mai – Juni 1991, S. 44–54.

170 Pfenninger, Karl/Shubik, Valerie: The entangled bank: an introduction. In: ebd. (Hrsg.): The origins of creativity. Oxford University Press, 2001, S. 12.

171 Columbia Accident Investigation Board: Report Volume I, August 2003, S. 141. Als Download unter: http://caib.nasa.gov/news/report/volume1/default.html

172 Epley, Nicholas/Dunning, David: Feeling Holier Than Thou: Are Self-Serving Assessements Produced by Errors in Self- or Social Prediciton? *Journal of Personality and Social Psychology*, 79, 2000, S. 861–875.

173 Harken, Alden/Hamm, Robert: Abernathy's Surgical Secrets. Elsevier Health Sciences, 2004.

174 Abernathy, Charles/Hamm, Robert: Surgical Intuition. Lippincott Williams & Wilkins, 1995, S. 3.

175 Aus Hermann und Dorothea, 4. Gesang, Euterpe. Mutter und Sohn.

176 Klein, Gary: The Power of Intuition. Random House, 2003, S. 34.

177 Wohlstetter, Roberta: Pearl Harbor: Warning and decision. Stanford University Press, 1962.

178 Berlinger, Norman: Vital Signs: The breath of Life. *Discover* 17 (3) 1996, S. 102–104.

179 *The Focus online*, 1/2006 http://www.ezifocus.de/content/thefocus/issue/article.php/article/72502392

180 Shadrick, Scott/Lussier, James: Think like a commander at the armor captain's career course. *Proceedings from Interservice/Industry Training, Simulation, and Education Conference.* Siehe: http://www.iitsec.org/

181 Ross, Karol/Lussier, James/Klein, Gary: From the Recognition Primed Model to Training. In: Betsch, Tilmann/Haberstroh, Susanne: The Routines of Decision Making. Lawrence Erlbaum Associates, 2005, S. 327–340.

182 Epstein, Seymour: Some Basic Issues Regarding Dual-Process Theories from the Perspective of Cognitive-Experiential Self-Theory. In: Chaiken, Shelly/Trope, Yaacov: Dual-Process Theories in Social Psychology. The Guilford Press, 1999, S. 462.

183 Goldstein, Daniel: Why and When do Simple Heuristics Work. In: Gigerenzer, Gerd/Selten, Reinhard: Bounded Rationality: The Adaptive Toolbox. The MIT Press, 2002, S. 173.

184 Payne, John/Bettman, James: Preferential Choice and Adaptive Strategy Use. In: Gigerenzer; Gerd/Selten, Reinhard: Bounded Rationality: The Adaptive Toolbox. The MIT Press, 2002, S. 123.

185 LeDoux, Joseph: Im Netz der Gefühle. Wie Emotionen entstehen. Deutscher Taschenbuch Verlag, 2001, S. 178.

186 Betsch, Tilmann/Haberstroh, Susanne/Höhle, Cornelia: Explaining and predicting routinized decision making: A review of theories. *Theory & Psychology*, 12, 2002, S. 453–488.

187 Bröder, Arndt: Decision making with the «adaptive toolbox»: Influence of environmental structure, intelligence, and working memory load. *Journal of Experimental Psychology: Learning, Memory, & Cognition*, 29, 2003, S. 611–625.

188 Betsch, Cornelia: Präferenz für Intuition und Deliberation. Inventar zur Erfassung von affekt- und kognitionsbasiertem Entscheiden. [Preference for Intuition and Deliberation (PID): An Inventory for Assessing Affect- and Cognition-Based Decision-Making]. *Zeitschrift für Differentielle und Diagnostische Psychologie*, 25, 2004, S. 179–197.

189 Storch, Maja: Das Geheimnis kluger Entscheidungen. Goldmann, 2005.

190 Schunk, Daniel/Betsch, Cornelia: Explaining heterogeneity in utility functions by individual differences in decision modes. *Journal of Economic Psychology*, Vol. 27, 3, Juni 2006, S. 386–401.

191 Betsch, Cornelia, et al.: The influence of habitual decision modes and mode priming on decision time. *Paper presented at the meeting of the European Association of Decision Making (EADM), Subjective Probability and Utility in Decision Making (SPUDM)*, 2005, Stockholm.

192 Schwartz, Barry, et al.: Maximizing versus satisficing: happiness is a matter of choice. *Journal of Personality and Social Psychology, 83*, 2002, S. 1178–1197.

193 Greifeneder, Rainer/Betsch, Cornelia: Lieber die Taube auf dem Dach! Eine Skala zur Erfassung interindividueller Unterschiede in der Maximierungstendenz. *Zeitschrift für Sozialpsychologie*, Vol. 37, No. 4, 2006.

194 Higgins, Tory: Making a good decision: Value from fit. *American Psychologist*, 55, 2000, S. 1217–1230.

195 Traufetter, Gerald: Der digitale Todesbote. *Die Woche*, 28. 2. 1997.

196 Nowak, Rachel: A matter of life and death. *New Scientist*, Vol. 1904, 18. 12. 1993.

197 Libet, Benjamin: Haben wir einen freien Willen? In: Christian Geyer (Hrsg.): Hirnforschung und Willensfreiheit. Zur Deutung der neuesten Experimente. Suhrkamp, 2004, S. 268.

198 Bieri, Peter: Das Handwerk der Freiheit. Über die Entdeckung des eigenen Willens. Hanser, 2001.

NAMEN- UND SACHREGISTER